Fallschwund bei Vergewaltigungsvorwürfen
und polizeiliche Ermittlungstätigkeit

Bielefelder Rechtsstudien

Schriftenreihe für Gesetzgebungswissenschaft, Rechtstatsachenforschung und Rechtspolitik

Herausgegeben von
Otto Backes, Stephan Barton,
Gerhard Otte und Martin Stock

Band 26

Zur Qualitätssicherung und Peer Review der vorliegenden Publikation

Die Qualität der in dieser Reihe erscheinenden Arbeiten wird vor der Publikation durch Herausgeber der Reihe geprüft.

Notes on the quality assurance and peer review of this publication

Prior to publication, the quality of the work published in this series is reviewed by editors of the series.

Imke Möller

Fallschwund bei Vergewaltigungsvorwürfen und polizeiliche Ermittlungstätigkeit

PETER LANG

Bibliografische Information der Deutschen Nationalbibliothek
Die Deutsche Nationalbibliothek verzeichnet diese Publikation in der Deutschen Nationalbibliografie; detaillierte bibliografische Daten sind im Internet über http://dnb.d-nb.de abrufbar.

Zugl.: Bielefeld, Univ., Diss.,2018

D 361
ISSN 0937-0641
ISBN 978-3-631-76766-5 (Print)
E-ISBN 978-3-631-76812-9 (E-PDF)
E-ISBN 978-3-631-76813-6 (EPUB)
E-ISBN 978-3-631-76814-3 (MOBI)
DOI 10.3726/b14684

Peter Lang – Berlin · Bern · Bruxelles · New York ·
Oxford · Warszawa · Wien

Diese Publikation wurde begutachtet.

www.peterlang.com

Für meine Familie

Inhaltsverzeichnis

A. Problemstellung und Erkenntnisinteresse

Im 11. Mai 2011 unterzeichnete die Bundesrepublik Deutschland das Übereinkommen des Europarats zur Verhütung und Bekämpfung von Gewalt gegen Frauen und häuslicher Gewalt, die sogenannte Istanbul Konvention[1]. Der Artikel 36 jener Konvention umfasst die sexuelle Gewalt – einschließlich der Vergewaltigung – und besagt, dass die Vertragsparteien jede nicht einvernehmliche sexuelle Handlung durch „die erforderlichen gesetzgeberischen oder sonstigen Maßnahmen" unter Strafe zu stellen haben[2]. In der Silvesternacht 2015/2016 kam es insbesondere im Bereich des Kölner Hauptbahnhofs zu zahlreichen sexuellen Übergriffen auf Frauen durch Gruppen junger Männer, die vornehmlich aus dem arabischen und nordafrikanischen Raum stammten[3]. Die überwiegend weiblichen Opfer berichteten von massiven sexuellen Belästigungen und sexuellen Nötigungen. Dabei umringten große Männergruppen die Opfer. Sowohl diese Vorkommnisse als auch die Unterzeichnung der Istanbul Konvention haben die seit längerer Zeit ruhende Debatte um eine Reform des Sexualstrafrechts belebt. Auch § 177 StGB, der im deutschen Strafgesetzbuch die sexuelle Nötigung und Vergewaltigung regelt, ist Teil dieser Diskussion.

Am 7. Juli 2016 verabschiedete der Bundestag ein neues Sexualstrafrecht. Zukünftig ist es nicht mehr erforderlich, den entgegenstehenden Willen des Opfers durch Gewalt oder Gewaltandrohung zu überwinden. Stattdessen reicht es, dass der entgegenstehende Wille erkennbar ist und sich der Täter über diesen hinwegsetzt[4]. Alle Tathandlungen, die sexuelle Übergriffe auf Menschen enthalten, werden in dem neu gefassten § 177 StGB geregelt. Der § 179 StGB wird aufgehoben. Fälle, in denen das Opfer von den Handlungen des Täters überrascht wurde und deshalb keinen Widerstand leistete oder aus Furcht vor dem Täter

1 Übereinkommen des Europarats zur Verhütung und Bekämpfung von Gewalt gegen Frauen und häusliche Gewalt, 2011. (Abrufbar unter: http://www.coe.int/de/web/conventions/full-list/-/conventions/treaty/210; Aufruf 17.03.2016).

2 Vgl. a.a.O., Artikel 36, S. 15.

3 Vgl. *Spiegel Online*, Übergriffe in der Silvesternacht. Kölner Polizei ermittelt 73 Verdächtige, 15.02.2016. (Abrufbar unter: http://www.spiegel.de/panorama/justiz/koelner-silvester-uebergriffe-polizei-ermittelt-gegen-73-verdaechtige-a-1077503.html; Aufruf 24.09.2016); Vgl. *WDR online Nachrichten*, Faktencheck zu Köln, 08.01.2016. (Abrufbar unter: http://www1.wdr.de/nachrichten/vorfaelle-hauptbahnhof-koeln-fakten-100.html; Aufruf 24.09.2016).

4 Vgl. Beschlussempfehlung und Bericht, BT-Drucksache 18/9097, 2016, S. 2.

von einem Widerstand absah, waren bisher nicht von der Vergewaltigungsvorschrift erfasst. Der strafrechtliche Schutz der sexuellen Selbstbestimmung folgt damit dem sogenannten „Nein-heißt-Nein"- Grundsatz[5]. Unumstritten ist dieser Grundsatz nicht: Kritiker befürchten durch die Gesetzesänderung eine Zunahme von Falschanzeigen und erhebliche Probleme für die justizielle Praxis[6].

Das neue Gesetz ist mit hohen Erwartungen verbunden: Neben dem Ziel, alle strafwürdigen Tathandlungen zu erfassen, die das Rechtsgut der sexuellen Selbstbestimmung verletzen, sollen durch die Schließung von Strafbarkeitslücken Verurteilungen vereinfacht werden. Tatsächlich offenbart die Verfahrenswirklichkeit von Vergewaltigungsvorwürfen eine Diskrepanz zwischen Anzeigen und Verurteilungen. Im Jahr 2014 erfasste die Polizeiliche Kriminalstatistik (PKS) beispielsweise 7.345 Vergewaltigungsanzeigen (§ 177 Abs. 2, 3, 4 und § 178 StGB)[7]. Im selben Jahr registrierte die Rechtspflegestatistik Strafverfolgung des Statistischen Bundesamtes 566 Verurteilungen von Vergewaltigungen (§ 177 Abs. 2, 3, 4 und § 178 StGB)[8]. Damit beträgt der Prozentanteil von Verurteilungen an den jährlich erfassten Vergewaltigungsanzeigen 7,7%[9]. Aufgrund der unterschiedlichen Erfassungszeiträume der PKS und der Rechtspflegestatistik Strafverfolgung – ein Verfahren wird selten im selben Jahr abgeschlossen in dem es angezeigt wird – sind Rückschlüsse auf die Verfahrenswirklichkeit allerdings mit Vorsicht vorzunehmen. Dennoch ist die Bezugnahme beider Statistiken eine Möglichkeit der Darstellung der Verfahrenswirklichkeit von Vergewaltigungsvorwürfen. Des Weiteren offenbart wiederum die Rechtspflegestatistik der Staats- und Amtsanwaltschaften, dass viele Vergewaltigungsverfahren bereits vor Eröffnung des Hauptverfahrens nach § 170 Abs. 2 StPO eingestellt werden[10].

Der Rechtsstaat versucht, die Diskrepanz zwischen angezeigten und in Verurteilung endenden Vergewaltigungsvorwürfen u.a. durch neue Gesetze zu

---

5 Entwurf eines Strafrechtsänderungsgesetztes zur Änderung des Sexualstrafrechts, BT-Drucksache 18/7719, 2016, S. 2.

6 Vgl. *Sabine Rückert*, Das Schlafzimmer als gefährlicher Ort, in: DIE ZEIT 2016; *Thomas Richter*, NEIN heißt NEIN heißt NEIN, in: DIE ZEIT 2014.

7 Vgl. Polizeiliche Kriminalstatistik 2014, Straftatenschlüssel 1110.

8 Vgl. Statistisches Bundesamt, Rechtspflege, Strafverfolgungsstatistik, Fachserie 10, Reihe 3, 2014, 2.1 (§ 177 Abs. 2, 3, 4 und § 178 StGB).

9 Auch wenn Rückschlüsse, die auf der PKS und der Strafverfolgungsstatistik beruhen, aufgrund der unterschiedlichen Erfassungsräume mit Vorsicht zu ziehen sind, werden daraus dennoch Tendenzen ersichtlich.

10 Vgl. Statistisches Bundesamt, Rechtspflege Staatsanwaltschaften, Fachserie 10, Reihe 2.6; Vgl. *Elsner/Steffen*, 2005, S. 111 f.

schließen. Ein Forschungszweig der empirischen Sozialpsychologie erklärt diese Diskrepanz hingegen mit der Bagatellisierung sexualisierter Gewalt durch die Entscheidungsträger/innen aufgrund der Akzeptanz von Vergewaltigungsmythen[11]. Vergewaltigungsmythen sind nach Bohner „deskriptive oder präskriptive Überzeugungen über Vergewaltigung (d.h. über Ursachen, Kontext, Folgen, Täter, Opfer und deren Indikation), die dazu dienen, sexuelle Gewalt von Männern gegen Frauen zu leugnen, zu verharmlosen oder zu rechtfertigen"[12]. Sofern eine Tat nicht den stereotypischen Vorstellungen über eine „echte" Vergewaltigung entspräche, erhöhe sich die Wahrscheinlichkeit, dem Opfer eine Mitschuld zukommen zu lassen, den Täter zu entlasten und damit die Anwendung von Gewalt zu legitimieren[13]. Da auch Vertreter/innen der Strafverfolgungsbehörden nicht frei von der Akzeptanz von Vergewaltigungsmythen seien, könne dies einen Einfluss auf die Urteilsfindung haben[14]. Die Vergewaltigungsmythenforschung belegt mit Hilfe einer Vielzahl von empirischen Untersuchungen, dass die Akzeptanz von Vergewaltigungsmythen die Urteilsfindung von Testpersonen beeinflusst[15]. Doch zählen die Vertreter/innen der Strafverfolgungsbehörden in Deutschland bisher nicht zu den analysierten Personengruppen, die Ergebnisse beziehen sich größtenteils auf (Jura-) Studierende oder Personen aus der allgemeinen Bevölkerung.

Polizeikräfte als Vertreter der Strafverfolgungsbehörden nehmen aufgrund ihrer Ermittlungstätigkeit eine bedeutende Rolle bei der Bearbeitung von Vergewaltigungsvorwürfen ein[16]. Dabei sind insbesondere Vergewaltigungsvorwürfe oft durch besonders schwierige Beweissituationen geprägt[17]. Die (empirische) Polizeiforschung kann bisher allerdings nicht aufzeigen, welche Merkmale von den polizeilichen Sachbearbeiter/innen bei der Ermittlungstätigkeit von beweisschwierigen Vorwürfen besondere Aufmerksamkeit erhalten und somit deren Beurteilung beeinflussen. Wichtigkeit erlangt die Beantwortung der Frage aber

11 Vgl. *Burt*, 1991, S. 26 ff.; Vgl. *Temkin/Krahé*, 2008.

12 *Bohner*, S. 14.

13 Vgl. *Krahé*, 2012, S. 159 ff.

14 Vgl. a.a.O., S. 164 ff.

15 Vgl. *Temkin/Krahé*, 2008, S. 41 ff.: Opfermerkmale sind bspw. die sexuelle Vorerfahrung des Opfers oder auch, ob es als anständige Person betrachtet wird. Tätermerkmale sind die Attraktivität des Beschuldigten oder der soziale Status. Als Tatmerkmal gilt die Täter-Opfer-Beziehung; Vgl. *Krahé*, 2012, S. 159 ff.

16 Vgl. *Kury/Pagon/Lobnikar*, 2002, S. 735 f.

17 Vgl. *Elsner/Steffen*, 2005, S. 154.

dadurch, dass die empirische Polizeiforschung Polizeikräften ein Misstrauen gegenüber den möglichen Vergewaltigungsopfern attestiert[18].

Fraglich ist also, inwiefern die Akzeptanz von Vergewaltigungsmythen bei polizeilichen Sachbearbeiter/innen das praktische und theoretische polizeiliche Handeln beeinflusst und welche Auswirkungen dies auf den Fallschwund bei Vergewaltigungsvorwürfen haben kann. Neben der Vergewaltigungsmythen- und Polizeiforschung haben es auch die Forschungen zum Fallschwund versäumt, mögliche Abhängigkeiten und Wirkungsfelder der einzelnen Einflussgebiete miteinander in Beziehung zu setzen und etwaige Zusammenhänge offenzulegen. Diesem Versäumnis soll mit dieser Arbeit entgegengetreten werden. Sie will die Zusammenhänge zwischen dem Fallschwund bei Vergewaltigungsvorwürfen, der Vergewaltigungsmythenakzeptanz sowie dem theoretischen und praktischen polizeilichen Handeln bei Vergewaltigungsvorwürfen aufzeigen.

Im Zentrum der Arbeit steht die Beantwortung der Frage, wie hoch der Fallschwund bei Vergewaltigungsvorwürfen tatsächlich ist und welche Daten zu dessen Bestätigung Anwendung finden. Inbegriffen ist dabei auch die Frage nach bisherigen Erklärungen für den Fallschwund. Des Weiteren soll herausgearbeitet werden, inwiefern eine Akzeptanz von Vergewaltigungsmythen den Fallschwund beeinflusst und ob sie darüber hinaus auch einen Einfluss auf das theoretische und praktische polizeiliche Handeln hat (und dadurch auch die Verfahrenswirklichkeit beeinflusst). Zur Überprüfung dieses Zusammenhangs soll zunächst der Frage nachgegangen werden, ob es in der Polizei eine Vergewaltigungsmythenakzeptanz gibt. Dabei ist auch die akademisierte Ausbildung der Polizeianwärter/innen und damit das theoretische Handeln der Sachbearbeiter/innen von Interesse. Die Ergebnisse der Arbeit sollen der zukünftigen (empirischen) Forschung Impulse für eine interdisziplinäre Betrachtung des Tatbestands der Vergewaltigung und seiner Ausgestaltung in der Verfahrenswirklichkeit und Rechtspraxis geben.

18 Vgl. a.a.O., S. 157 ff.

B. Fallschwund bei Vergewaltigungsvorwürfen

Das Strafrecht wurde in der Vergangenheit mehrfach reformiert, um den Schutz der sexuellen Selbstbestimmung zu verbessern. Ziel war es jeweils, Strafbarkeitslücken zu schließen. Der Tatbestand der Vergewaltigung sowie seine Auslegung in der Rechtsprechung beeinflusst die Rechtspraxis, beispielsweise mit hohen Beweisanforderungen, und damit auch die Verfahrenswirklichkeit. Die Verfahren wegen Vergewaltigungsvorwürfen sind gekennzeichnet durch eine hohe Diskrepanz zwischen angezeigten und in Verurteilung endenden Vergewaltigungsvorwürfen.

Die hohe Diskrepanz zwischen angezeigten und in Verurteilungen endenden Vergewaltigungsvorwürfen wird auch als Fallschwund oder Schwundquote[19] bezeichnet. Offiziell geführte Statistiken des Bundeskriminalamtes – wie die Polizeiliche Kriminalstatistik (PKS) – und des Statistischen Bundesamtes – wie die Rechtspflegestatistiken – machen diesen Fallschwund sichtbar. Daneben befasst sich auch die Rechtstatsachenforschung bereits seit den 80er Jahren sowohl mit der Darstellung der Verfahrenswirklichkeit bei Vergewaltigungsvorwürfen als auch mit ihrer Analyse.

Zwar wird von der Rechtstatsachenforschung immer wieder hinterfragt, ob (weibliche) Diskriminierung von Geschädigten im Strafverfahren zur Verfahrenswirklichkeit bei Vergewaltigungsvorwürfen gehört und so dessen Ausgang beeinflusst wird. Bisher gibt es aber nur wenige solcher Analysen, bei denen weniger die Erforschung möglicher Ursachen für den Fallschwund im Mittelpunkt steht als die Ausprägung und Form der Opferdiskriminierung.

Im Folgenden wird zunächst der Fallschwund bei Vergewaltigungsvorwürfen in Deutschland mithilfe der offiziell geführten Statistiken dargestellt, anschließend werden ausgewählte Ergebnisse der Rechtstatsachenforschung präsentiert, die schließlich die hohe Diskrepanz zwischen angezeigten und in Verurteilung endenden Vergewaltigungsvorwürfen aufzeigen und analysieren.

I. Statistik

Bei der Darlegung des Fallschwunds bei Vergewaltigungen mithilfe der offiziell geführten Statistiken ist zu beachten, dass diese nur das Hellfeld der Kriminalität abbilden. Das Hellfeld erfasst nicht die Kriminalitätswirklichkeit. Nicht jede Straftat wird den Strafverfolgungsbehörden gemeldet und damit in den offiziellen Statistiken festgehalten. Die Daten dienen Wissenschaft, Forschung und Politik als richtungweisende Schätzwerte, beschreiben je nach Deliktart eine

---

19 Vgl. *Krahé*, 2012, S. 159 ff.

mehr oder weniger starke Annäherung an die Kriminalitätsrealität und legen zukünftige Entwicklungstendenzen offen[20].

Da in dieser Arbeit der Fallschwund bei Vergewaltigungen dargelegt wird, konzentrieren sich die präsentierten Zahlen auf § 177 Abs. 2, 3 und 4 StGB und § 178 StGB, § 177 Abs. 1 (sexuelle Nötigung) und Abs. 5 (minder schwerer Fall) StGB werden nicht erfasst.

1. Die Rechtspflegestatistik der Staats- und Amtsanwaltschaften

Das Statistische Bundesamt erhebt jährlich den Geschäftsanfall und die Erledigungsart bei Gerichten und Staatsanwaltschaften für die Bereiche Strafverfolgung, Strafvollzug und Bewährungshilfe[21].

Die Rechtspflegestatistik der Staats- und Amtsanwaltschaften erfasst die abgeschlossenen Ermittlungsverfahren bei Land- und Oberlandesgerichten[22]. Die Einleitungs- und Erledigungsart sowie die Verfahrensdauer werden seit 2005 nach sieben ausgewählten Sachgebieten erhoben. Das Sachgebiet „Straftaten gegen die sexuelle Selbstbestimmung" umfasst demnach beispielsweise auch die Verbreitung pornografischer Schriften. Die Statistik der Staats- und Amtsanwaltschaften nimmt keine weiteren Differenzierungen bezüglich der Straftaten vor. Daher sind die Ergebnisse dieser Statistik nur geringfügig mit den Daten weiterer Rechtspflegestatistiken, die innerhalb der Abschnitte differenzieren, vergleichbar. Dennoch geben sie Aufschluss über die Erledigungsarten der Staats- und Amtsanwaltschaften.

Im Jahr 2014 erledigten die Staats- und Amtsanwaltschaften der Bundesrepublik Deutschland insgesamt 53.272 Verfahren im Sachgebiet „Straftaten gegen die sexuelle Selbstbestimmung"[23]. In 7.920 (14,9%) Verfahren wurde Anklage erhoben. 26.121 Verfahren, und damit 49%, wurden nach § 170 Abs. 2 StPO[24] von den Staats- und Amtsanwaltschaften eingestellt. Ähnliche Werte ergeben sich

---

20 Vgl. *Neubacher*, 2011, S. 34 ff.

21 Vgl. Internetseite des Statistisches Bundesamtes : https://www.destatis.de/DE/ZahlenFakten/GesellschaftStaat/Rechtspflege/RechtspflegeGrundinfo_ol.html (letzter Aufruf 23.03.14).

22 Statistisches Bundesamt, Rechtspflege, Staatsanwaltschaften, Fachserie 10, Reihe 2.6, hier 2005 bis 2013.

23 A.a.O., siehe unter 3.1.1.

24 § 170 StPO Entscheidung über eine Anklageerhebung
(1) Bieten die Ermittlungen genügenden Anlaß zur Erhebung der öffentlichen Klage, so erhebt die Staatsanwaltschaft sie durch Einreichung einer Anklageschrift bei dem zuständigen Gericht.
(2) Andernfalls stellt die Staatsanwaltschaft das Verfahren ein. Hiervon setzt sie den Beschuldigten in Kenntnis, wenn er als solcher vernommen worden ist oder ein

für das Jahr 2011. Von den 52.686 Verfahren wurde in 15,5% Anklage erhoben, 51,4% wurden nach § 170 Abs. 2 StPO eingestellt. Ein Vergleich mit dem Sachgebiet „Vorsätzliche Körperverletzung" verdeutlicht die verhältnismäßig hohe Zahl von Einstellungen bei den Straftaten gegen die sexuelle Selbstbestimmung: Von 430.365 erledigten Verfahren mit vorsätzlicher Körperverletzung wurde 2014 in 13,2% (2011: 16,1%) Anklage erhoben, 41,9% (2011: 39,4%) wurden durch Einstellung nach § 170 Abs. 2 StPO beendet[25].

2. Prozentanteil von Verurteilungen an den jährlich erfassten Fällen der PKS

Seit Mitte der 50er Jahre erfasst die PKS die der Polizei bekannt gewordenen rechtswidrigen Straftaten[26]. Im Jahr 2014 wurden der Polizei insgesamt 6.082.064 Straftaten bekannt gemacht. Darunter waren im Jahr 2014 7.345 (0,1%) Vergewaltigungsanzeigen (§ 177 Abs. 2, 3, 4 und § 178 StGB)[27]. Die Zahl der erfassten Vergewaltigungsanzeigen änderte sich nur geringfügig in den letzten 10 Jahren. Im Jahr 2000 wurden 7.499 Vergewaltigungsanzeigen erfasst, im Jahr 2010 insgesamt 7.724[28].

Die Rechtspflegestatistik Strafverfolgung erhebt neben den demographischen Merkmalen der Abgeurteilten eines Berichtjahres und der Art der Straftat u.a. auch die Art der Entscheidung sowie die Art der Sanktion[29]. Verurteilte sind Angeklagte, gegen die nach allgemeinem Strafrecht eine Freiheitsstrafe, ein Strafarrest oder eine Geldstrafe verhängt wurde. Auch Angeklagte, deren Straftaten nach Jugendstrafrecht mit Jugendstrafe, Zuchtmitteln oder Erziehungsmaßregeln bestraft wurden, zählen zu den Verurteilten[30].

Die Diskrepanz zwischen erfassten und in Verurteilung endenden Vergewaltigungen lässt sich mithilfe der Daten der PKS und der Strafverfolgungsstatistik

---

Haftbefehl gegen ihn erlassen war; dasselbe gilt, wenn er um einen Bescheid gebeten hat oder wenn ein besonderes Interesse an der Bekanntgabe ersichtlich ist.

25 Statistisches Bundesamt, Rechtspflege, Staatsanwaltschaften, Fachserie 10, Reihe 2.6, siehe unter 3.2.1 jeweiliges Jahr.

26 http://www.bka.de/DE/Publikationen/PolizeilicheKriminalstatistik/pks__node.html?__nnn=true (letzter Aufruf 23.03.14).

27 PKS, Bundeskriminalamt, Berichtsjahr 2013, Straftatenschlüssel 1110, gesamt BRD.

28 PKS, Bundeskriminalamt, Berichtsjahr 2013, 2012, 2008, 2004, 1987, gesamt BRD. Seit 1987 stieg die Zahl der erfassten Vergewaltigungen bis auf ein Höchstmaß von 8.831 erfassten Vergewaltigungen im Jahr 2004. Danach sank diese wieder und lag in den folgenden Jahren zwischen 7.292 (2008) und 8.031 (2012) Vergewaltigungen.

29 Statistisches Bundesamt, Rechtspflege, Strafverfolgungsstatistik, Fachserie 10, Reihe 3, 2014, S. 5.

30 Vgl. a.a.O., S. 15.

darstellen. Allerdings sind daraus gezogene Rückschlüsse aufgrund von unterschiedlichen Erfassungszeiträumen und Bewertungssätzen der beiden Statistiken mit Vorsicht zu interpretieren[31]. Nicht alle von der PKS erfassten Fälle werden auch im selben Jahr durch die Strafverfolgungsbehörden offiziell beendet. Mitunter werden Straftaten zu einem späteren Ermittlungszeitpunkt von Staatsanwaltschaft oder Gericht abweichend bewertet. Da in Deutschland aber keine Verlaufsstatistik existiert, ist das Zusammenfügen der beiden Statistiken ein Mittel, um die Diskrepanz darzustellen.

Abbildung 1: Prozentanteil von Verurteilungen an den jährlich erfassten Fällen der PKS (N=erfasste Fälle PKS)

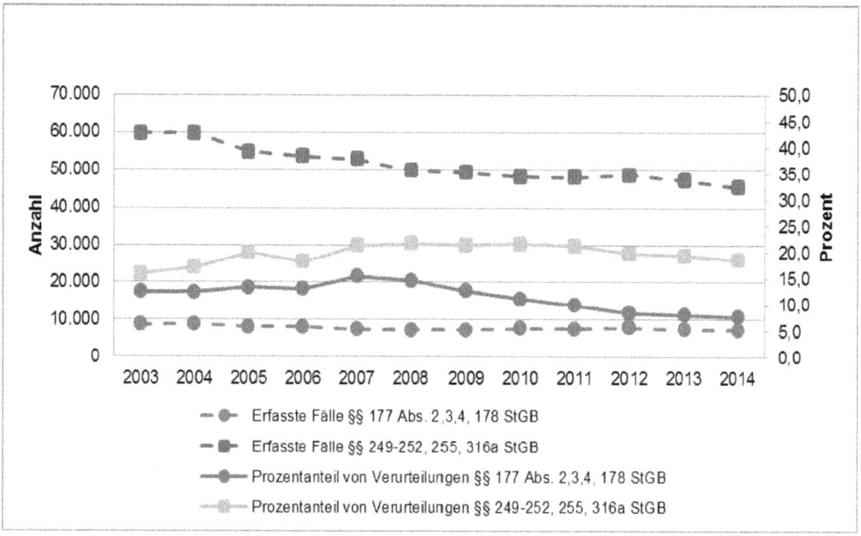

Quelle: Statistisches Bundesamt, Rechtspflege, Strafverfolgungsstatistik, Fachserie 10; Bundeskriminalamt, PKS; Eigene Berechnungen.

Der in Abbildung 1 dargestellte Prozentanteil von Verurteilungen an den jährlich erfassten Fällen der PKS beruht auf eigenen Berechnungen der Autorin. Um die Entwicklung bei Vergewaltigungen in den Kriminal- und Justizstatistiken besser nachvollziehen zu können, werden die Daten der Deliktart Raub (§§ 249–252, 255, 316a StGB) vergleichend herangezogen.

---

31 Vgl. *Jehle*, 2013, S. 714;
PKS, Bundeskriminalamt, Polizeiliche Kriminalstatistik, 2010, S. 9.;
Vgl. *Körner*, 1973.

Zwischen den Berichtsjahren 2003 und 2014 blieb die Zahl der erfassten Fälle von Vergewaltigungsanzeigen relativ gleich. Dennoch sank der Prozentanteil von Verurteilungen seit dem Jahr 2007. Im Vergleich sank die Zahl der erfassten Fälle des Straftatbestands Raub, der Prozentanteil von Verurteilungen aber stieg im Jahr 2007 an und verringerte sich in den Folgejahren nur gering.

Im Jahr 2014 wurden 7.345 Vergewaltigungsanzeigen (§ 177 Abs. 2, 3, 4, § 178 StGB) von der PKS erfasst. Im selben Jahr führten laut der Rechtspflegestatistik Strafverfolgung 566 Vergewaltigungsanzeigen zu einer Verurteilung. Daraus ergibt ein Prozentanteil der Verurteilungen von 7,7%. Im Jahr 2004 endeten von 8.831 erfassten Vergewaltigungen 1.095 Vergewaltigungsanzeigen (12,4%) in einer Verurteilung. Vergleichend erhöhte sich der auf eigenen Berechnungen beruhende Prozentanteil von Verurteilungen von Raub (§§ 249–252, § 255, § 316a StGB) von 16,0% im Jahr 2001 auf 18,5% im Jahr 2014 (siehe Abbildung 1).

3. Prozentanteil von Verurteilungen und Freisprüchen an den jährlich erfassten Aburteilungen

Die Strafverfolgungsstatistik des Statistischen Bundesamtes erfasst auch die Abgeurteilten nach Art der Straftat innerhalb eines Berichtsjahres[32]. Dabei sind Abgeurteilte Angeklagte, deren Strafverfahren nach Eröffnung des Hauptverfahrens durch ein Urteil oder einen Einstellungsbeschluss rechtskräftig abgeschlossen wurde oder gegen die Strafbefehl erlassen wurde[33]. Damit setzt sich die Zahl der Abgeurteilten eines Berichtsjahres aus den Verurteilten und den Personen zusammen, gegen die andere Entscheidungen getroffen wurden. Die Rechtspflegestatistik Strafverfolgung erhebt die Aburteilungen und Verurteilungen eines Berichtsjahres nach Art der Straftat sowie nach Art der Entscheidung. Seit 2001 wird § 177 Abs. 1 StGB, § 177 Abs. 2 Nr.1 StGB, § 177 Abs. 2 Nr. 2, Abs. 3, 4 StGB sowie § 178 StGB differenziert festgehalten. Im Jahr 2014 erfasste die Rechtspflegestatistik Strafverfolgung nach §§ 177 Abs. 2, 3, 4 und 178 StGB 805 Abgeurteilte[34].

Die im Folgenden dargestellten Prozentanteile von Verurteilungen und Freisprüchen an den jährlich erfassten Aburteilungen beruhen auf eigenen

32 Statistisches Bundesamt, Rechtspflege, Strafverfolgungsstatistik, Fachserie 10, Reihe 3, 2.1 bzw. 2.2, Berichtsjahr 2001–2014.

33 Statistisches Bundesamt, Rechtspflege, Strafverfolgungsstatistik, Fachserie 10, Reihe 3, 2014, S. 13.

34 Statistisches Bundesamt, Rechtspflege, Strafverfolgungsstatistik, Fachserie 10, Reihe 3, 2.1, 2014.

Berechnungen der Autorin. In den letzten 10 Jahren ist der Prozentanteil von Freisprüchen bei Vergewaltigungen[35] – Anzahl der Freisprüche aller Abgeurteilter Erwachsenen und Jugendlichen eines Jahres – von 17,3% im Jahr 2004 auf 23,5% im Jahr 2014 gestiegen. Der Prozentanteil von Verurteilungen sank im gleichen Zeitraum von 75,6% im Jahr 2004 auf 70,3% im Jahr 2014[36].

Abbildung 2: Prozentanteil von Verurteilungen und Freisprüchen an den jährlich erfassten Aburteilungen (N=Aburteilungen Erwachsene und Jugendliche)

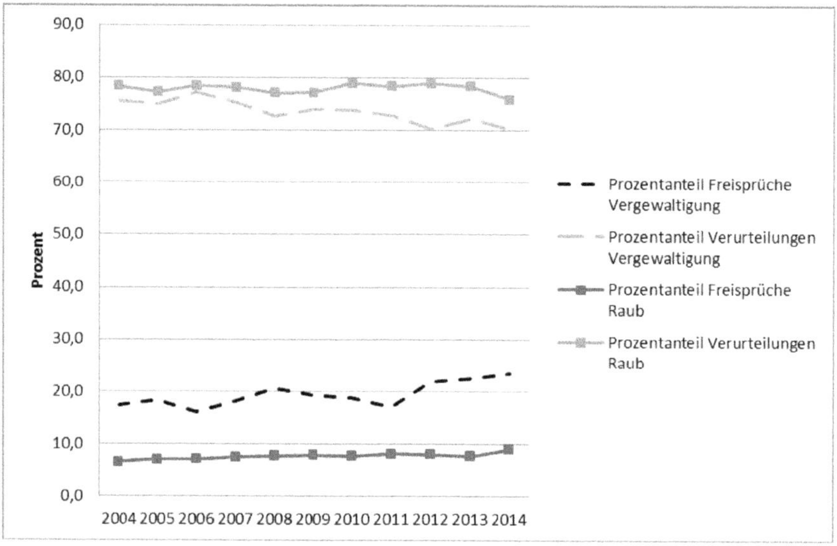

Quelle: Statistisches Bundesamt, Rechtspflege, Strafverfolgungsstatistik, Fachserie 10, Reihe 3; Eigene Berechnungen

Auch hier wird vergleichend der Prozentanteil von Verurteilungen bei Raub dargestellt. Obwohl die von der PKS erfassten Fälle von Raub in den letzten 10 Jahren gesunken sind – von 59.414 Fällen im Jahr 2000 auf 48.166 Fälle im Jahr 2010[37] – blieb nicht nur der Prozentanteil von Freisprüchen – 6,5% im Jahr 2004, 9% im Jahr 2014 –, sondern ebenfalls der Prozentanteil von Verurteilungen – 78,3% im Jahr 2004 und 75,8% im Jahr 2014 – konstant (siehe Abbildung 2).

35 § 177 Abs. 2, 3, 4 und § 178 StGB.

36 Statistisches Bundesamt, Rechtspflege, Strafverfolgungsstatistik, Fachserie 10, Reihe 3, 2.1 bzw. 2.2, Berichtsjahr 2001–2014.

37 PKS, Bundeskriminalamt, jeweiliges Berichtsjahr Straftatenschlüssel 2100, gesamt BRD.

4. Darstellung des Fallschwunds mithilfe internationaler Statistiken

Die Diskrepanz zwischen angezeigten und in Verurteilung endenden Vergewaltigungen wird mitunter auch mithilfe internationaler Statistiken dargestellt. Sofern internationale Statistiken als Datengrundlage dienen, müssen allerdings die spezifischen Erhebungsinhalte bei der Interpretation berücksichtigt werden[38]. Internationale Statistiken verwenden zwar Standarddefinitionen um der Problematik von nationalen Deliktdefinitionen zu umgehen, selten werden auf nationaler Ebene aber alle Merkmale eingeschlossen beziehungsweise sie schließen weitere mit ein[39]. Des Weiteren werden die Daten der internationalen Statistiken durch länderspezifische Gesetzesänderungen oder Entscheidungsmöglichkeiten der Strafverfolgungsbehörden beeinflusst[40]. Damit birgt das Benutzen der Daten Fehlerquellen, was folgendes Beispiel verdeutlicht.

Barbara Krahé[41] belegt den Fallschwund bei Vergewaltigungsvorwürfen mit den Daten des European Sourcebook of Crime and Criminal Justice Statistics (ESCCJS)[42]. Krahé verdeutlicht anhand einer Tabelle die Entwicklung der Tatverdächtigen- und Verurteilungszahlen – Fälle pro 100.000 Einwohner – für Vergewaltigung, Körperverletzung und Raub in den Jahren 2000, 2003 und 2007[43]. Zwischen 2000 und 2007 sei die Verurteilungsquote bei Vergewaltigungen um 50% gesunken[44]. Kam es im Jahr 2000 noch bei 2,7% der Vergewaltigungen zu einer Verurteilung, waren es im Jahr 2007 nur noch 1,4%. Diese Daten belegten den Fallschwund bei Vergewaltigungen.

Bei der Interpretation der Erkenntnisse Krahés muss die Erhebungsmethodik des ESCCJS Berücksichtigung finden. In der 3. Auflage des ESCCJS heißt es: „Figures of rape convictions in 2000 includes sexual assault“[45]. Als Quelle der Daten wird die Strafverfolgungsstatistik des Statistischen Bundesamtes angegeben[46]. Im Jahr 2000 erfasste die Strafverfolgungsstatistik § 177 und § 178 StGB einheitlich, d. h. ohne eine Differenzierung der einzelnen Absätze. Ab 2001

38 Vgl. *Jehle*, 2013, S. 713;
Vgl. *Kerner*, 2106, S. 30 ff.

39 Vgl. *Jehle*, 2013, S. 714.

40 Vgl. a.a.O., S. 717f.

41 *Krahé*, 2012.

42 Einzusehen unter: http://www3.unil.ch/wpmu/europeansourcebook/printed-editions-2/ (letzter Aufruf 17.02.15), dort sind alle Editionen frei verfügbar.

43 *Krahé*, 2012, S. 162.

44 A.a.O., S. 162.

45 European Sourcebook of Crime and Criminal Justice, 3rd Edition, 2006, S. 120.

46 A.a.O., S. 124.

wurden die Erhebungsinhalte erweitert. § 177 Abs. 1, § 177 Abs. 2 Nr. 1, § 177 Abs. 2 Nr. 2, § 177 Abs. 3, 4 sowie § 178 StGB werden jeweils einzeln erhoben. Das heißt im Jahr 2000 umfasste die Definition der Vergewaltigung – „rape" – im ESCCJS auch die sexuellen Nötigungen (§ 177 Abs. 1 StGB). Die von Krahé dargelegte, stark sinkende Verurteilungsquote bezieht sich im Jahr 2000 also nicht nur auf die Vergewaltigung, sondern auch auf die sexuellen Nötigungen. Die Verurteilungsquote des Jahres 2003 erfasst schließlich nur die Vergewaltigung. Aus diesen Gründen erscheint die Diskrepanz zwischen erfassten und in Verurteilung endenden Vergewaltigungen vermeintlich höher.

Letztendlich belegen die hier dargestellten statistischen Daten die Diskrepanz zwischen erfassten und in Verurteilung endenden Vergewaltigungen. Seit dem Jahr 2007 sank der Prozentanteil von Verurteilungen an den jährlich erfassten Fällen der PKS bei Vergewaltigungen (§§ 177 Abs. 2, 3, 4 und 178 StGB) von 15,4% auf 7,7% im Jahr 2014. Des Weiteren belegt die Statistik der Staats- und Amtsanwaltschaften eine Einstellungsquote (§ 170 Abs. 2 StPO) von bis zu 50% bei Straftaten gegen die sexuelle Selbstbestimmung.

II. Rechtstatsachenforschung

Systematische Forschungen hinterfragen seit geraumer Zeit die hohe Diskrepanz zwischen erfassten und in Verurteilung endenden Vergewaltigungsvorwürfen. Dabei konzentriert sich die Rechtstatsachenforschung größtenteils auf die Darstellung der Verfolgungspraxis. Mithilfe von Aktenanalysen wird versucht, die Verfahrenswirklichkeit darzustellen.

Allerdings erweist sich dabei bereits der Datenzugang für die Rechtstatsachenforschung als problematisch. Während die PKS die Straftaten mithilfe von Straftatenschlüsseln erhebt, ordnen die Strafverfolgungsstatistiken den einzelnen an Sachgebieten orientierte Aktenzeichen zu[47]. Der Datenzugang ist somit mit einem erhöhten Arbeitsaufwand verbunden, da die Deliktart zunächst detailliert selektiert werden muss.

Bei der Definition eines Erhebungszeitraums der Daten ist zudem der Verfahrensverlauf der angeforderten Kriminal- und Justizakten zu berücksichtigen. Sofern Justizakten angefordert werden, bleibt es fraglich, ob dieses Verfahren rechtskräftig abgeschlossen ist. Die Länge der Verfahren variiert, mitunter je nach Deliktart und Tatschwere zwischen Monaten und Jahren.

Auch wenn die Zusammenarbeit von Wissenschaftlern und zuständigen Ministerien, Landesämtern, Gerichten und Staatsanwaltschaften gefördert wird,

47 Siehe hierzu *Elsner/Steffen*, 2005, S. 20, S. 44 f.

ist die Einsicht in die Kriminal- und Justizakten mit einem enormen Verwaltungsaufwand verbunden. Angeforderte Akten können von der Staatsanwaltschaft, wenn sie kurzfristig benötigt werden, wieder zurückgefordert werden, diese müssen dann wieder neu angefordert werden[48]. Für die Aktenanalyse ist auch gut geschultes Personal vonnöten. Um signifikante Aussagen über die Datengrundlage treffen zu können, ist die Stichprobengröße von großer Bedeutung.

Trotz der erwähnten Probleme ist die Rechtstatsachenforschung dennoch nützlich, um den Fallschwund bei Vergewaltigungsvorwürfen darzulegen.

Der Fallschwund bei Vergewaltigungsvorwürfen wird durch den Prozentanteil von Einstellungen – Einstellungen nach § 170 Abs. 2 StPO – der Staatsanwaltschaften sichtbar. Die Rechtspflegestatistik der Staats- und Amtsanwaltschaften belegt, dass im Jahr 2014 49,0% der Straftaten gegen die sexuelle Selbstbestimmung nach § 170 Abs. 2 StPO eingestellt wurden. Für das Jahr 2011 ergeben sich ähnliche Werte: 51,4% der Straftaten gegen die sexuelle Selbstbestimmung wurden nach § 170 Abs. 2 StPO von den Staatsanwaltschaften eingestellt[49]. Die Rechtstatsachenforschung weist ähnliche Zahlen nach: Von den insgesamt 326 Aktenstücken (§ 177 und § 178 StGB; nur bekannte Tatverdächtige), die Steinhilper mithilfe eines Erhebungsbogens dokumentierte, wurden 149 Fälle (46%) eingestellt. Der größte Teil davon wegen des mangelnden hinreichenden Tatverdachts gemäß § 170 Abs. 2 StPO[50].

Elsner/Steffen analysierten insgesamt 391 Vergewaltigungsverfahren (§ 177 Abs. 2, 3, 4 und § 178 StGB) und sexueller Nötigungen (§ 177 Abs. 1 StGB) aus dem Jahr 2000 in Bayern. Von den 262 Vergewaltigungen wurden 58,4% nach § 170 Abs. 2 StPO eingestellt[51]. In einer vom Bundesjustizministerium in Auftrag gegebenen Untersuchung überprüfte Oberlies im Jahr 2002 die Praxis der Strafverfolgung bei häuslicher und sexueller Gewalt in Sachsen-Anhalt[52]. Insgesamt wurden 468 Fälle häuslicher Gewalt ausgewertet, wovon 64 „potenzielle sexuelle Übergriffe" waren[53]. Von den insgesamt 64 potenziellen sexuellen Übergriffen wurden 44 (68,8%) Verfahren von der Staatsanwaltschaft gemäß § 170 Abs. 2 StPO eingestellt[54]. Ebenfalls 68,8% der insgesamt 234 analysierten Verfahren

48 Vgl. a.a.O., S. 19.

49 Statistisches Bundesamt, Rechtspflege, Staatsanwaltschaften, Fachserie 10, Reihe 2.6, Berichtsjahr 2013 und 2011.

50 *Steinhilper*, Definitions- und Entscheidungsprozesse bei sexuell motivierten Gewaltdelikten, 1998, S. 62, 157.

51 *Elsner/Steffen*, 2005, S. 111.

52 *Oberlies*, 2002, S. 4 ff.

53 A.a.O., S. 9.

54 A.a.O., S. 30, hier „ohne Verweis auf den Privatklageweg", 48 Verfahren inklusive Verfahren mit Verweis auf Privatklageweg.

wegen Vergewaltigung und sexueller Nötigung wurden in Goedelts Stichprobe nach § 170 Abs. 2 StPO eingestellt[55].

Warum so viele Einstellungen nach § 170 Abs. 2 StPO bei Vergewaltigungsvorwürfen erfolgen, bleibt fraglich. Allerdings belegen rechtstatsächliche Untersuchungen, dass in den seltensten Fällen Vergewaltigungen durch einen dem Opfer nicht bekannten Beschuldigten begangen werden. In einer Stichprobe von Goedelt war beispielsweise in nur 20% aller Fälle der Beschuldigte dem Opfer nicht bekannt[56]. In den restlichen Fällen herrschte zumindest eine lose Bekanntschaft zwischen Beschuldigtem und Opfer[57]. Unter den N=153 analysierten Einstellungen nach § 170 Abs. 2 StPO von Elsner/Steffen, blieb in 33 Fällen (21,6%) der Täter unbekannt[58]. Die erhöhte Einstellungsquote kann also in einem engen Zusammenhang mit enormen Beweisschwierigkeiten bei Vergewaltigungsvorwürfen stehen. Insbesondere, wenn der Beschuldigte verlautet, es hätte sich um einen einvernehmlichen Geschlechtsverkehr gehandelt, befindet sich das Strafverfahren in der schwierigen „Aussage-gegen-Aussage-Situation" – häufig zum Nachteil des Opfers. Schon 1985 betonten Henry/Beyer: „Bei keinem anderen Delikt wird der Grundsatz des ‚in dubio pro reo' derart konsequent angewendet wie bei einer Vergewaltigung"[59]. Die Aussage-gegen-Aussage-Situation stelle das klassische Dilemma des mangelnden hinreichenden Tatverdachts dar, „wobei der Täter/Beschuldigter mit dem Grundsatz des ‚in dubio pro reo' immer eine gute Karte hätte, die in der überwiegenden Zahl solcher Fälle auch sticht"[60]. Durch die „brüchigen Eckfeiler eines zweifelhaften ‚Gehäuses'"[61] liege die Beweislast beim Opfer und erweitere den Satz „in dubio pro reo" zu „in dubio contra victimam"[62]. Feministisch geprägte Theorien betonen, dass der Wahrheitsgehalt der Aussage des Opfers in einem Vergewaltigungsverfahren im umfangreichen Maße durch starre gesellschaftliche Geschlechtsrollenbilder beeinflusst werde[63]. Henry/Beyer sprechen 1985 von einer „Konstruierung des Täters wie des Opfers durch gesellschaftliche Mythen"[64], die nicht nur in der Gesellschaft existierten, sondern ebenso

55 *Goedelt*, 2010, S. 118.
56 A.a.O., S. 55.
57 A.a.O., S. 56.
58 Vgl. *Elsner/Steffen*, 2005, S. 149.
59 *Henry/Beyer*, 1985, S. 345.
60 *Gerstendörfer*, 1994, S. 54.
61 A.a.O., S. 54.
62 A.a.O., S. 54.
63 Vgl. a.a.O.;
Vgl. *Abel*, 1988, S. 59.
64 Vgl. *Henry/Beyer*, 1985, S. 340.

in den Institutionen der formellen sozialen Kontrolle. Demnach richte sich die zentrale Aufmerksamkeit im Vergewaltigungsprozess auf die sexuelle Vergangenheit der Geschädigten, was schließlich einen Einfluss auf die Rechtsprechung habe. Dabei werde mit zweierlei Maß gemessen: Während die sexuelle Selbstbestimmung des Mannes außer Frage gestellt werde, müsse die Frau ihre sexuelle Selbstbestimmung immer wieder verteidigen[65]. Dieser Ansicht widersprechen aber immer wieder empirische Ergebnisse der Rechtstatsachenforschung.

Menzel untersuchte im Jahr 2003 Gerichtsurteile der Strafjustiz, um die These zu prüfen, die geringen Verurteilungszahlen seien auf das vom Geschlechtsstereotyp abweichende Verhalten der Geschädigten zurückzuführen[66]. Anhand der drei Kategorien Täterbeschuldigung, Täterentschuldigung und Opferbeschuldigung wurden die Gerichtsakten von Verurteilungen wegen Vergewaltigungen, sexuellen Nötigungen und sexuellen Missbräuchen an Kindern zwischen den Jahren 1979 und 1989 analysiert. Diese Analyse gliederte sich in drei Untersuchungsphasen[67]. Die Variable Täterbeschuldigung[68] stellte sich in jeder Untersuchungsphase als relevant für die Sanktion dar. Das heißt, sobald dem Täter im Prozess eine besondere Verantwortlichkeit zugeschrieben wurde, wie beispielsweise das geplante Vorgehen der Tat, erhöhte sich die Wahrscheinlichkeit einer Verurteilung im jeweiligen Erhebungszeitraum signifikant[69]. Bei der Variable Täterentschuldigung hatte vor allem das Feststellen psychologischer oder psychiatrischer Defizite einen Einfluss auf die Sanktionshärte. Schließlich wurden in mehr Verfahren die Strafe zur Bewährung ausgesetzt, wenn ein Gutachter herangezogen wurde. Die Variable Opferbeschuldigung[70] erwies sich hingegen als nicht selektionsrelevant, was die These, Nicht-Verurteilungen seien auf die Abweichung des Geschlechtsstereotyps zurückzuführen, widerlegte.

Die Einstellungsquote in Elsner/Steffens Aktenanalyse betrug 58,4%, wovon der Großteil, nämlich 58 Verfahren (37,9%), wegen der Aussage-gegen-Aussage Situation eingestellt wurden[71]. Die Staatsanwaltschaft begründete die Einstellung

---

65 A.a.O., S. 340;
Schliermann/Endres/Dörsch, 1989, S. 145.

66 Vgl. *Menzel*, 2003, 205 ff.

67 A.a.O., S. 209: 1. Untersuchungsphase von 1979 bis 1984, 2. Untersuchungsphase von 1985 bis 1990 und 3. Untersuchungsphase von 1991 bis 1996.

68 A.a.O., S. 211. Zu dieser Variablen zählten Merkmale, die dem Täter eine besondere Verantwortlichkeit zuschrieben, z. B. das geplante Vorgehen.

69 A.a.O., S. 212.

70 A.a.O., S. 211. Diese Variable erfasste Merkmale wie provozierendes Verhalten der Frau, die sexuelle Vorgeschichte oder auch das Eingehen einer riskanten Situation.

71 Vgl. *Elsner/Steffen*, 2005, S. 149.

beispielsweise wie folgt: Die Tatvorgänge sind weder abgrenzbar noch hinreichend beschrieben, oder „Die Vergewaltigungsanzeige erfolgt vor dem Hintergrund ‚gegenseitiger Anzeigen im Rahmen der Trennung des Paares und des Streites um die gemeinsamen Kinder'"[72]. Ein weiterer großer Anteil (39 Verfahren, 25,5%) der Einstellungen wurde aufgrund einer nicht vorhandenen oder widersprüchlichen Aussage des Opfers vorgenommen. Des Weiteren wurden n = 22 Fälle (14,4%) wegen eines nicht erfüllten Tatbestands von der Staatsanwaltschaft eingestellt[73]. Weil nicht nachgewiesen werden konnte, „dass der Beschuldigte den entgegenstehenden **Willen** der Geschädigten auch **erkannt** hat"[74] oder der Beschuldigte „**weder Gewalt** angewendet **noch** mit einer **Drohung** qualifizierter Art die Durchführung sexueller Handlungen erzwungen"[75] hat. Auch Barton konnte keine Hinweise für eine „‚menschenrechtswidrige[n]' Gerechtigkeitslücke" finden[76]. Dieser untersuchte im Jahr 2015 18 Verfahren wegen Vergewaltigung mit einer „besonders beweisschwierigen Konstellation"[77]. Von den 18 Verfahren wurden 56% gemäß § 170 Abs. 2 StPO eingestellt[78]. Letztendlich ließen sich Gründe für die Einstellungen im materiellen und formellen Recht finden[79].

Die Anklagequote ist bei den rechtstatsächlichen Untersuchungen mit 35,6%[80], 24,4%[81] und 34%[82] höher als es die Statistik der Staats- und Amtsanwaltschaften – durchschnittlich 15% Anklagen – darlegt. Dies resultiert allerdings aus der Datengrundlage: Die Rechtspflegestatistik der Staats- und Amtsanwaltschaften erhebt ihre Anklagequote anhand der Untergruppe „Straftaten gegen die sexuelle Selbstbestbestimmung", also aller Straftaten des 13. Abschnitts des StGB. Die rechtstatsächlichen Untersuchungen analysierten hingegen nur Vergewaltigungen bzw. Vergewaltigungen und sexuelle Nötigungen.

---

72 A.a.O., S. 150.

73 Vgl. a.a.O., S. 151.

74 A.a.O., S. 151 (Hervorhebung im Original).

75 A.a.O., S. 152 (Hervorhebung im Original).

76 *Barton*, 2015, S. 54.

77 Vgl. a.a.O., S. 47.

78 Vgl. a.a.O., S. 47.

79 Vgl. a.a.O., S. 54.

80 *Elsner/Steffen*, 2005, S. 111: nur Vergewaltigung (§ 177 Abs, 2, 3, 4 und § 178 StGB, N=262, 94 Anklagen.

81 *Goedelt*, 2010, S. 118: § 177 und § 178, damit Vergewaltigungen und sexuelle Nötigungen, N=234.

82 *Seith/Lovett/Kelly*, 2009, S. 7: nur Vergewaltigungen, N=100.

Von den insgesamt 262 von Elsner/Steffen analysierten Vergewaltigungen endeten 5%[83] mit einem Freispruch und 20,6%[84] mit einer Verurteilung des Tatverdächtigen. Ähnliche Ergebnisse ergaben sich bei der Aktenanalyse Goedelts, 2,1%[85] der untersuchten Verfahren endeten mit einem Freispruch und 16,2%[86] mit einer Verurteilung. Insgesamt 4%[87] der von Seith/Lovett/Kelly untersuchten 100 Vergewaltigungsverfahren wurden mit einem Freispruch und 23%[88] mit einer Verurteilung beendet[89].

Damit decken sich die Zahlen der Rechtstatsachenforschung mit den offiziellen Daten der Statistiken.

III. Zusammenfassung: Fallschwund bei Vergewaltigungsvorwürfen

Sowohl die offiziell erfassten Daten als auch ausgewählte Untersuchungen der Rechtstatsachenforschung belegen einen hohen Fallschwund bei Vergewaltigungsvorwürfen. Die Abbildung 3 verdeutlicht die Ergebnisse.

Der hohe Fallschwund bei Vergewaltigungsvorwürfen wird besonders durch die hohe Zahl der Einstellungen nach § 170 Abs. 2 StPO deutlich. Rund 50% der Vergewaltigungsverfahren – in Abhängigkeit des zugrunde gelegten Datenmaterials – werden bereits vor Eröffnung des Hauptverfahrens von der Staatsanwaltschaft eingestellt. Des Weiteren ist der Prozentanteil von Verurteilungen sowohl nach der statistischen Analyse als auch nach den Daten der Rechtstatsachenforschung gering.

Die offiziellen Statistiken sowie die Erläuterungen der Ergebnisse der Rechtstatsachenforschung belegen einen Fallschwund bei Vergewaltigungsvorwürfen in Deutschland. Allerdings ist dieser noch nicht in vollem Umfang analysiert worden. Bisherige rechtstatsächliche Untersuchungen haben zwar die These, Verfahren würden durch stereotypische Vorstellungen über Geschlechterrollen beeinflusst, überprüft, haben diese aber nicht in Zusammenhang mit den Akteuren der Strafverfolgungsbehörden und ihren persönlichen Einstellungen gesetzt, sondern harte Faktoren evaluiert, wie die Anzahl der Vernehmungen. Dadurch kann die bisherige Forschung zum Fallschwund nicht sicher belegen, dass geschlechtsspezifische Rollenbilder einen Einfluss auf die Ermittlungstätigkeiten der Strafverfolgungsbehörden haben. Auch liefern die Ergebnisse keinen Hinweis darauf, dass Fachkräfte,

---

83 *Elsner/Steffen*, 2005, S. 147 (N=262).

84 A.a.O., S. 147, hier Freiheitsstrafe mit Strafaussetzung (N=18) und Freiheitsstrafe ohne Strafaussetzung (N=36), N=262.

85 *Goedelt*, 2010, S. 118.

86 A.a.O., S. 118, hier zusammenfassend Verurteilung eines Sexualdelikts.

87 *Seith/Lovett/Kelly*, 2009, S. 7.

88 A.a.O., S. 7.

89 A.a.O., S. 7; allerdings wird insbesondere die Erhebungsmethodik sowie die daraus erfolgte Datenauswertung der Autoren kritisiert: vgl. *Frommel*, 2013, S. 704 f.

wie die polizeilichen Sachbearbeiter/innen, die durch ihre Ermittlungstätigkeit einen Einfluss auf das Verfahren haben, die Verfahrenswirklichkeit beeinflussen.

Abbildung 3: Fallschwund bei Vergewaltigungsvorwürfen- Statistik und Rechtstatsachenforschung[90]

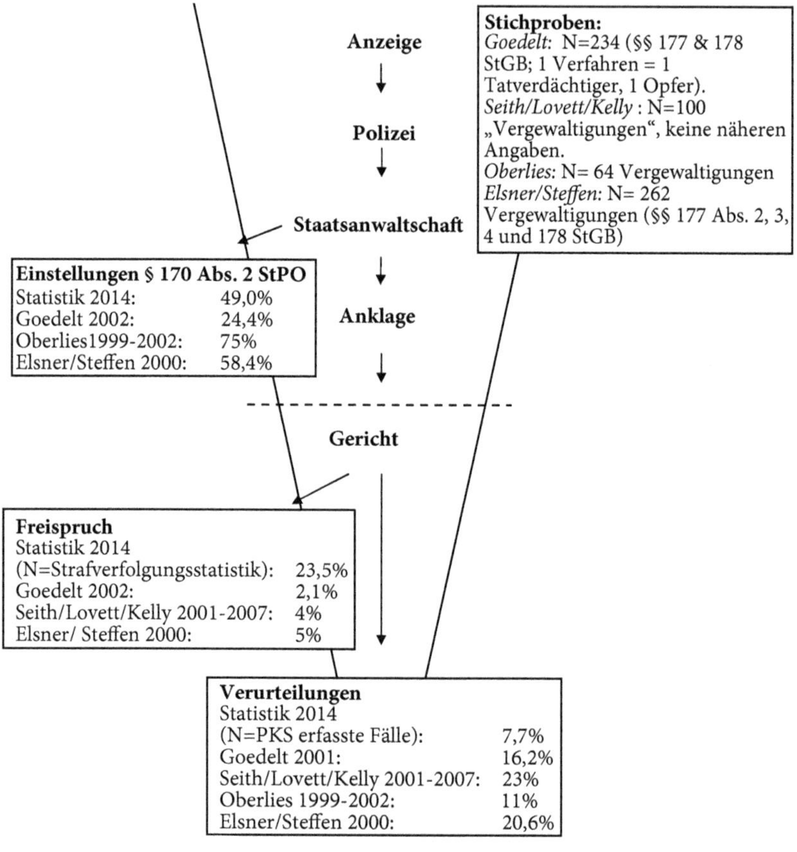

90 Bei der Interpretation des Schaubildes ist stets die Stichprobe der jeweiligen Untersuchung zu berücksichtigen. *Elsner/Steffen* berücksichtigten beispielsweise keine Akten aus dem Jahr 2001, da einige Verfahren zum Zeitpunkt der Erhebung 2004/2005 noch nicht abgeschlossen waren. *Goedelt*, die ihre Untersuchung 2010 veröffentlichte, konzentrierte sich auf eine Vollerhebung des Jahrgangs 2002 bei zwei Staatsanwaltschaften, da sie davon ausging, dass die Verfahren zu jenem Zeitpunkt mit hoher Wahrscheinlichkeit abgeschlossen waren.Zudem sind die Daten der offiziellen Statistiken (PKS; Rechtspflegestatistik Strafverfolgung) bezüglich ihrer Berechnungsgrundlage zu interpretieren.

C. Vergewaltigungsmythen

Im Jahr 1975 verschaffte die Journalistin und Feministin Susan Brownmiller den sogenannten Vergewaltigungsmythen allgemeine Aufmerksamkeit. Letztendlich sei eine Vergewaltigung ein Phänomen des Machtmissbrauchs des Mannes gegenüber der Frau[91]. Aufbauend auf dieser nicht wissenschaftlich belegten Theorie, entstand in den späten 70er Jahren ein Forschungszweig der Sozialpsychologie, der die gesellschaftlich etablierten, stereotypischen Vorstellungen über die Vergewaltigung analysiert[92]. Seit den 80er Jahren werden die stereotypischen Vorstellungen über die Vergewaltigung als Vergewaltigungsmythen bezeichnet[93]. Im 21. Jahrhundert sind Vergewaltigungsmythen ein fester Bestandteil der sozialpsychologischen Forschung. Die Vergewaltigungsmythenforschung kann belegen, dass opferfeindliche Vorstellungen über Vergewaltigungen akzeptiert werden[94].

Den Vergewaltigungsmythen werden nicht nur Funktionen zugesprochen, mitunter werden sie auch zur Erklärung rechtstatsächlicher Phänomene herangezogen. Dabei wird in erster Linie der Frage nachgegangen, ob ihre Akzeptanz einen Einfluss auf die Informationsverarbeitung in Vergewaltigungsverfahren und die Urteilsfindung hat[95].

Um überprüfen zu können, ob das theoretische und praktische polizeiliche Handeln durch die Existenz und Akzeptanz von Vergewaltigungsmythen beeinflusst wird, werden im Folgenden zunächst Herkunft, Begrifflichkeit und Inhalte der Vergewaltigungsmythen erläutert. Die Darlegung der Messinstrumente sowie der Funktionen von Vergewaltigungsmythen geben Hinweise auf eventuelle Nutzen sowie Grundlagen ihrer Erfassung. Letztendlich zeigt die Darstellung der bisherigen Forschungsschwerpunkte von Vergewaltigungsmythen themenrelevante Forschungslücken auf.

---

91 *Brownmiller*, 1975, xiii.
92 Vgl. *Bohner*, 1998.
93 Vgl. *Burt*, 1980, S. 217.
94 Vgl. D. IV. in dieser Arbeit.
95 Vgl. *Süssenbach*, 2016, S. 35 ff.

I. Herkunft

„Something important and frightening to contemplate had been left out of my education – a way of looking at male-female relations, at sex, at strength, and at power. (...) I wrote this book because I am a women who changed her mind about rape“[96].

Im Jahr 1975 machte die Journalistin und Feministin Susan Brownmiller die Benachteiligung der Frau in einer von Männern dominierten Gesellschaft zum zentralen Thema ihrer Arbeit. Die Gesellschaft konditioniere Frauen zu Vergewaltigungsopfern. Schon im Kindesalter internalisierten junge Mädchen, ihr Geschlecht mache sie zum potentiellen Vergewaltigungsopfer[97]. Demnach sei die Vergewaltigung Ausdruck männlicher Dominanz und eine Methode der männlichen Machtdemonstration. Für Brownmiller ist die Vergewaltigung

> „(...) nicht mehr und nicht weniger als eine Methode bewusster systematischer Einschüchterung, durch die *alle Männer alle Frauen* in permanenter Angst halten.“[98]

Die systematische Einschüchterung führe zu einer existenziellen Etablierung der „deadly male myths of rape[99]“. Männer verleugneten Vergewaltigungen durch den Rückgriff auf stereotypische Behauptungen: (a) „all women want to be raped“, (b) „no woman can be raped against her will“, (c) „she was asking for it“ und schließlich (d) „If you're going to be raped, you might as well relax and enjoy it”[100].

Brownmiller sieht die Vergewaltigung nicht als einen sexuellen Akt, sondern als ein soziales Phänomen des Machtmissbrauchs[101]. Ihre Schlussfolgerungen beruhen dabei auf subjektiven Beobachtungen. Somit darf an die Veröffentlichung Brownmillers kein wissenschaftlicher Anspruch gestellt werden.

---

96 *Brownmiller*, 1975, xiii; vgl. *Brownmiller*, 1978 (übersetzt aus dem Englischen von Ivonne Carroux).

97 Vgl. *Brownmiller*, 1978, S. 224:
Klassische Märchengeschichten, wie Rotkäppchen oder Dornröschen, vermittelten Mädchen und jungen Frauen das Bild des schwachen Mädchens, das nur durch den ehrenwerten Jäger oder den Kuss eines Traumprinzen gerettet werden könne. Die Märchen reduzierten die Protagonistinnen auf ihr Geschlecht und machten sie automatisch zu Opfern.

98 *Brownmiller*, 1978, S. 22 (Hervorhebung im Original).

99 Vgl. *Brownmiller*, 1975, S. 346.

100 A.a.O., S. 346.

101 Vgl. *Costin/Schwarz*, 1987, S. 47.

Angeregt durch Brownmiller, attestierte Feild der Vergewaltigungsforschung der 70er Jahre erhebliche Mängel und untermauerte Brownmillers These mit empirischen Ergebnissen[102].

Mit seinem selbst entwickelten „Attitude towards rape questionnaire" (ATR) ließ Feild seine Probanden und Probandinnen Vergewaltigungen beurteilen[103]. Feild wies den individuellen Merkmalen Geschlecht und ethnische Herkunft (Feild engl.: race) sowie der grundlegenden Einstellung gegenüber Frauen (Feild: Attitudes towards women), einen Einfluss auf die Beurteilung einer Vergewaltigung zu. Männer hielten das Vergewaltigungsopfer häufiger für mitverantwortlich an einer Vergewaltigung als Frauen[104]. Letztendlich folge die Beurteilung einer Vergewaltigung keineswegs einem kausalen, eindimensionalen Erklärungsmodell. Eine Vielzahl von unabhängigen Variablen beeinflusse die Einstellung in umfangreichem und signifikantem Maße[105].

Zusammenfassend kann festgehalten werden, dass Brownmillers These, die Vergewaltigung sei Ausdruck männlicher Dominanz und eine Methode der Machtdemonstration in einer von Männern dominierten Gesellschaft, einerseits einen Perspektivwechsel bewirkte – die Vergewaltigung ist kein sexueller Akt, sondern wegen des Machtmissbrauchs ein soziales Problem – und andererseits das Vergewaltigungsopfer zunehmend ins Zentrum der öffentlichen und wissenschaftlichen Aufmerksamkeit rückte[106].

Feild definierte und operationalisierte mit seiner Untersuchung erstmals individuelle Einstellungsmerkmale gegenüber Vergewaltigungsopfern und legte empirische Ergebnisse vor, auf die zukünftige Forschungen aufbauen konnten.

---

102 Vgl. *Feild*, 1978, S. 157.

103 Vgl. a.a.O., S. 158; siehe ebenfalls unter C.III. in dieser Arbeit.

104 Vgl. a.a.O., S. 169, 175.

105 Vgl. a.a.O., S. 162 ff.

106 Vgl. *Bewley*, 2011, S. 1:
Die These Brownmillers spielte weiterhin eine tragende Rolle in der Vergewaltigungsforschung. Zu ihren Auswirkungen: Die Zahl der Anzeigen und die Verurteilungsrate bei Vergewaltigungen sei immer noch erschreckend gering. Verschlimmernd käme hinzu, dass auch die Medien und die sogenannten Popstars die Ernsthaftigkeit des Verbrechens nicht wahrnehmen würden. Es käme immer öfter zu einem Vorgang des „glamorise sexual violence", zu einer Glorifizierung und einem „Herunterspielen" von sexueller Gewalt.

II. Definition

Im Jahr 1991 definierte Martha Burt erstmals die Vergewaltigungsmythen (Burt engl.: rape myths) als[107]:

> „(…) *prejudicial, stereotyped, or false beliefs about rape, rape victims, and rapists* (…)“[108].

Nicht jede Vergewaltigung werde von der Bevölkerung als das bewertet, was sie nach gesetzlicher Definition sei[109], nämlich eine durch Gewalt erzwungene sexuell motivierte anale, orale oder vaginale Penetration[110]. An dieser Stelle würden die Auswirkungen der Vergewaltigungsmythen sichtbar. Existierten keine Vergewaltigungsmythen, würde jede Vergewaltigung, die im Einklang mit der gesetzlichen Definition stehe, auch von der Bevölkerung als solche bewertet[111]. Doch die gesellschaftlichen Vorstellungen über eine Vergewaltigung stimmten nicht immer mit der gesetzlichen Definition überein. Burt hält es für möglich, dass sich die gesellschaftliche Definition von Vergewaltigung in der Mitte zwischen dem Extrem umfassender Definition einerseits und dem Extrem einschränkender Definition andererseits bewegt[112]. Die umfassende gesellschaftliche Definition von Vergewaltigung sehe jede Form der erzwungenen sexuellen Handlung als Vergewaltigung an, die einschränkende Definition hingegen verleugne von Grund auf das Vorliegen einer Vergewaltigung.

Des Weiteren hätten Menschen das Bild einer „echten“ Vergewaltigung im Kopf und verglichen dieses mit der vorherrschenden Situation[113]. Eine „echte“ Vergewaltigung beinhalte für die Mehrheit der Gesellschaft Merkmale wie, dass der Täter ein Fremder war, die Vergewaltigung nachts in einem dunklen Park und unter Anwendung von Waffengewalt stattfand, das Opfer sich stark gewehrt und schließlich offensichtliche Verletzungen davongetragen hat[114]. In den wenigsten Fällen stünde diese Vorstellung über eine „echte“ Vergewaltigung in Einklang mit der tatsächlich vorliegenden Vergewaltigung.

---

107 Vgl. *Burt*, 1991, S. 26–40.

108 A.a.O., S. 26.

109 Vgl. a.a.O., S. 26.
Burt benutzt den Terminus „legal definition“ und definiert den Begriff der Vergewaltigung als: „penetration, however slight, of any bodily orifice, obtained against the victim's will by using force, or threat of force, of any part of the assailant's body or any object used by the assailant in the course of assault“.

110 Vgl. a.a.O., S. 26.

111 Vgl. a.a.O., S. 26.

112 Vgl. a.a.O., S. 27.

113 Vgl. a.a.O., S. 27.

114 Vgl. a.a.O., S. 27.

Drei Jahre später, im Jahr 1994, bemängelten Lonsway/Fitzgerald die unachtsame Gleichstellung der Begriffe Mythos und Stereotyp in der Definition Burts. Zwar sei von Vergewaltigungsmythen die Rede, allerdings würden stereotypische Vorstellungen definiert. Der zentrale kulturelle Aspekt des Mythos werde durch die Gleichstellung verdeckt[115].

Stereotypische Vorstellungen beruhten auf persönlichen oder sozialen Kategorisierungen, ein Mythos sei hingegen vielmehr gesellschaftlich beziehungsweise kulturell geprägt[116].

Anfang des 20. Jahrhunderts nahm die Sozialwissenschaft den Begriff des Stereotyps in ihre Forschung auf[117]. Petersen/Six definierten das Stereotyp als „eine Reihe von Überzeugungen über die Mitglieder einer sozialen Gruppe"[118]. Die soziale Kategorisierung folgte zentralen Mechanismen. Diese Mechanismen beeinflussten die menschliche Wahrnehmung und das Urteilsvermögen. Merkmale der sogenannten Fremdgruppe würden in den meisten Fällen negativ betrachtet, Überzeugungen der eigenen Gruppe hingegen positiv bewertet. Besonders auffällige Merkmalsausprägungen, wie Geschlecht oder Alter, regten zu einer voreiligen sozialen Kategorisierung an.

Stereotypische Vorstellungen über eine Vergewaltigung enthalten damit eine Reihe von Überzeugungen über Vergewaltigungsopfer, Tatsituationen und Vergewaltigungstäter. Die beispielhafte Überzeugung, Vergewaltigungsopfern sei durch ihr vorheriges Verhalten eine Mitschuld zuzuschreiben, führt im Sinne des Stereotyps zu einer negativen Kategorisierung der Opfer[119].

Ein Mythos, mit dem sich Petersen/Six ebenfalls beschäftigten, beschreibe hingegen ein kulturelles Phänomen und besitze eine gesellschaftliche wie auch religiöse Funktion[120]. Zum einen stütze und bestätige ein Mythos die herrschende Gesellschaftsordnung, zum anderen söhne dieser durch seine Existenz das Bewusstsein der Menschen aus, die Fakten würden zurückgedrängt, die Verstörung reduziert[121].

---

115 Vgl. *Lonsway/Fitzgerald*, 1994, S. 134.

116 A.a.O., S. 134.

117 Vgl. *Peteresen/Six*, 2008, S. 21; ebenso *Dovido/Hewstone/Glick/Essens*, 2010, S. 7 f.

118 *Peteresen/Six*, 2008, S. 21; weiterführend *Dovido/Hewstone/Glick/Essens*, 2010, S. 7 f.

119 Vgl. *Peteresen/Six*, 2008.

120 Vgl. a.a.O., S. 52.
Nach Industrialisierung und Verwissenschaftlichung scheint der Mythos aber nur noch die Lücke zu füllen, wo vorher die Religion und der Aberglaube ihren Platz fanden. Diese Scheinmythen „füllen (...) das Vakuum, das Aufklärung und Entmythisierung hinterlassen haben".

121 Vgl. *Peteresen/Six*, 2008.

Lonsway/Fitzgerald berücksichtigten schließlich die inhaltlichen Aspekte des Mythos in ihrer Definition.

> „Rape myths *are attitudes and beliefs that are generally false but are widely and persistently held, and that serve to deny and justify male sexual aggression against women.*"[122]

Vergewaltigungsmythen beinhalten für die Autoren keine stereotypischen, sondern falsche Vorstellungen über Vergewaltigungen, die insbesondere als kulturelles Phänomen betrachtet werden. Damit sind Vergewaltigungsmythen keineswegs eine temporäre Erscheinung, sondern gesellschaftlich gewachsene und schließlich internalisierte falsche Vorstellungen.

Die Definition von Lonsway/Fitzgerald wurde im Jahr 1998 von Bohner kritisiert und von diesem überarbeitet.

Die Formulierung der Definition erschwere die Abgrenzung zwischen sexistischen Komponenten und anderen frauenfeindlichen Einstellungen[123]. Die enge Verbindung zwischen allgemeinen, individuellen Einstellungen gegenüber Frauen und der Akzeptanz von Vergewaltigungsmythen dürfe bei der Definition der Vergewaltigungsmythen nicht vernachlässigt werden.

Des Weiteren bemängelte Bohner die Formulierung „widely and persistently held". Fraglich bleibe, ob Vergewaltigungsmythen nur dann Vergewaltigungsmythen seien, wenn sie weit verbreitet und überdauernd seien[124]. Sollte dies der Fall sein, schließe die Definition von Lonsway/Fitzgerald sich ändernde Vorstellungen und Einstellungen über Vergewaltigungen aus. Kulturelle, gesetzgeberische und soziale Veränderungen wären nicht möglich. Der Gebrauch der Definition führe zu Missverständnissen, da zunächst geklärt werden müsse, ob die jeweils aktuellen Vergewaltigungsmerkmale mit den Definitionsmerkmalen übereinstimmten[125].

Letztendlich seien auch die generellen falschen Vorstellungen über Vergewaltigungen nur schwer zu validieren. Generell falsche Behauptungen könnten nicht auf ihren Wahrheitsgehalt überprüft werden. Dabei seien Behauptungen wie „all women want to be raped"[126], präskriptive, auf normativer Setzung beruhende Überzeugungen, die per se nicht wirklichkeitsgetreu überprüft werden könnten und im logischen Sinne nicht falsifizierbar seien[127].

Nach Bohner sind Vergewaltigungsmythen

---

122 *Lonsway/Fitzgerald*, 1994, S. 134 (Hervorhebung im Original).

123 Vgl. *Bohner*, 1998, S. 13.

124 Vgl. a.a.O., S. 13.

125 Vgl. a.a.O., S. 13.

126 Vgl. *Brownmiller*, 1975, S. 346.

127 Vgl. *Bohner*, 1998, S. 13; *Kolshorn/Brockhaus*, 2002, S. 371.

„(...) deskriptive oder präskriptive Überzeugungen über Vergewaltigungen (d.h. über Ursachen, Kontext, Folgen, Täter, Opfer und deren Interaktion), die dazu dienen, sexuelle Gewalt von Männern gegen Frauen zu leugnen, zu verharmlosen oder zu rechtfertigen“[128].

Bohners Definition erlangte in der Vergewaltigungsmythenforschung Zustimmung und ist auch in aktuellen Publikationen die vorherrschende Definition[129]. Des Weiteren begrüßen es Kolshorn/Brockhaus, dass sich Bohners Definition auch auf den Bereich der sexuellen Gewalt gegen Mädchen und Jungen übertragen ließe[130]. Entscheidend für diesen Übertrag auf andere Bereiche der Sexualstraftaten sei die deutliche Differenzierung zwischen deskriptiven und präskriptiven Überzeugungen[131]. Ferner grenze die Definition einerseits den Mythos aufgrund der präzisen Formulierung ein, andererseits behindere sie auch nicht eine breite Auslegung[132].

III. Inhalt

Bei der Bestimmung der Inhalte von Vergewaltigungsmythen ist die Klassifikation von Burt aus dem Jahr 1991 maßgebend[133]. Burt richtete ihre Aufmerksamkeit dabei auf die Frau. Dieser inhaltliche Schwerpunkt steht im Einklang mit der in der Vergewaltigungsmythenforschung vorherrschenden Definition Bohners, da sie die Tatbeteiligung des Täters in den Hintergrund und stattdessen die Mitschuld des Opfers in den Vordergrund rückt[134]. Demnach verleugnen, verharmlosen oder rechtfertigen Vergewaltigungsmythen die sexuelle Gewalt von Männern gegen Frauen[135].

Burt gliedert die Vergewaltigungsmythen in vier frauenzentrierte und zwei männerzentrierte Mythen: Die vier frauenzentrierten Mythen sind (1) „es ist nichts passiert“, (2) „niemand ist zu Schaden gekommen“, (3) „sie hat es gewollt“ und (4) „sie hat es verdient“. Die zwei männerzentrierten Mythen lauten: (1) „nur geistesgestörte Männer vergewaltigen“ und (2) „Männer können ihren Sexualtrieb nicht kontrollieren“. Die Inhalte der Vergewaltigungsmythen seien ein Teil der Kultur und würden durch die gesellschaftliche Sozialisation an die folgenden Generationen weitergegeben[136].

---

128 *Bohner*, 1998, S. 14 (Hervorhebung im Original).
129 Vgl. *Weber*, 2010, S. 3.
130 Vgl. *Kolshorn/Brockhaus*, 2002, S. 373 ff.
131 Vgl. a.a.O., S. 377.
132 Vgl. a.a.O., S. 378.
133 Vgl. *Burt*, 1991, S. 26 ff.
134 Vgl. *Weber*, 2010, S. 3.
135 Vgl. *Bohner*, 1998, S. 14.
136 Vgl. *Burt*, 1991, S. 29.

Trotz dieser Klassifizierung ist die Durchlässigkeit der Vergewaltigungsmythen zu beachten. Aussagen über Vergewaltigungen lassen sich in einigen Fällen nicht nur einer Kategorie zuordnen, klare Abgrenzungen sind oft nur schwer möglich. Im Folgenden werden die vier frauenzentrierten und die zwei männerzentrierten Mythen von Burt näher dargestellt.

1. „Nothing happend"[137] – Es ist nichts passiert

Die Behauptung, es sei nichts passiert, impliziert die Annahme, es hätte kein sexueller Kontakt stattgefunden und das Opfer verberge mit einer hohen Wahrscheinlichkeit etwas oder wolle sich an dem Täter rächen[138]. Erwachsen aus dem grundsätzlichen Gedanken, eine Vergewaltigung sei immer mit hoher Wahrscheinlichkeit nur vorgetäuscht und eine Vielzahl der angezeigten Vergewaltigungen seien Falschanschuldigungen, würden Vergewaltigungsopfer seit Jahrzehnten eindringlich über die hohe Sanktionierung bei einer vorgetäuschten Straftat informiert[139].

Des Weiteren gehöre zu dieser Behauptung, dass die Aussage des Vergewaltigungsopfers lediglich ein Ausdruck dessen blühender Fantasie sei[140]. Scheinbar vergewaltigte Frauen wünschten sich in ihrer tiefsten sexuellen Fantasie, zum Sex gezwungen zu werden. Diese Behauptung schüre die Vorstellung, Frauen seien sexuell ausgehungert und warteten nur auf einen starken Mann, der sie zum Sex zwinge. Dabei sei die Vergewaltigung ein Akt der Degradierung, eine Ignoranz der Persönlichkeit und ein Herbeiführen von Todesdrohungen- und ängsten für das Opfer[141].

2. „No Harm was done"[142] – Niemand ist zu Schaden gekommen

Die Vorstellung über Vergewaltigung, es sei niemand zu Schaden gekommen, ist nach Burt ebenfalls gesellschaftlich etabliert. Dadurch würden die psychischen und physischen Folgen für die Opfer ignoriert und die Vergewaltigung werde zu einem harmlosen sexuellen Akt – „just sex"[143] – degradiert.

Weiter werde behauptet, „a women´s value lies in her sexual exclusiveness"[144]. Nicht das Opfer büße durch eine Vergewaltigung gesellschaftlichen Status ein, sondern derjenige, dem sie sexuell verpflichtet ist. Die Frau hätte demnach

137 A.a.O., S. 28.
138 Vgl. a.a.O., S. 28.
139 Vgl. a.a.O., S. 28.
140 Vgl. a.a.O., S. 28.
141 Vgl. a.a.O., S. 28.
142 A.a.O., S. 29; vgl. *Brownmiller*, 1975, S. 347.
143 *Burt*, 1991, S. 29.
144 A.a.O., S. 29.

entweder sexuelle Verpflichtungen gegenüber ihrem Vater wegen ihres „marriage value“[145] oder gegenüber ihrem Ehemann wegen dessen sexuellem Exklusivrecht auf seine Ehefrau[146]. Frauen, die weder ihrem Vater noch ihrem Ehemann ihr sexuelles Selbstbestimmungsrecht übertragen müssten, würden nicht nur gesellschaftlich degradiert, sondern auch mit dem gesellschaftlichen Status „open territory victim“[147] konfrontiert. Infolgedessen würden alleinerziehende oder geschiedene Frauen als sexuell verfügbar etikettiert. Die gesellschaftliche Degradierung verstärke zudem die soziale Kategorisierung in schützenswerte und weniger schützenswerte Opfer. Weniger schützenswerte Opfer, beispielsweise Frauen, die Alkohol konsumieren oder alleine in Bars gehen, könnten nicht in angemessenem Maße mit einer umfangreichen Zuwendung des Gesetzgebers rechnen[148]. Zusätzlich erhärtete die soziale Kategorisierung den Verdacht, nur weniger schützenswerte Frauen würden vergewaltigt, weil sie die Vergewaltigung durch ihr Verhalten provoziert hätten[149].Häufig sei eine Bezugnahme auf diesen Vergewaltigungsmythos die Strategie der Verteidigung vor Gericht[150].

3. „She wanted it“[151] – Sie hat es gewollt

Aus der gesellschaftlich etablierten Annahme, Frauen wollten immer Sex haben, resultiere die dritte Behauptung, das Vergewaltigungsopfer habe die Vergewaltigung gewollt. Wenn Frauen nein sagten, meinten sie eigentlich ja[152]. Dieses angeblich von Frauen inszenierte Spiel sei eine latente Einwilligung in den Geschlechtsverkehr, da Frauen Gefallen an Gewalt empfänden und diese als sexuell stimulierend erlebten[153]. Wolle eine Frau eine Vergewaltigung wirklich verhindern, sei sie jederzeit in der Lage, sich gegen einen Übergriff zu wehren, besonders bei einem ihr bekannten Täter[154].

Diese Behauptungen nehmen dem Vergewaltigungsopfer jede Form des freien Willens. Die Annahme, eine Vergewaltigung sei ein Akt der sexuellen Befriedigung der Frau, verleugnet außerdem den Straftatbestand der Vergewaltigung.

---

145 A.a.O., S. 29: Töchter müssten jungfräulich in die Ehe gehen.
146 Vgl. a.a.O., S. 29.
147 A.a.O., S. 29.
148 Vgl. a.a.O., S. 30.
149 Vgl. a.a.O., S. 30.
150 Vgl. a.a.O., S. 30.
151 Vgl. a.a.O., S. 30.
152 Vgl. a.a.O., S. 30.
153 Vgl. a.a.O., S. 31.
154 Vgl. a.a.O., S. 31.

4. „She deserved it"[155] – Sie hat es verdient

Die Behauptung, das Vergewaltigungsopfer hätte die Vergewaltigung verdient, gibt dem Opfer eine Mitschuld an der Tat. Anzügliche Kleidung und/oder zweideutige alltägliche Gewohnheiten kämen nach dieser Annahme einer Provokation gleich[156]. Eine Vergewaltigung sei nach einer Provokation geradezu selbstverständlich und von dem Opfer letztendlich selbst verursacht[157]. Dabei wird weniger die Straftat verleugnet, als eher dem Täter die Verantwortung für die Tat abgesprochen.

5. „Only crazy men rape"[158] – nur geistesgestörte Männer vergewaltigen

Die Annahme, Männern falle es schwer, sich selber aufgrund des eigenen Geschlechts als potentiellen Vergewaltiger zu sehen, ist der erste männerzentrierte Mythos. Um sich deutlich von den Tätern abzugrenzen, bekräftigten Männer den Mythos, nur psychisch kranke Männer würden Vergewaltigungen begehen[159].

155 A.a.O., S. 31 f.

156 Vgl. a.a.O., S. 31.

157 Vgl. a.a.O., S. 33: Burt beschreibt in ihrer Publikation eindringlich, dass Untersuchungen und Befragungen gezeigt hätten, dass sich nur wenige geoutete Vergewaltiger durch das Verhalten der Frau provoziert gefühlt hätten. Stets hätten sie das Ziel verfolgt, eine Vergewaltigung zu begehen und ließen sich weniger von dem Verhalten des Opfers leiten.

158 *Burt*, 1991, S. 32.

159 Vgl. a.a.O., S. 32.
Vgl. *Koss/Leonard/Beezley/Oros*, 1985, S. 981 ff.:
Die Autoren entkräfteten den Mythos. Sie befragten insgesamt 1.846 männliche amerikanische Studierende zu ihren sexuellen Erfahrungen. Zwei Erklärungsmodelle einer Vergewaltigung – das psychopathologische sowie das gesellschaftlich-strukturelle – wurden untersucht. Das psychopathologische Modell erklärt die Vergewaltigung damit, dass ein großer Teil der Täter verhaltensgestört sei und deswegen eine Frau vergewaltige. Das gesellschaftlich strukturelle Modell begründet den Ursprung der Vergewaltigung mit den ungleichen Machtverhältnissen zwischen Männern und Frauen. Die Testpersonen wurden in vier unterschiedliche Gruppen eingeteilt. Um die sexuelle Erfahrung der Testpersonen einfließen zu lassen, wurde u. a. auch der „Sexual Experienced Survey" durchgeführt. Die Ergebnisse widerlegten die Annahme, nur psychisch kranke Männer vergewaltigten Frauen. Die Untersuchung zeigte, auch ganz normale, psychisch gesunde Menschen, die keine Merkmale einer Psychopathie aufzeigten, zeigten in der Untersuchung ihre Bereitschaft, eine Frau durch Tätlichkeit, Zwang oder Beleidigung zum Geschlechtsverkehr zu zwingen. Dabei erlangten die sogenannten psychologischen Elemente weniger Aufmerksamkeit als

6. „Man cannot control their sexuality“[160] – Männer können ihre Sexualtrieb nicht kontrollieren

Mit dieser Behauptung werde einerseits dem Täter aufgrund seines Sexualtriebs jegliche Schuld abgesprochen, andererseits der Frau aufgrund ihres Sexualtriebs die Schuld zugesprochen, denn der männliche Sexualtrieb sei lediglich die Reaktion auf einen von der Frau ausgehenden sexuellen Stimulus[161].

7. Zusammenfassende Betrachtung der Inhalte

Lediglich der frauenzentrierte Mythos „nothing happend“ – es ist nichts passiert – leugnet, dass eine Vergewaltigung stattgefunden hat. Alle anderen Mythen würdigen die Vergewaltigung zu einer Nichtigkeit herab[162]. Durch die Mythen wird dem Opfer nicht nur das Recht auf die sexuelle Selbstbeststimmung entzogen, sondern auch die Schwere der Tat verleugnet. Weniger die objektiven Tatbestände als vielmehr das Mitverschulden des Opfers stehen im Mittelpunkt der Betrachtung.

Alle Mythen degradierten die Frau zu einer Lügnerin und zu einem hemmungslosen Geschöpf ohne Kontrolle ihrer sexuellen Triebe, reduzierten ihre Existenz auf ihre Rolle als Ehefrau, sprächen ihr jede Unabhängigkeit ab und unterstellten ihr eine Mittäterschaft[163]. Keiner der Mythen berücksichtige die Brutalität und den auf das Opfer ausgeübten Zwang. Die gesellschaftlichen Rollenbilder kategorisierten die Opfer und bestimmten das Maß des Zuspruchs und der rechtlichen Aufmerksamkeit[164].

---

die gesellschaftlichen Elemente. Koss/Leonard/Beezley/Oros belegten, je aggressiver eine Testperson eine Vergewaltigung begehe, desto intensiver akzeptiere diese auch die stereotypischen Geschlechtsrollenbilder. Die Selbstwahrnehmung der eigenen Rolle und die daraus resultierende Ansicht über die Rolle der Frau „erkläre“ eher eine Vergewaltigung, als die Annahme, alle Vergewaltiger seien psychisch krank. Vgl. *Eher/Rettenberger/Schilling*, 2010, S. 23 ff.: Die Autoren widerlegten die Annahme ebenfalls: Nur 24% der aus 377 Vergewaltigern bestehenden Stichprobe hatten sexuelle Präferenzstörungen (S. 25) und nur zwischen 5% und 10% der verurteilten Sexualstraftäter wird in eine Klinik zur psychischen Behandlung eingewiesen (S. 25). Da die Stichprobe dieser Studie zum größten Teil aus Kindesmissbrauchstätern bestand, wird nicht weiter auf diese Untersuchung eingegangen.

160 *Burt*, 1991, S. 32.

161 Vgl. a.a.O., S. 33.

162 Vgl. a.a.O., S. 30.

163 Vgl. a.a.O., S. 33.

164 Vgl. a.a.O., S. 33.

Die Vergewaltigungsmythen haben ihren Ursprung in der feministischen Bewegung der späten 70er und frühen 80er Jahre. Ihr Inhalt fußt auf der Annahme, Männer würden in ihrem Verhalten von Dominanzstreben geleitet und Frauen würden aufgrund ihres Geschlechts als schwach wahrgenommen. Da die gesellschaftlichen Rahmenbedingungen einen Einfluss auf die Entstehung der Vergewaltigungsmythen haben, ist fraglich, ob sich die Inhalte der Vergewaltigungsmythen bedingungslos auf die heutige gesellschaftliche Situation übertragen lassen. Die Inhalte der Mythen wurden bisher nicht überarbeitet. In aktuellen Publikationen finden immer noch die Inhalte nach Burt Berücksichtigung[165]. Entscheidende strafrechtliche Gesetzesänderungen europäischer Staaten – besonders die Anerkennung des Rechts auf sexuelle Selbstbestimmung – sowie der Ausbau der Gesetze zum besseren Schutz der Opfer wurden bisher nicht berücksichtigt. Wissenschaftliche Erkenntnisse und sexuelle Enttabuisierung legen die Vermutung nahe, dass sich die gesellschaftlich etablierten, stark opferfeindlichen Vorstellungen über Vergewaltigungen einerseits liberalisiert haben. Andererseits könnten neue, geschlechtsübergreifende Missstände entstanden sein.

IV. Messung der Vergewaltigungsmythenakzeptanz

Neben den inhaltlichen Aspekten des Vergewaltigungsmythos spielt die Messung der Vergewaltigungsmythenakzeptanz eine zentrale Rolle in der wissenschaftlichen Vergewaltigungsmythenforschung. Bei der Entwicklung spezieller Messinstrumente zur Erfassung der Vergewaltigungsmythenakzeptanz bildeten die Inhalte der Mythen nach Burt die Grundlage. Die Messinstrumente dienen in erster Linie dazu, quantitative Datenanalysen durchzuführen. Dabei spielt vor allem sowohl die Stichprobengröße als auch ihre Repräsentativität eine entscheidende Rolle für die Validität der Untersuchungsergebnisse. Kleine und/oder relativ homogene Stichproben schränken auch die Übertragbarkeit der Ergebnisse auf andere Bevölkerungsgruppen ein. Verallgemeinernde Aussagen lassen sich nicht treffen. Aus diesem Grund werden – mit einem besonderen Augenmerk auf die Stichproben – im Folgenden die Messinstrumente erläutert, um festzustellen, ob mit ihnen auch Fachkräften (Polizistinnen und Polizisten) nachgewiesen werden kann, dass sie die Vergewaltigungsmythen akzeptieren. Burt entwickelte dafür das erste Messinstrument, das auch im 21. Jahrhundert noch regelmäßig auf internationaler Forschungsebene seine Anwendung findet[166].

---

165 Siehe hierzu insbesondere C.VI.in dieser Arbeit.

166 Siehe auch C.VI. in dieser Arbeit.

1. Die „Rape Myth Acceptance Scale“ nach Burt

Auf Basis der vier frauenzentrierten Mythen über die Vergewaltigung entwickelte Burt 1980 die „Rape Myth Acceptance Scale“[167] (RMAS). Bohner bescheinigt Burt, damit den Begriff der Vergewaltigungsmythen (engl.: „rape myths“) endgültig in der psychologischen Literatur etabliert zu haben[168]. Die RMAS umfasst 19 Items, 16 der insgesamt 19 Items werden mithilfe einer 7-Punkte-Skala beantwortet. Diese reicht von „strongly agree“ bis „strongly disagree“[169]. Zwei Items werden mit einer 5-Punkte-Skala („almost all, all about ¾, about half, about ¼. almost none“) beantwortet, ein weiteres mit einer anderen 5-Punkte-Skala („always, frequently, sometimes, rarely, never“).

Burt macht in ihrer Publikation weder detaillierte Angaben zu der Entstehung der RMAS noch zu ihrer statistischen Güte, sie erwähnt lediglich, dass eine Vielzahl von Variablen auf ihre Eignung hin überprüft wurde („Pretest using large item pools“[170]). Die endgültige Version der RMAS umfasste schließlich 19 Items, die alle eine Trennschärfe[171] zwischen rit=0,271[172] und rit=0,617 aufweisen. Das Cronbachs Alpha[173] wird von Burt mit 0.875 angegeben. Ebenfalls werden keine deutlichen Angaben darüber gemacht, welcher Zahlenwert für welchen Grad der Zustimmung steht. Die Erläuterungen Burts lassen vermuten, dass ein niedriger Wert für eine starke Zustimmung zur Aussage steht. Die Items sind aber durchweg negativ formuliert, d. h. sie erfragen alle direkt einen inhaltlichen Aspekt der Vergewaltigungsmythen, weshalb eher davon ausgegangen werden muss, dass der höchste Zahlenwert für eine

---

167 *Burt*, 1980, S. 223.

168 *Bohner*, 1998, S. 31.

169 *Burt*, 1980, S. 223.

170 A.a.O., S. 221.

171 Vgl. *Diekmann*, 2009, S. 243 f.: Der Trennschärfekoeffizient testet die einzelnen Items auf ihre interne Konsistenz. Dabei zeigt ein hoher Trennschärfekoeffizient, dass das einzelne Item für die Messung der sogenannten Zieldimension, hier die Akzeptanz von Vergewaltigungsmythen, geeignet ist, ein niedriger Koeffizient hingegen, dass das Item eventuell noch andere sogenannte Fremddimensionen anspricht. Dabei ist der Trennschärfekoeffizient von 0,271 beim ersten Item der RMAS als eher niedrig einzuschätzen, auch wenn er den Konsistenztest „besteht“.

172 *Burt*, 1980, S. 223: Das Item mit der niedrigsten Trennschärfe lautete: „ A women who goes to the home or apartment of a man on their first date implies that she is willing to have sex “, das Item mit der höchsten Trennschärfe lautete: „ A women who is stuck-up and thinks she is too good to talk to guys on the street deserves to be taught a lesson “.

173 Vgl. *Dieckmann*, 2009, S. 254 ff.: Das Cronbachs Alpha ist die Maßzahl für die interne Konsistenz der entsprechenden Skala.

eindeutige Zustimmung zur Aussage steht. Schließlich wird aus den Ergebnissen und der Interpretation Burts deutlich, dass hohe Werte mit einer hohen Vergewaltigungsmythenakzeptanz gleichzusetzen sind[174]. Die RMAS wechselt außerdem nicht die Polung der Items. Das bedeutet, dass einem möglichen Antwortschema der Testpersonen nicht entgegengewirkt wird. Würden die Aussagen in Unregelmäßigkeit zwischen negativer – Vergewaltigungsmythen befürwortend – und positiver – Vergewaltigungsmythen ablehnend – Formulierung bzw. Polung wechseln, könnten sie einem Antwortschema entgegenwirken.

Burt untersuchte mit ihrer RMAS eine Vielzahl von Korrelationen zwischen der Vergewaltigungsmythenakzeptanz und einigen, von ihr operationalisierten, unabhängigen Variablen. Zu den überprüften Variablen gehörten zum Beispiel die Einstellung zu stereotypischen Geschlechtsrollenbildern oder auch einfach zu erfassende demografische Merkmale wie das Geschlecht oder das Alter der Testpersonen[175]. Die Stichprobe umfasste 598 Personen über 18 Jahre aus dem Bundesstaat Minnesota, die aufgrund eines randomisierten Auswahlverfahrens aus der Bevölkerung ausgewählt wurden[176]. Fortschreitend wurden Regressionsanalysen berechnet, um einflussreiche Prädiktorvariablen zu identifizieren[177].

Auch wenn sich die RMAS als Instrument zur Messung der Vergewaltigungsmythenakzeptanz etabliert hat, kritisiert Bohner die Konstruktion dieser Skala[178]. Der Bericht der Trennschärfe sowie des Cronbachs Alpha reichten nicht zur Beurteilung der statistischen Güte[179]. Des Weiteren bezögen sich die Items der RMAS inhaltlich ganz besonders auf die amerikanische Kultur[180]. Dazu gehöre beispielsweise die Formulierung „first date". Die Konstellation eines „first date" existiere im westeuropäischen Raum nicht und dessen Bedeutung könne auch nur schwer von den dort ansässigen Bürgern nachvollzogen werden. Des Weiteren konzentrierten sich Aussagen wie „A person comes to you and claims they were raped. How likely would you be to believe their statement if the person were (…) a black women?"[181] ganz besonders auf die ethnische Vielfalt der amerikanischen Kultur. Die deutsche Kultur selektiere ihre ethnischen Gruppen nicht in der gleichen Weise wie im amerikanischen Kulturraum üblich. Bohner

174 Vgl. *Burt*, 1980, S. 228 f.
175 Vgl. a.a.O., S. 217: siehe auch unter C.VI. in dieser Arbeit.
176 Vgl. a.a.O., S. 220.
177 Zu den Ergebnissen der Untersuchung siehe auch C.VI. in dieser Arbeit.
178 *Bohner*, 1998, S. 32.
179 Vgl. a.a.O., S. 32.
180 Vgl. a.a.O., S. 32.
181 *Burt*, 1980, S. 223.

ist außerdem der Meinung, dass die Items der RMAS zu umgangssprachlich formuliert seien. Außerdem könnte die Anwendung von drei unterschiedlichen Skalen zur Beantwortung der Fragen die Trennschärfe der Items in negativer Form beeinflusst haben[182].

Doch die RMAS zielt nicht nur stark auf die Lebensumstände der amerikanischen Kultur ab, sondern fragt auch die stereotypischen Vorstellungen über eine Vergewaltigung so offenkundig ab, dass fraglich ist, ob die Testpersonen überhaupt zu einer ehrlichen Antwort bereit sind. Die 7-Punkte-Antwort-Skala trägt zudem dazu bei, dass sich unentschlossene Testpersonen nicht eindeutig festlegen und, auch aufgrund der sozialen Erwünschtheit[183], zur Mitte der Skala (Punktwert 4) tendieren.

Trotz ihrer vermeintlichen Schwächen ist die RMAS ein etabliertes Messinstrument in der Forschung zur Vergewaltigungsmythenakzeptanz.

Kahlor/Morrison überprüften in ihrer Studie, ob der Umfang des TV-Konsums einen Einfluss auf die Vergewaltigungsmythenakzeptanz bei amerikanischen Studentinnen hat[184]. Zur Messung der Akzeptanz nahmen sie nur eine kleine Anzahl der Items der RMAS zur Hilfe, die moderne Studentinnen des 21. Jahrhunderts ansprechen sollten[185]. Veraltete und umgangssprachliche Items wurden indessen weggelassen[186]. Am Ende überprüften die Autoren die Vergewaltigungsmythenakzeptanz mithilfe eines 10-Item-Fragebogens[187]. Die Items wurden nicht mit einer 7-Punkte-Skala beantwortet, sondern mit einer 5-Punkte-Skala. Dadurch änderte sich neben der Gauß'schen Normalverteilung der Mittelwerte auch die Höhe der Standardabweichung, wodurch die Vergleichbarkeit der Ergebnisse von Kahlor/Morrison mit anderen Untersuchungen stark eingeschränkt ist. Die schwachen Werte des Cronbachs Alpha sprechen außerdem für eine schlechte Validität des 10-Item-Fragebogens[188]. Die Autoren stellten fest, dass der Umfang des TV-Konsums positiv mit der Vergewaltigungsmythenakzeptanz korrelierte: Studentinnen, die häufiger Fernsehen sahen, wiesen höhere Werte bei der Vergewaltigungsmythenakzeptanz auf. Die Ergebnisse sind jedoch mit einer gewissen Vorsicht zu interpretieren: Zum einen handelt es sich um eine verhältnismäßig kleine, aber vor

182 *Bohner*, 1998, S. 32.

183 Vgl. *Dieckmann*, 2009, S. 447 ff.

184 Vgl. *Kahlor/Morrison*, 2007, S. 729 ff.

185 Vgl. a.a.O., S. 733: „reflective of a ‚modern' college audience".

186 Vgl. *Bohner*, 1998, S. 32 und seine Kritik zu der Umgangssprachlichkeit der Items der RMAS.

187 *Kahlor/Morrison*, 2007, S. 733.

188 Vgl. a.a.O., S. 733.

allem homogene Stichprobe (96 Studentinnen), zum anderen gibt die minimale Validität der selektiven Skala Grund zu einer vorsichtigen Bewertung.

Im Jahr 2010 verwendeten Yeater/Treat/Viken/McFall ebenfalls die RMAS, um zu überprüfen, ob die Vergewaltigungsmythenakzeptanz einen Einfluss auf die Risikoeinschätzung konstruierter Situationen hat[189]. Dabei nahm die bisherige sexuelle Viktimisierung der ausschließlich weiblichen Studierenden eine zentrale Rolle ein[190]. Die Auswahl der RMAS wurde mit ihrer häufigen Anwendung im Kontext Frau und Vergewaltigungsmythenakzeptanz begründet[191]. Die interne Konsistenz (internal consistency[192]) der Items in der Untersuchung lag bei 0,76. Dieser Wert liegt unter den Angaben Burts, die bei ihrer Durchführung ein Cronbachs Alpha von 0,88 feststellte. Jedoch kann bei einer internen Konsistenz von 0,76 immer noch von einer hohen Homogenität der einzelnen Items gesprochen werden. Es stellte sich heraus, dass die Vergewaltigungsmythenakzeptanz durchaus Einfluss auf die Risikoeinschätzung von Situationen hat. Frauen mit höheren Werten bei der RMAS schätzen das Viktimisierungsrisiko in bestimmten Situationen signifikant niedriger ein[193]. Das heißt auch, sie tendieren weniger dazu, sich selber als potenzielles Opfer von Vergewaltigungen oder allgemeiner sexueller Viktimisierung zu sehen. Dabei seien junge Studentinnen besonders häufig Opfer sexueller Übergriffe[194] und eine Vielzahl der registrierten Vergewaltigungen werde durch dem Opfer bekannte Täter begangen[195]. Die Ergebnisse zeigten, dass zukünftige Prävention an diesem Punkt ansetzen sollte.

Im 21. Jahrhundert wird die RMAS von Burt nur noch sehr selten in ihrer Originalversion angewendet. Viele Untersuchungen greifen nur auf einige der Items zurück, bereichern diese dann um weitere Items anderer Messinstrumente und verwenden mitunter stark voneinander abweichende Antwortskalen. In einigen Fällen wird eine 7-Punkte-Antwortskala verwendet, in anderen eine 5-Punkte-Antwortskala. Dieses Vorgehen schränkt teilweise die Vergleichbarkeit der Ergebnisse, in diesen Fällen der Mittelwerte, ein. Außerdem beziehen sich

---

189 Vgl. *Yeater/Treat/Viken/McFall*, 2010, S. 375 ff.

190 Vgl. a.a.O., S. 376: Bereits durchgeführte Untersuchungen hätten gezeigt, dass eine hohe Vergewaltigungsmythenakzeptanz die Beurteilung einer Situation dahingehend beeinflusse, dass dem Opfer eher eine Mitschuld zugeschrieben und weniger daran geglaubt werde, dass Vergewaltigungen im Rahmen einer Verabredung stattfinden würden.

191 Vgl. a.a.O., S. 378.

192 A.a.O., S. 378; vgl. Cronbachs Alpha.

193 Vgl. a.a.O., S. 383.

194 Vgl. a.a.O., S. 375.

195 Siehe unter C.II. in dieser Arbeit.

alle hier dargelegten Ergebnisse auf die Ausprägung der Vergewaltigungsmythenakzeptanz von Studierenden. Ihre Repräsentativität ist daher eingeschränkt.

Nachfolgend wird eine weitere Skala erläutert, die sich vornehmlich an der RMAS von Burt orientiert und auch in der jüngsten Zeit angewendet wird.

2. Die „Illinois Rape Myth Acceptance Scale" von Payne/Lonsway/Fitzgerald

Payne/Lonsway/Fitzgerald[196] griffen Bohners Kritik an der RMAS bei der Entwicklung ihrer „Illinois Rape Myth Acceptance Scale" (IRMA) auf. Obwohl in den letzten Jahren viel über die Vergewaltigungsmythen geforscht worden sei, reichten die Ergebnisse nur selten über eine eindimensionale Interpretation des Vergewaltigungsmythos hinaus[197]. Die Studie Burts zeige, dass die RMAS die Einflussvariablen nur sehr einseitig erhebe. Neben dem Geschlecht konnte beispielsweise keinem weiteren demografischen Merkmal ein Einfluss auf die Akzeptanz nachgewiesen werden[198].

Folgende vier Aspekte spielten bei der Überarbeitung der RMAS eine zentrale Rolle:

Die Darstellung des Konstrukts Vergewaltigungsmythos

An der ersten Stelle jeder Forschung stünde die intensive und genaue Literaturrecherche[199]. Die Autoren recherchierten daher zunächst, wie der Vergewaltigungsmythos bisher untersucht und definiert wurde, denn für die Messung der Vergewaltigungsmythenakzeptanz sei ein vorher klar definiertes Konstrukt des Untersuchungsgegenstandes von unbedingter Notwendigkeit[200]. Während sich einige Messinstrumente zu sehr auf das Vergewaltigungsopfer und andere zu sehr auf die persönliche Einstellung gegenüber dem Vergewaltigungsopfer konzentrierten, gelte es in Zukunft ein passendes Konstrukt zu definieren, welches beide Schwerpunkte berücksichtige[201].

---

196 Vgl. *Payne/Lonsway/Fitzgerald*, 1999, S. 27 ff.
197 Vgl. A.a.O., S. 29.
198 Vgl. *Burt*, 1980, S. 228 f.
199 Vgl. *Payne/Lonsway/Fitzgerald*, 1999, S. 33.
200 Vgl. a.a.O., S. 33.
201 Vgl. a.a.O., S. 33.

Die klare Wortwahl für die Items

Die Reliabilität und Validität eines Messinstruments steht in einem engen Zusammenhang mit der klaren und präzisen Formulierung der Fragen. Die Formulierung der Items muss so eindeutig sein, dass kein Raum für Fehlinterpretationen und Missverständnisse bleibt. Außerdem müssen die Items von jeder Testperson verstanden werden. Ein Messinstrument, das sich an eine erwachsene Zielgruppe richtet, eignet sich nicht als Messinstrument für Schüler/innen. Die Autoren sehen dieses Kriterium in der RMAS nicht erfüllt[202]: Beispielsweise überprüfe das Item „If a woman gets drunk at a party and has intercourse with a man she's just met there, she should be considered ‚fair game' to other males at the party who want to have sex with her, whether she wants to or not"[203] der RMAS den frauenzentrierten Mythos „Sie hat es so gewollt"[204]. Die Formulierung sei zu spezifisch und detailliert[205]. Fraglich bleibe, ob jede Testperson in die beschriebene Situation zu gleichen Stücken nachvollziehen könne oder die detaillierte Beschreibung sie daran hindere, die Situation richtig zu interpretieren.

Umgangssprachliche Ausdrücke vermeiden

Payne/Lonsway/Fitzgerald kritisieren an den bisher existierenden Messinstrumenten zudem den amerikanischen Slang[206]. Einzelnen Wörtern würden durch kulturelle Subgruppen unterschiedliche Bedeutungen zugesprochen. Zudem entwickelten die kulturellen Subgruppen ihre eigene Sprache, ihren eigenen Slang. Diese Tatsache erschwere eine allgemeingültige und kulturübergreifende Formulierung der Items[207]. Um dies zu umgehen, formulieren Payne/Lonsway/Fitgerald in ihrer IRMA sowohl „traditional wording" als auch „euphinism or cultural slang"[208]. Die Autoren verwenden beispielsweise nicht mehr die Worte „date rape". So soll das einzelne Item von jedem verstanden werden[209].

---

202 Vgl. a.a.O., S. 33.

203 *Burt*, 1980, S. 223.

204 Vgl. *Payne/Lonsway/Fitzgerald*, 1999, S. 33.

205 Vgl. a,a,O., S. 33.

206 Vgl. a.a.O., S. 33.

207 Vgl. a.a.O., S. 33.

208 A.a.O., S. 34.

209 Vgl. a.a.O., S. 49: Situationen, in denen dem Opfer eine Teilschuld zugeteilt wird, werden nicht mehr nur durch ein einziges Wort wie „date" beschrieben, sondern genau erfragt. Wie z. B. das Item 4: „If a women is willing to „ make out" with a guy, then it's no big deal if he goes a little further and has sex".

Antwortmuster vermeiden

Viele Skalen benutzten negativ formulierte Fragen, um den Testpersonen zum einen ein routiniertes Antwortschema zu erschweren und sie zum anderen zu einem genauen Lesen zu animieren. Ein Nachteil der „negatively worded“[210]-Items ist, dass diese an sich nicht unbedingt Vergewaltigungsmythen erfassen. Somit könnten diese Items die ganze Skala verzerren und die Validität des Messinstruments in Frage stellen[211]. Um dieser Verzerrung zu entgehen, benutzen Payne/Lonsway/Fitzgerald in ihrer Skala sogenannte „filler items“[212]. Diese Items beinhalten zwar den Schwerpunkt Vergewaltigung, erfragen aber nicht explizit Inhalte von Vergewaltigungsmythen. Am Ende werden die Lückenfüller vor der statistischen Analyse entfernt und beeinflussen so nicht die Ergebnisse.

Die Autoren entwickelten die Items der IRMA im Rahmen einer groß angelegten Forschung. Die ersten zwei Studien hatten zunächst das Ziel, Inhalte des Vergewaltigungsmythos zu recherchieren und erste Items an einer Stichprobe zu testen[213]. In der dritten Studie wurde schließlich die Struktur der IRMA getestet[214]. Insgesamt nahmen 780 Personen an den sechs Untersuchungen teil. Es handelte sich größtenteils um Studierende der Psychologie. Das Durchschnittsalter lag entsprechend zwischen 18 und 25 Jahren[215]. Es entstand ein Instrument mit 45 Items. Diese ließen sich sieben Subgruppen zuordnen[216]. Die Autoren ermittelten die Trennschärfe der Items zwischen 0,31 und 0,68 sowie die Höhe des Cronbachs Alpha =0,93[217]. Da die Anzahl von 45 Items pro Befragung zu umfangreich für einige Untersuchungen sein konnte, entwickelten die Autoren eine Kurzversion der IRMA (IRMA-SF)[218]. In den Untersuchungen vier bis sechs wurde die IRMA anhand von mehreren Designs auf ihre Reliabilität, Validität und Anwendbarkeit überprüft[219].

---

210 A.a.O., S. 34.

211 Vgl. a.a.O., S. 34: Diese Kritik richtete sich in erster Linie nicht an die RMAS nach Burt.

212 A.a.O., S. 34.

213 Vgl. a.a.O., S. 36 ff., 42 ff.

214 Vgl. a.a.O., S. 46 ff.

215 Vgl. a.a.O., S. 36, 42, 47, 53.

216 Vgl. a.a.O., S. 51: Die Subgruppen lauten: She asked for ist, It wasn't really rape, He didn't mean it, She wanted ist, She lied, Rape is a trivial event und rape is a deviant event.

217 A.a.O., S. 48.

218 Vgl. a.a.O., S. 48 f.

219 Vgl. a.a.O., S. 55 ff.: So wurde in Study 4 die Konstruktvalidität der IRMA-Skala überprüft, indem man die Beziehung zwischen der langen Version der Skala und der

Die Autoren bemängelten die sehr geringe Differenzierung zwischen „stranger versus acquaintance rape victimization“[220] in ihrer eigenen Skala. Die Skala erfasse die Vergewaltigung unscharf, sie unterscheide nicht eindeutig zwischen einer überfallartigen und einer nicht-überfallartigen Vergewaltigung. Jedes Individuum habe aber eine eigene, persönliche Vorstellung über eine Vergewaltigung, die wiederum die Bestätigung oder Ablehnung eines Vergewaltigungsmythos beeinflussen könne[221]. Die unscharfe Darstellung der Vergewaltigung verdecke letztendlich die Ursprünge und Funktionen der Vergewaltigungsmythen. Burt bestätigt, dass eine Vielzahl der Menschen ihre Interpretation von einer Vergewaltigung zwischen zwei Extremen einordne[222]: Entweder folgten sie einer eng gefassten Definition, wonach jede Form des erzwungenen Geschlechtsverkehrs eine Vergewaltigung darstelle, unbedeutend, ob der Zwang psychischen, physischen oder gar ökonomischen Ursprungs war. Oder sie ließen sich von einem restriktiven Extrem leiten, in dem die Vergewaltigung gar nicht existiert und ihr Vorkommen durch Vergewaltigungsmythen erklärt wird[223]. Damit belegt Burt die Notwendigkeit, die Vergewaltigung im Rahmen der Untersuchung zu definieren.

Die IRMA hat sich dennoch in zahlreichen Untersuchungen bewährt[224]. Baugher/Elhai/Monroe/Gray[225] untersuchten im Jahr 2010 die Vergewaltigungsmythenakzeptanz in Zusammenhang mit den „attitudes towards women“, der „gender role identity“ und der „sexual trauma history“[226]. Ihre Stichprobe umfasste 1094 Studierende[227]. Ihre Verwendung der IRMA begründen die Autoren zum einen mit den stabilen statistischen Werten der Skala, zum anderen mit den ähnlichen Validitätswerten mit anderen Skalen, die ein vergleichbares Konstrukt wie die Vergewaltigungsmythenakzeptanz messen[228]. Mithilfe von

---

Kurzversion überprüfte, siehe S. 52 ff.; in Study 5 wurde die Vergewaltigungsmythenakzeptanz einzelner Gruppen überprüft und in Study 6 wurde eine Untersuchung durchgeführt, die die Vergewaltigungsmythenakzeptanz im Zusammenhang mit Geschichten über Vergewaltigungen genauer analysiert.

220 A.a.O., S. 61.

221 Vgl. a.a.O., S. 61.

222 Vgl. *Burt*, 1991, S. 27.

223 Vgl. a.a.O., S. 26 f.

224 Vgl. *Bohner/Lampridis*, 2004, S. 77 ff.

225 Vgl. *Baugher/Elhai/Monroe/Gray*, 2010, S. 2036 ff.

226 Vgl. a.a.O., S. 2038 f.; siehe auch unter C.VI. in dieser Arbeit.

227 Vgl. a.a.O., S. 2040.

228 Vgl. a.a.O., S. 2042.

Regressionsanalysen entwarfen die Autoren Modelle, die den Grad der Vergewaltigungsmythenakzeptanz am ehesten vorhersagen[229].

Im Jahr 2012 untersuchten Davies/Gilston/Rogers u. a. die Zusammenhänge zwischen der Vergewaltigungsmythenakzeptanz von männlichen und weiblichen Testpersonen sowie zwischen Einstellungen gegenüber homosexuellen Männern und Vergewaltigungsmythenakzeptanz[230]. In dieser Studie kam die Kurzversion der IRMA-Skala mit 12 Items zum Einsatz[231]. Auch diese Stichprobe umfasste Studierende[232]. Es bestand eine hoher Zusammenhang zwischen den Werten der IRMA und den Werten der sogenannten „Male Rape Myth Scale" (MRMS)[233], die explizit die Vergewaltigungsmythenakzeptanz männlicher Testpersonen misst. Verglichen mit den anderen getesteten, unabhängigen Variablen hatte die IRMA den höchsten Einfluss auf die MRMS, was zugleich die hohe Validität der IRMA bestätigt.

Doch auch die IRMA-Skala wurde für den amerikanischen Kulturraum entwickelt. Um dem Problem der Übertragbarkeit auf andere Kulturräume entgegenzuwirken, entwickelte Bohner eine Vergewaltigungsmythenakzeptanzskala für den deutschen Kulturraum.

3. Die Vergewaltigungsmythenakzeptanzskala nach Bohner

Der deutsche Wissenschaftler Bohner kritisierte die bestehenden Vergewaltigungsmythenskalen besonders deshalb, weil sie sich nur schlecht an den europäischen bzw. deutschsprachigen Raum anpassen lassen. Zudem würde die Generalisierung der Ergebnisse durch die Datengrundlage von Studierenden stark eingeschränkt. Um die Vergewaltigungsmythenakzeptanz im deutschsprachigen Raum ermitteln zu können, entwickelte Bohner ein „reliables und valides Messinstrument"[234], die Vergewaltigungsmythenakzeptanzskala (VMAS).

Die Items der VMAS basieren auf der „R"-Skala von Costin aus dem Jahr 1985, die wiederum von dem „Attitudes toward rape questionnaiere" von Feild übernommen wurden[235]. Die „R"-Skala besitze eine gute Reliabilität und sei bereits mehrfach übersetzt worden[236]. Ihre 20 Items wurden für die VMAS lediglich ins

229 Vgl. a.a.O., S. 2044.

230 Vgl. *Davies/Gilston/Rogers*, 2012, S. 2807 ff.

231 Vgl. a.a.O., S. 2812.

232 Vgl. a.a.O., S. 2812.

233 A.a.O., S. 2818.

234 Vgl. *Bohner*, 1998, S. 39.

235 Vgl. *Feild*, 1978; siehe auch C.I. in dieser Arbeit.

236 Vgl. *Bohner*, S. 39.

Deutsche übersetzt, neue Items wurden nicht entworfen[237]. Die 20 Items lassen sich drei Faktoren unterordnen: „*Verantwortlichkeit für bzw. Verursachung von Vergewaltigung durch Frauen*", die „*Rolle der Einwilligung bei Vergewaltigung*" und die „*Rolle und Motivation des Vergewaltigers*"[238]. Zur Reliabilitäts- und Validitätsprüfung testete Bohner die neue VMAS an insgesamt 15 Stichproben[239]. Neben der Langversion mit 20 Items überprüfte er auch eine Kurzversion mit lediglich 10 Items. Das Cronbachs Alpha der Langversion für alle 20 Items liegt zwischen 0,54 und 0,83[240]. Die Kurzversion mit nur 10 Items weist mit einem Cronbachs Alpha zwischen 0,54 und 0,72 die geringste Reliabilität auf, sei aber ökonomischer[241].

Bohners VMAS leidet mitunter an kleinen Übersetzungsfehlern: Während in der englischen Version der Skala sowohl die Wortphrase „forcible rape" als auch „rape" existiert, übersetzt Bohner beide Phrasen lediglich mit „Vergewaltigung"[242]. „Forcible rape" ist eine unter der Einwirkung von Zwang und Gewalt durchgeführte Vergewaltigung und verfügt damit über einen spezifischen Zusatz im Gegensatz zu „rape". Fraglich bleibt, ob eine Übersetzung ohne diesen spezifischen Zusatz der Intention der Ursprungsverfassung gerecht wird.

Dennoch gelang es Bohner, ein durchaus reliables und verständliches Messinstrument zur Messung der Vergewaltigungsmythenakzeptanz für den deutschsprachigen Raum zu entwickeln. Allerdings liegt die Entwicklung der VMAS schon viele Jahre zurück und fand zudem kaum Anwendung in der Forschung zur Vergewaltigungsmythenakzeptanz. Aus diesem Grund entwarfen Gerger/

---

237 Vgl. a.a.O., S. 40 f.

238 A.a.O., S. 39 (Hervorhebung im Original).

239 Vgl. a.a.O., S. 43: Von den insgesamt 15 Stichproben bestehen 12 Stichproben aus Studierenden. Dabei kommen die Studierenden entweder von der Heidelberger oder der Mannheimer Universität. Zwei Stichproben beziehen sich auf Auszubildende und lediglich eine befragt Benutzer/innen der Mannheimer Stadtbücherei. Somit überprüft Bohner seine Skala zwar an einer hohen Anzahl von Personen, konzentriert sich aber, ebenso wie die beiden bereits erwähnten Skalen, auf Studierende. Seiner eigenen Kritik, die Datengrundlage für die bisherigen Skalen bildeten lediglich Studierende, wirkt Bohner somit in seiner Untersuchung halbherzig entgegen.

240 A.a.O., S. 43.

241 A.a.O., S. 43 sowie 52 ff.

242 Vgl. a.a.O., S. 40 f.: Als Beispiel sei hier das Item Nr. 2 genannt. Im Original in der englischen Sprache heißt es „In forcible rape the victim never causes the crime"; Bohner übersetzt diese Aussage folgendermaßen: „Bei einer Vergewaltigung ist niemals das Opfer Ursache des Verbrechens". Es bleibt fraglich, ob ursprünglich eine gewaltsame Vergewaltigung in der Originalversion gemeint war und dies so hätte übersetzt werden müssen.

Kley/Bohner/Siebler zehn Jahre später die „The Acceptance of Modern Myths about Sexual Aggression Scale“ (AMMSA Scale).

4. Die „The Acceptance of Modern Myths about Sexual Aggression Scale“ nach Gerger/Kley/Bohner/Siebler

Zehn Jahre nach der Entwicklung der VMAS entwarfen Gerger/Kley/Bohner/Siebler im Jahr 2007 die „The Acceptance of Modern Myths about Sexual Aggression Scale“ (AMMSA)[243]. Ziel war die Weiterentwicklung der klassischen Messinstrumente. Die neue Skala sollte die Mythen weniger offensichtlich erfragen sowie aktuelle und moderne „Mythen“ über die Vergewaltigung berücksichtigen. Ein Blick auf die traditionellen Skalen zeige, dass die Mittlerwerte im Schnitt zwischen 2,0 und 2,5 auf einer 7-Punkte-Antwortskala lagen und die Streuung um den Mittelwert eher niedrig war. Dies führe zu einer schiefen, linkslastigen Verteilung der Werte[244] (siehe Abbildung 4). Letztendlich ließen sich Korrelationen und hypothesenprüfende Tests mit einer solchen Verteilung der Werte nur sehr schlecht durchführen[245]. Des Weiteren erfragten die traditionellen Skalen die Vergewaltigungsmythen sehr offenkundig und direkt[246]. Die traditionellen Skalen erfassten nach drei Jahrzehnten gesellschaftlicher und sozialpolitischer Weiterentwicklung nicht unbedingt das tatsächliche Maß an Akzeptanz[247]. Nicht nur die Testpersonen seien zur heutigen Zeit aufgeklärter und sich über politisch korrekte Ansichten bewusst und bemüht diese in der Befragung kundzutun, sondern auch der Inhalt des Vergewaltigungsmythos habe sich in den letzten Jahrzehnten geändert[248]. Die Menschen würden mittlerweile die Notlage des Opfers anerkennen und seien sensibler gegenüber rassistischen oder sexistischen Ungleichheiten[249].

---

243 Vgl. *Gerger/Kley/Bohner/Siebler*, 2007, S. 422 ff.; sowie *Eyssel/Bohner*, 2008, S. 261 ff.

244 Vgl. *Gerger/Kley/Bohner/Siebler*, 2007, S. 424.

245 Vgl. a.a.O., S. 424.

246 Vgl. a.a.O., S. 424: Beispielsweise lautet ein Item der RMAS nach Burt: „Women who get raped while hitchhiking get what they deserve“. Dieses Item erfragt mit direkten und negativ behafteten Worten den Mythos „she deserved it“ – sie hat es verdient.

247 Vgl. *Eyssel/Bohner*, 2008, S. 262.

248 Vgl. *Gerger/Kley/Bohner/Siebler*, 2007, S. 424.

249 *Eyssel/Bohner*, 2008, S. 262; Vgl. *Swim/Aikin/Hall/Hunter*, 1995, S. 199 ff. als Empfehlung zur intensiven Nachbearbeitung.

Der Item-Pool der AMMSA umfasste zunächst 60 Items, die aus einem Brainstorming der Autoren resultierten und fünf Hauptkategorien beschrieben[250]. Die 60 Items wurden anschließend einer Redundanzprüfung unterzogen und auf 43 Items reduziert. Aufgrund der schlechten "item-total correlations"[251] wurden weitere 13 Items eliminiert. Am Ende umfasste die AMMSA 30 Items, die ebenfalls ins Englische übersetzt wurden.

Abbildung 4: Verlauf der Werte der AMMSA Skala und der IRMA Skala im Vergleich

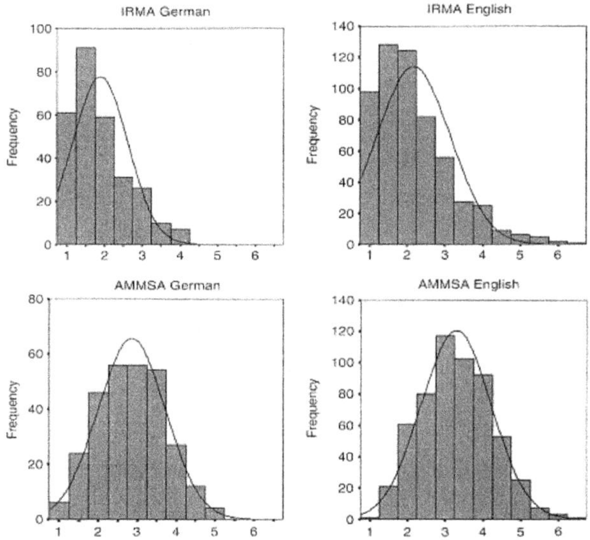

Fig. 1. Distributions of the English and German Versions of the Illinois Rape Myth Acceptance (IRMA) Scale (short form) and the Acceptance of Modern Myths About Sexual Aggression (AMMSA) Scale (Study 4).

Quelle: Gerger/Kley/Bohner/Siebler, 2007, S. 433.

250 Vgl. *Gerger/Kley/Bohner/Siebler*, 2007, S. 425.
Die fünf Hauptkategorien sind:
(1) denial of the scope of the problem,
(2) antagonism toward the demands made by victims of sexual violence,
(3) lack of support for policies designed to help alleviate the effects of sexual violence,
(4) beliefs that male coercion forms a natural part of sexual relationships und
(5) beliefs that exonerate male perpetrators by blaming the victim or the circumstances.

251 *Eyssel/Bohner*, 2008, S. 262, 265.

Die Güte der AMMSA-Skala wurde mithilfe von vier Studien überprüft. Die ersten drei Studien überprüften die deutsche Version der AMMSA-Skala, die letzte Studie die englische Version[252]. Insgesamt nahmen 1.279 Personen, die via Internet auf die Untersuchung aufmerksam gemacht wurden, an den vier Studien teil. Um einen Mittelwerts- und Streuungsvergleich zwischen der traditionellen Skala IRMA und der neuen Skala herstellen zu können, beantworteten die Testpersonen in allen vier Studien ebenfalls die IRMA-Skala[253]. Die AMMSA-Skala stellte sich dabei als reliables und valides Messinstrument heraus[254]. Von besonderem Interesse waren für die Autoren aber die Mittelwerte der AMMSA-Skala im Vergleich zu den Mittelwerten der IRMA-Skala. Durchschnittlich ermittelte die IRMA-Skala niedrige Mittelwerte und geringe Standardabweichungen, was zu einer linkslastigen Verteilung der Messwerte führte (siehe Abbildung 4). Die Schiefe der Verteilung ergebe sich aus der sinkenden Bereitschaft der Testpersonen, entgegen der sozialen Erwünschtheit zu antworten, schließlich erfragten die Items der IRMA die Vergewaltigungsmythen offenkundig[255]. Die Items der AMMSA-Skala erfragten hingegen eher stereotypische Vorstellungen über sexuelle Aggression und Vorurteile gegenüber sexuellen Gewalttaten, was folglich zu höheren Mittelwerten und größeren Standardabweichungen führte[256]. Beispielsweise stieg der Mittelwert der zweiten Studie von 2,17 (IRMA) auf 3,21 (AMMSA) und die Standardabweichung von 0,94 (IRMA) auf 1,13 (AMMSA)[257] (siehe Abbildung 4).

Die AMMSA-Skala wird ebenso wie die traditionellen Skalen häufig in der Forschung zur Vergewaltigungsmythenakzeptanz angewendet.

Süssenbach/Bohner befragten im Jahr 2011 via Telefoninterview insgesamt 397 Testpersonen aus ganz Deutschland bezüglich ihrer „intolerant beliefs", „ideological attitudes" und ihrer Vergewaltigungsmythenakzeptanz[258]. Zur Erfassung der Vergewaltigungsmythenakzeptanz verwendeten sie eine Kurzversion der AMMSA-Skala mit 9 Items[259]. Diese wurden anhand einer 4-Punkte-Antwortskala (von 1= fully disagree zu 4= fully agree) beantwortet. Die Autoren

---

252 Vgl. *Gerger/Kley/Bohner/Siebler*, 2007, S. 427.

253 Vgl. a.a.O., S. 434.

254 Vgl. a.a.O., S. 431.

255 Vgl. a.a.O., S. 427.

256 Vgl. a.a.O., S. 432.

257 A.a.O., S. 432.

258 *Süssenbach/Bohner*, 2011, S. 375: Jedes Korrelat wurde mit dem entsprechenden Messinstrument erhoben.

259 Vgl. a.a.O., S. 378.

wiesen dem Geschlecht in Zusammenhang mit der Geschlechtsidentität einen Einfluss auf die Vergewaltigungsmythenakzeptanz nach. Männer mit einer hohen Geschlechtsidentität weisen höhere Werte in der Vergewaltigungsmythenakzeptanz auf. Frauen, die sich stark mit ihrem eigenen Geschlecht identifizieren, zeigen ein umgekehrtes Muster, sie haben eine niedrigere Vergewaltigungsmythenakzeptanz[260].

Auch Temkin/Krahé erfassten im Jahr 2008 die Vergewaltigungsmythenakzeptanz in ihrer Untersuchung mit der AMMSA-Skala[261]. Die Autorinnen benutzten eine 16-Item-Version der AMMSA-Skala mit einer 7-Punkte-Antwortskala (1= competely disagree, 7= completely agree)[262]. Sie legten den Testpersonen sogenannte Szenarien vor, in denen Situationen beschrieben wurden, in denen es zu Vergewaltigungen kam. Die Szenarien unterschieden sich beispielsweise im Bekanntheitsgrad zwischen Täter und Opfer oder im Vortatverhalten des Opfers bzw. des Täters. Neben der Vergewaltigungsmythenakzeptanz wurden auch die „female precipitation beliefs“ durch die „Perceived Causes of Rape Scale“[263] gemessen, die bereits in den vorherigen Studien des Autorenteams zur Anwendung kam. Insgesamt wurden 2.176 Personen aus der allgemeinen Bevölkerung via Online-Survey befragt[264]. Der ermittelte Mittelwert von 3,90[265] verrät, dass die befragten Personen den modernen Mythen über Vergewaltigungen nicht oder eher weniger zustimmten.

5. Zusammenfassende Betrachtung der Messinstrumente/Skalen

Die Forschung zur Vergewaltigungsmythenakzeptanz bedient sich einer Fülle an Messinstrumenten. Leider sind die Ergebnisse der unterschiedlichen Untersuchungen nur schwer miteinander zu vergleichen. Alle dargestellten Skalen messen auf ihre jeweilige Art den Vergewaltigungsmythos, unterscheiden sich jedoch teilweise enorm in ihrer Operationalisierung.

Dies wird bereits bei der RMA-Skala von Burt deutlich. Kahlor/Morrison überprüften 2007 den Einfluss des TV-Konsums auf die Vergewaltigungsmythenakzeptanz und beschränkten ihre Untersuchung auf die Befragung von Frauen. Sie nahmen dabei die RMA-Skala nach Burt zur Hilfe, kürzten

260 Vgl. a.a.O., S. 381.
261 Vgl. *Temkin/Krahé*, 2008, S. 100 ff.
262 Vgl. a.a.O., S. 102 f.
263 A.a.O., S. 79.
264 Vgl. a.a.O., S. 101.
265 A.a.O., S. 105.

die Originalversion der 19 Items aber auf eine Version von nur sieben Items[266]. Zudem benutzten sie keine 7-Punkte-Antwortskala, sondern eine Skala mit nur 5 Punkten[267]. Ähnlich gingen Yeater/Treat/Viken/McFall vor: In ihrer Untersuchung zum Einfluss auf kognitive Prozesse bei der Risikoeinschätzung, wurde eine gekürzte Version der RMA-Skala herangezogen. Anstelle der 19 Items aus der Originalversion wurden lediglich 11 Items verwendet[268].

Die IRMA-Skala wurde entwickelt, um auch die Mehrdimensionalität des Vergewaltigungsmythos erfassen zu können. Die RMA-Skala von Burt hatte durch die falsche Wortwahl der Items und ihrer Eindimensionalität zu einseitigen Ergebnissen geführt. Während Baugher/Elhai/Monroe/Gray die Originalversion der IRMA-Skala mit den 45 Items benutzten[269], verwendeten Davies/Gilston/Rogers eine sogenannte „short version" mit nur 12 Items[270]. Die beiden Untersuchungen stimmten nur darin überein, die 7-Punkte-Antwortskala zu verwenden.

Die Vergewaltigungsmythenakzeptanzskala nach Bohner wurde vom Autor selbst besonders oft angewendet. Jedoch zweifelt dieser auf der einen Seite die Übertragbarkeit der englischen Items ins Deutsche an, auf der anderen Seite bedient er sich für die Entwicklung seiner Skala aber bei den Inhalten einer englischen Skala, nämlich derjenigen von Costin aus dem Jahr 1985[271]. Die Güte der deutschen Skala nach Bohner wurde zwar im umfangreichen Maße überprüft, auch eine Kurzversion wurde entworfen. Eine größere Aufmerksamkeit hat die Skala jedoch nicht erlangt.

Die AMMSA-Skala ist das neuste Messinstrument, das sich zuschreibt, die moderne Vergewaltigungsmythenakzeptanz erfassen zu können. Dafür wurde bei der Formulierung der Items auf eine geschickte und weniger direkte Erfragung des Mythos geachtet. Süssenbach/Bohner benutzten aus ökonomischen Gründen bei der Befragung einer Stichprobe aus der allgemeinen Bevölkerung eine Kurzversion der AMMSA-Skala mit nur neun Items[272]. Außerdem wurde für die Antworten eine 4-Punkte-Skala verwendet. Temkin/Krahé hingegen benutzten in ihrer Messung der Vergewaltigungsmythenakzeptanz in der allgemeinen

266 Vgl. *Kahlor/Morrison*, 2007, S. 729 ff.

267 A.a.O., S. 733.

268 Vgl. *Yeater/Treat/Viken/McFall*, 2010, S. 378.

269 Vgl. *Baugher/Elhai/Monroe/Gray*, 2010, S. 2041 f.

270 Vgl. *Davies/Gilston/Rogers*, 2012, S. 2812.

271 Vgl. *Bohner*, 1998, S. 39 ff.

272 Vgl. *Süssenbach/Bohner*, 2011, S. 378.

Bevölkerung die „16-item short form[273]" der AMMSA-Skala. Zur Beantwortung der Items verwendeten sie eine 7-Punkte-Skala.

Die verschiedenen Skalen fanden also in einer großen Bandbreite Anwendung. Die uneinheitliche Auflistung der Items sowie die verschiedene Nutzung der Antwortskalen beschränkt jedes Ergebnis auf sein jeweiliges Messinstrument. Demnach ist die Forschung zur Vergewaltigungsmythenakzeptanz umfangreich, durchaus empirisch gesichert und aktuell, leidet aber unter ihrer einzelfallbezogenen und sehr auf die jeweilige Stichprobe spezialisierten Operationalisierung[274].

Die Aussagewerte der einzelnen Untersuchungsergebnisse reduzieren sich außerdem aufgrund ihrer Stichproben. In den meisten Fällen umfassen die Stichproben Studierende. Dies erschwert auch die Übertragung auf die für diese Arbeit relevante Gruppe der ermittlungstechnischen Fachkräfte. Bedenken ergeben sich in erster Linie wegen des Expertenwissens und dessen Einfluss auf die Bewertung eines Szenarios. Des Weiteren ist davon auszugehen, dass Fachkräfte als professionelle Ermittler/innen weniger ehrlich antworten, um der beruflichen Erwünschtheit zu entsprechen.

V. Funktion von Vergewaltigungsmythen

Im folgenden Abschnitt wird nach dem Zweck von Vergewaltigungsmythen gefragt. Schließlich postuliert die Vergewaltigungsmythenforschung, dass diese das Ausmaß sexueller Gewalt verharmlosen, dem Opfer eine Mitschuld an der Tat zukommen lassen, den Täter entlasten und die Anwendung von Gewalt legitimieren[275]. Ganz allgemein haben Vergewaltigungsmythen für das Individuum den Zweck, bedrohliche Aspekte einer Gesellschaft – wie die Vergewaltigung – zu leugnen oder zu bestreiten.

Im Folgenden werden vier Funktionen der Vergewaltigungsmythen dargestellt. Da Bohner bereits im Jahr 1998 einen umfangreichen Überblick über die

---

273 Vgl. *Temkin/Krahé*, 2008, S. 102.

274 Vgl.beispielhaft *Lee/Kim/Lim*, 2010, S. 1200 ff.: Die Autoren bestimmten die Vergewaltigungsmythenakzeptanz einer aus koreanischen Studierendeen bestehenden Stichprobe (S. 1206) mithilfe eines besonders auf die koreanische Kultur abgestimmten Messinstruments (S. 1207 f.). Dabei wurde ganz besonders Rücksicht auf die Entwicklung der Stellung der Frau in der koreanischen Gesellschaft genommen (S. 1204 f.).

275 Vgl. *Bohner*, 1998, S. 19 ff.

Funktionen von Vergewaltigungsmythen gegeben hat[276], wird auf eine umfangreichere Erörterung verzichtet. Die vier Funktionen werden zunächst erläutert, um sie anschließend mit aktuellen Forschungsergebnissen zu belegen. Dabei werden spezifische Forschungen zur Sexualdelinquenz besonders berücksichtigt.

1. Vergewaltigungsmythen bekräftigen den Glauben an die gerechte Welt

Der Sozialpsychologe Lerner publizierte im Jahr 1980 die Theorie über den Glauben an die gerechte Welt[277]. Der „Glaube an die gerechte Welt" impliziert die Annahme, jeder Mensch bekomme das, was er verdient, oder jeder habe sich das, was ihm widerfährt, selbst zuzuschreiben[278]. Die Aufrechterhaltung des Glaubens an die gerechte Welt schütze den Menschen vor negativen Emotionen. Die Entstehung einer individuellen gerechten Welt sei ein langer Prozess und ließe sich von sozialen Determinanten leiten[279]. Soziale Determinanten sind beispielsweise die gesellschaftlich akzeptierten Rechte der Frau oder die politische Legitimation des Rechts auf sexuelle Selbstbestimmung. Daher orientiert sich jede Gesellschaft an unterschiedlichen sozialen Determinanten. Im Laufe seines Lebens sammle der Mensch Erfahrungen, die ihn wiederkehrend mit den alltäglichen gesellschaftlichen Missständen konfrontieren[280]. Um der daraus entstehenden gefühlten Hilflosigkeit Herr zu werden, grenze sich der Mensch mit Hilfe seines Glaubens an eine gerechte Welt von den Missständen der realen Welt ab, wobei er zwischen zwei Taktiken wähle: Entweder stelle sich der Mensch den Missständen, indem er diesen aktiv entgegentritt, oder verdränge diese mit sogenannten irrationalen Techniken, wie dem Leugnen oder der Uminterpretation der Geschehnisse[281].

Nach den Annahmen Lerners bekräftigen Vergewaltigungsmythen den Glauben an die gerechte Welt, denn sobald der Mensch mit einem gesellschaftlichen Missstand konfrontiert wird, wie der Vergewaltigung eines unschuldigen Opfers, tritt er diesem entweder aktiv entgegen oder deutet ihn mit irrationalen Techniken um. Durch ein irrationales Umdeuten der Vergewaltigung, beispielsweise durch die Annahme, das Opfer hätte es verdient oder gewollt, grenzt sich

276 Vgl. a.a.O., S. 19 ff.
277 Vgl. *Lerner*, The Belief in a Just World. A fundamental Delusion, 1980.
278 Vgl. a.a.O., S. 9.
279 Vgl. a.a.O., S. 11.
280 Vgl. a.a.O., S. 11 ff.
281 Vgl. a.a.O., S. 12.

der Mensch von dem Missstand ab und kann so seinen Glauben an die gerechte Welt beibehalten.

Wegen der Annahme, Frauen hätten aufgrund ihres Geschlechts einen außerordentlichen Glauben an die gerechte Welt, um sich nicht selber in die Opferrolle zu drängen, erhielt Lerners Theorie auch Aufmerksamkeit in der Vergewaltigungsmythenforschung. Im Folgenden werden drei Untersuchungen dargestellt, die Lerners Theorie und die Einstellung gegenüber Vergewaltigungsopfern zusammenhängend betrachten.

Ob sich Frauen aufgrund ihres Geschlechts und der eigenen Vulnerabilität entweder mit dem Vergewaltigungsopfer stark verbunden fühlen oder diesem infolge ihres stark ausgeprägten Glaubens an die gerechte Welt eine Mitschuld zukommen lassen, gingen Kleinke/Meyer im Jahr 1990 im Rahmen ihrer Untersuchung nach[282]. Sie überprüften, wie der Glauben an die gerechte Welt das Urteil über ein charakteristisches Vergewaltigungsopfer und den Täter beeinflusst[283]. Die Autoren gingen davon aus, dass ein ausgeprägter Glaube an die gerechte Welt die Tendenz, das Vergewaltigungsopfer zu belasten und den Täter zu entlasten, erhöht[284]. Der Glaube an die gerechte Welt wurde mit Hilfe der „Just World Skala", die im Jahr 1975 von Rubin/Peplau entwickelt wurde, erfasst[285]. Die insgesamt 20 Items wurden unter Anwendung einer 6-Punkte-Skala beantwortet. Die Einstellungen gegenüber Vergewaltigungsopfer und Täter wurden mit dem „Personal Attribute Inventory"[286] festgestellt. Schließlich stellten sich signifikante Abhängigkeiten heraus: Männliche Testpersonen mit einem ausgeprägten Glauben an die gerechte Welt charakterisierten das Vergewaltigungsopfer signifikant abfälliger, weibliche Testpersonen mit einem ausgeprägten Glauben an die gerechte Welt hingegen signifikant weniger abfällig[287]. Die Autoren kamen zu folgendem Schluss: Männliche Testpersonen mit einem ausgeprägten Glauben an die gerechte Welt stellten ihren Glauben durch das

---

282 Vgl. *Kleinke/Meyer*, 1990, S. 343 ff.

283 Vgl. a.a.O., S. 346.

284 Vgl. a.a.O., S. 344.

285 Vgl. *Rubin/ Peplau*, 1975, S. 73 ff.

286 *Kleinke/Meyer*, 1990, S. 346: Der Personal Attribute Inventory listet insgesamt 100 Adjektive auf. Von diesen 100 Adjektiven waren 50 sogenannte negative Adjektive, wie unverantwortlich oder dumm, und 50 positive Adjektive, wie nett oder pflichtbewusst. Die Testperson musste schließlich 30 Adjektive auswählen. Je mehr negative Adjektive ausgewählt wurden, desto ablehnender wurde das Verhalten des Vergewaltigungsopfers registriert.

287 Vgl. a.a.O., S. 347.

Ereignis einer Vergewaltigung in Frage und, um ihren eigenen Glauben nicht zu erschüttern, gäben sie infolgedessen dem Opfer eine Mitschuld an der Vergewaltigung[288]. Weibliche Testpersonen empfänden hingegen Sympathie mit dem Opfer und aufgrund der geschlechtsspezifischen Identifikation gäben sie dem Opfer weniger Mitschuld und machten stattdessen den Täter verantwortlich[289].

Foley/Pigott konzentrierten sich im Jahr 2000 in ihrer Untersuchung auf den Zivilprozess und die damit verbundene Möglichkeit, dem Vergewaltigungsopfer durch eine geringe finanzielle Entschädigung eine Mitschuld zukommen zu lassen[290]. Ebenso wie Kleinke/Meyer verwendeten die Autoren die Just World Skala von Rubin/Peplau aus dem Jahr 1975, um den Glauben an die gerechte Welt zu erfassen[291]. Die Testpersonen wurden nach einer Darlegung der Fakten des Zivilprozesses[292] gebeten, sich zur Verantwortung von Täter und Opfer an dem sexuellen Missbrauch sowie über die Höhe der finanziellen Entschädigung zu äußern. Letztendlich schrieben weibliche Testpersonen mit einem weniger stark ausgeprägten Glauben an die gerechte Welt dem Vergewaltigungsopfer genauso viel Verantwortung zu wie weibliche Testpersonen mit einem ausgeprägten Glauben an die gerechte Welt[293]. Bei den männlichen Testpersonen ergab sich das gleiche Bild. Dem Glauben an die gerechte Welt konnte somit kein Einfluss auf die Einschätzung der Verantwortung zugeschrieben werden[294]. Andere Ergebnisse zeigten sich bei der finanziellen Entschädigung: Weibliche Testpersonen mit einem ausgeprägten Glauben an die gerechte Welt gestanden dem Vergewaltigungsopfer eine geringere finanzielle Entschädigung zu (low: 236.470,60 $ vs. high: 253.055,60 $)[295] als weibliche Testpersonen mit einem weniger ausgeprägten Glauben an die gerechte Welt. Männliche Testpersonen mit einem ausgeprägten Glauben an die gerechte Welt gestanden dem Vergewaltigungsopfer ebenfalls weniger finanzielle Entschädigung zu (low: 195.000,00 $ vs. high: 334.285,70 $)[296] als männliche Testpersonen

---

288 Vgl. a.a.O., S. 349.

289 Vgl. a.a.O., S. 350.

290 Vgl. *Foley/Pigott*, 2000, S. 935 ff.

291 Vgl. a.a.O., S. 942.

292 Vgl. a.a.O., S. 942: In Kleingruppen wurde den Testpersonen zunächst ein Foto der Klägerin (Vergewaltigungsopfer) gezeigt und anschließend ein 20-minütiges Tonband mit den Fakten des Zivilprozesses vorgespielt.

293 Vgl. a.a.O., S. 947: Dieses Ergebnis widerspricht den Erkenntnissen von Kleinke/Meyer aus dem Jahr 1990, die einen Einfluss des Glaubens an die gerechte Welt auf das Maß der Verantwortung belegten.

294 Vgl. a.a.O., S. 948.

295 A.a.O., S. 944.

296 A.a.O., S. 948.

mit einem weniger ausgeprägten Glauben an die gerechte Welt. Sofern den Testpersonen also eine andere Form der Schuldzuweisung ermöglicht wurde, rügten diese das Opfer weniger über die Verantwortungszuschreibung, sondern über die mangelnde finanzielle Entschädigung[297].

Im Jahr 2007 untersuchten Sakalli-Ugurlu/Yalcin/Glick den Glauben an die gerechte Welt und seinen Einfluss auf die Einstellung gegenüber Vergewaltigungsopfern anhand einer Stichprobe bestehend aus türkischen Studierenden[298]. Die Türkei ist ein „predominantly Islamic country where ideologies of honor are strongly endorsed"[299]. Die Einhaltung ehrenhafter Verhaltensweisen bestimme den kulturellen und sehr familiengeprägten Alltag. Besonders Frauen sähen sich in solchen Ländern mit den „honor killings"[300] konfrontiert und kämpften noch immer für ihr Recht auf sexuelle Selbstbestimmung[301]. Die Autoren überprüften, ob zum einen in hierarchisch organisierten, autoritären Staaten wie der Türkei der Glaube an die gerechte Welt grundsätzlich stärker ist als in westlichen Kulturen und ob zum anderen ein starker Glaube an die gerechte Welt mit einer negativen Einstellung gegenüber einem Vergewaltigungsopfer einhergeht[302]. Der Glaube an die gerechte Welt wurde, wie auch in den vorherigen Untersuchungen, mit der Just World Skala von Rubin/Peplau erfasst. Allerdings verwendeten Sakalli-Ugurlu/Yalcin/Glick eine gekürzte Version[303]. Es stellte sich heraus, dass ein ausgeprägter Glaube an die gerechte Welt mit einer negativen Einstellung gegenüber dem Vergewaltigungsopfer einhergeht[304]. Dabei gibt es keine geschlechtsspezifischen

---

297 Vgl. a.a.O., S. 944, 948: Allerdings beruhen die Erkenntnisse von Foley/Pigott auf der Befragung einer sehr kleinen Stichprobe. Besonders bei der Berechnung der signifikanten Zusammenhänge wurde die ohnehin schon kleine Stichprobe von 47 Testpersonen in weitere Untergruppen unterteilt. Daher konnte nur acht männlichen Testpersonen ein außerordentlicher Glaube an die gerechte Welt und lediglich sieben männlichen Testpersonen ein weniger starker Glaube an die gerechte Welt nachgewiesen werden. Auch wenn die Gruppe der weiblichen Testpersonen mit n=18 mit einem außerordentlichen Glauben an die gerechte Welt und n=17 Probandinnen mit einem weniger starken Glauben an die gerechte Welt umfangreicher war, sind Signifikanzprüfungen dennoch nur eingeschränkt möglich.

298 Vgl. *Sakalli-Ugurlu/Yalcin/Glick*, 2007, S. 889 ff.

299 A.a.O., S. 889.

300 A.a.O., S. 889.

301 Vgl. a.a.O., S. 889.

302 Vgl. a.a.O., S. 891.

303 Vgl. a.a.O., S. 891.

304 Vgl. a.a.O., S. 892 f.

Unterschiede[305]. Ob der Glaube an die gerechte Welt in autoritären, hierarchisch strukturierten Gesellschaften tatsächlich ausgeprägter ist, konnten die Autoren allerdings aufgrund der fehlenden Vergleichswerte nicht belegen.

Zusammenfassend ist festzuhalten, dass dem Glauben an die gerechte Welt durchaus ein Einfluss auf die Einstellung gegenüber einem Vergewaltigungsopfer nachgewiesen werden konnte[306]. Kleinke/Meyer belegten, dass Frauen mit einem ausgeprägten Glauben an die gerechte Welt Sympathie für das Opfer empfinden und es nicht automatisch belasten[307], und auch wenn Sakalli-Ugurlu/Yalcin/Glick dieses Ergebnis nicht bestätigten, stellten Sie dennoch fest, dass ein ausgeprägter Glaube an die gerechte Welt zu einer negativen Einstellung gegenüber dem Opfer führt[308]. Foley/Pigott konnten gar belegen, dass weibliche Testpersonen mit einem ausgeprägten Glauben an die gerechte Welt dem Vergewaltigungsopfer eine geringere finanzielle Entschädigung zukommen ließen als Frauen mit einem weniger stark ausgeprägten Glauben an die gerechte Welt[309].

Weiterführend wäre es für die Vergewaltigungsmythenforschung wünschenswert, die Ausprägung des Glaubens an die gerechte Welt in direkten Zusammenhang mit den Messinstrumenten der Vergewaltigungsmythenakzeptanz zu setzen. So könnten Stichproben variiert und schlussendlich Zeitreihen- und Kulturkreisvergleiche gezogen werden.

2. Vergewaltigungsmythen begünstigen die schematische Informationsverarbeitung

Die Kognitionspsychologie widmet sich u. a. der Erforschung von schematischen Verknüpfungen als Prozess der Informationsverarbeitung[310]. Um komplexe Situationen einfacher entschlüsseln zu können, greift der Mensch bei unübersichtlichen Inhalten oder einer Vielzahl von Informationen auf bereits eingeprägte und erlernte Schemata zurück[311]. Diese heuristischen Denkmuster ermöglichen es den Menschen, neue Informationen mit bereits vorhandenen

305 Vgl. a.a.O., S. 892: weibliche Testpersonen r=0,32; männliche Testpersonen r=0,29.

306 Auch wenn zur Erfassung der Einstellung gegenüber dem Vergewaltigungsopfer in allen drei dargestellten Untersuchungen auf unterschiedliche Messinstrumente zurückgegriffen wurde, wie dem „Personal Attribute Inventory“ (Kleinke/Meyer) oder der „Attitudes toward rape victim Scale“ (Sakalli-Ugurlu/Yalcin/Glick).

307 Vgl. *Kleinke/Meyer*, 1990, 343 ff.

308 Vgl. *Sakalli-Ugurlu/Yalcin/Glick*, 2007, 889 f.

309 Vgl. *Foley/Pigott*, 2000.

310 Vgl. *Manstead*, 1995, S. 489 ff.

311 Vgl. a.a.O., S. 490.

abzugleichen und dadurch zum einen Unsicherheiten zu überwinden sowie zum anderen zu einer effektiven Lösung bzw. Entscheidung zu kommen. Die Untersuchungen zu den heuristischen Denkmustern sind ein wichtiger Forschungszweig der Kognitionspsychologie und wurden schon mit einer Vielzahl empirischer Ergebnisse untermauert[312].

Besonders die Untersuchungen von Krahé/Temkin/Bieneck aus dem Jahr 2007[313], von Temkin/Krahé aus dem Jahr 2008[314] sowie von Krahé aus dem Jahr 2012[315] belegen, dass die schematische Informationsverarbeitung die Akzeptanz von Vergewaltigungsmythen begünstigt. Diese sei für den menschlichen Entscheidungsprozess rentabler als die sogenannte datengesteuerte Informationsverarbeitung[316]. Während bei der schematischen Informationsverarbeitung schnell und effizient eine Entscheidung bzw. Beurteilung aufgrund von verallgemeinerndem Vorwissen getroffen werde, betrachte die datengesteuerte Informationsverarbeitung zunächst alle Elemente einer Entscheidung, bevor diese beurteilt werden[317]. Im Idealfall, so Krahé, beruht der Entscheidungsprozess im „strafrechtlichen Kontext"[318] auf der datengesteuerten Informationsverarbeitung. Da in einem Vergewaltigungsverfahren oft nur sehr wenige Informationen zur Verfügung stünden, griffen die Entscheidungsträger/innen aber nicht auf eine datengesteuerte, sondern auf die schematische Informationsverarbeitung zurück[319]. Auf welches verallgemeinernde Vorwissen die Entscheidungsträger/innen bei ihrer Entscheidung zurückgriffen, stünde dabei in einem engen Zusammenhang mit den stereotypischen Vorstellungen über eine Vergewaltigung[320]. Die Entscheidungsträger/innen ließen sich beispielsweise von bestimmten Opfer- und Beschuldigtenmerkmalen bzw. Tatumständen in ihrem Urteil beeinflussen[321].

---

312 Vgl. *Tversky./Kahnemann*, 1982, S. 117 ff.
313 Vgl. *Krahé/Temkin/Bieneck*, 2007, S. 601 ff.
314 Vgl. *Temkin/Krahé*, 2008.
315 Vgl. *Krahé*, 2012.
316 Vgl. a.a.O., S. 163.
317 Vgl. a.a.O., S. 163.
318 A.a.O., S. 163.
319 Vgl. *Krahé/Temkin/Bieneck*, 2007, S. 601.
320 Vgl. a.a.O., S. 602.
321 Vgl. *Temkin/Krahé*, 2008, S. 41 ff.: Opfermerkmale sind bspw. die sexuelle Vorerfahrung des Opfers oder auch, ob es als anständige Person betrachtet wird. Tätermerkmale sind die Attraktivität des Beschuldigten oder der soziale Status. Als Tatmerkmal gilt die Täter-Opfer-Beziehung.

Im Jahr 2007 untersuchten Krahé/Temkin/Bieneck, inwiefern die schematische Informationsverarbeitung das Urteil über eine Vergewaltigung beeinflusst[322]. Anhand der Vorlage von Vergewaltigungsszenarien, die zum einen die Täter-Opfer-Konstellation und zum anderen die Art der Gegenwehr des Opfers variierten, sollten die Testpersonen[323] beurteilen, wie hoch sie den Täter bzw. das Opfer für die Verursachung der Tat belasten würden[324]. Schließlich bestätigten die Autorinnen, dass die Testpersonen auf eine schematische Informationsverarbeitung zurückgreifen, indem sie sich von konstruierten Opfer- und Tätermerkmalen bzw. Tatmerkmalen in ihrem Urteil beeinflussen lassen, obwohl diese rechtlich nicht von Bedeutung sind[325]. Sofern der Täter ein Fremder war, wurde dieser auch als Verursacher der Tat angesehen, war der Täter allerdings der Ex-Partner, ließen die Testpersonen dem Opfer eine Mitschuld zukommen[326]. Ebenso konnte der Gewalteinwirkung ein Einfluss nachgewiesen werden: War das Opfer im Vergewaltigungsszenario nicht fähig, sich gegen den Täter zu wehren, wurde der Täter weniger und das Opfer eher belastet. Wehrte sich das Opfer allerdings gegen den Täter, zeigte sich der gegenteilige Effekt, dem Täter wurde mehr Verantwortung, dem Opfer hingegen weniger Mitschuld zugeschrieben[327].

Die umfangreiche Publikation von Temkin/Krahé aus dem Jahr 2008[328] bereicherte die Ergebnisse von Krahé/Temkin/Bieneck. Die Autorinnen führten insgesamt drei Studien durch, in denen sie u. a. die Vergewaltigungsmythenakzeptanz der Testpersonen erfassten[329]. In der ersten Studie legten sie 74 Jura-Studierenden einer englischen Universität Vergewaltigungsszenarien vor, die die Täter-Opfer-Konstellation variierten[330]. In ihrer zweiten Studie befragten die Autoren sogenannte „vocational law students"[331], Studierende mit Abschluss,

322 Vgl. *Krahé/Temkin/Bieneck*, 2007, S. 601–619.

323 Vgl. a.a.O., S. 603, 611:
Study 1: N= 286 Jura-Studierende und Psychologie-Studierende;
Study 2: N= 158 Studierende der Psychologie.

324 Vgl. a.a.O., S. 604, 612.

325 Vgl. a.a.O., S. 616.

326 Vgl. a.a.O., S. 606.

327 Vgl. a.a.O., S. 613 f.

328 Vgl. *Temkin/Krahé*, 2008.

329 Vgl. a.a.O., S. 77, 90: Die ersten beiden Studien verwendeten zur Erfassung der Vergewaltigungsmythenakzeptanz die „Perceived Causes of Rape Scale", vgl. a.a.O., S. 100; die dritte Studie verwendete die AMMSA-Skala (siehe unter C.IV.4. in dieser Arbeit).

330 Vgl. a.a.O., S. 76 ff.

331 A.a.O., S. 88; N=121 (47 Frauen und 72 Männer).

die sich zum Zeitpunkt der Befragung in einem Training befanden, das sie für den späteren Beruf im Staatsdienst qualifizierte. Dadurch sollte überprüft werden, ob sich Studierende mit einem objektiven Fachwissen eventuell eher von einer datengesteuerten Informationsverarbeitung leiten ließen. Dieser Stichprobe wurden ebenfalls Vergewaltigungsszenarien vorgelegt, diese variierten allerdings neben der Täter-Opfer-Konstellation auch die Form des ausgeübten Zwangs auf das Opfer[332]. Schließlich befragten die Autorinnen in ihrer dritten Studie Testpersonen aus der allgemeinen Bevölkerung[333]. Dieser Stichprobe wurde neben den Vergewaltigungsszenarien der zweiten Studie zudem eine Plakatkampagne vorgelegt[334]. In allen drei Studien sollten die Testpersonen beurteilen, inwiefern Opfer bzw. Täter die Tat mitverursacht haben. Grundsätzlich konnte dem Bekanntheitsgrad zwischen Täter und Opfer in allen drei Studien ein Einfluss auf die Bewertung der Vergewaltigung nachgewiesen werden[335]. Bei einem hohen Bekanntheitsgrad zwischen Täter und Opfer gaben die Testpersonen dem Täter weniger Mitschuld als dem Opfer. Außerdem gaben die männlichen Testpersonen der ersten Studie dem Opfer signifikant häufiger eine Mitschuld an der Vergewaltigung als weibliche Testpersonen[336]. Des Weiteren konnte einzelnen Tatmerkmalen ein signifikanter Einfluss auf die Beurteilung einer Vergewaltigung nachgewiesen werden[337]: „(…) judgements about rape cases are influenced by schematic processing (…)“[338] und „Rape stereotypes affect the judgments made by individuals dealing with rape cases, (…), and thereby shape the understanding of rape as it is represented and dealt with in the criminal justice system”[339].

Die vorgestellten Untersuchungen belegen, dass die weniger aufwendige und effektive schematische Informationsverarbeitung dazu verleitet, die wenigen Informationen über eine Vergewaltigung mit einem Vorwissen in Verbindung zu bringen, das weniger mit der rechtlichen Definition, sondern mit den gesellschaftlich etablierten, stereotypischen Vorstellungen über eine Vergewaltigung im Einklang steht. Eine Anreicherung des empirischen Datenmaterials, inklusive einer Ausweitung auf weitere Bevölkerungsgruppen als Studierende, lieferte

---

332 Vgl. a.a.O., S. 88 f.

333 Vgl. a.a.O., S. 100; Personen zwischen 18 und 69 Jahren; N=2176 (893 Männer und 1283 Frauen).

334 Vgl. a.a.O., S. 99, 109.

335 Vgl. a.a.O., S. 80 ff., 91 ff., 103 ff.

336 Vgl. a.a.O., S. 96.

337 Vgl. a.a.O., S. 105: wie den Merkmalen Alkoholkonsum und Anwendung von Gewalt.

338 A.a.O., S. 209.

339 A.a.O., S. 209.

Anhaltspunkte für eine effektive Aufklärung über das tatsächliche Aufkommen der Vergewaltigung.

3. Vergewaltigungsmythen unterstützen und bestätigen Neutralisierungstechniken

Die Neutralisierungstechniken – ihre erste Erläuterung stammt von Sykes/Matza aus dem Jahr 1957[340] – entstammen der Delinquenzforschung, sodass ihnen in der Vergewaltigungsmythenforschung eine geschlechtsspezifische Funktion unterstellt werden kann, da sie als Rechtfertigung des eigenen Fehlverhaltens meist von Tätern in Anspruch genommen werden. Das kriminelle Verhalten beruhe auf dem Erlernen von Neutralisierungstechniken, die es den Delinquenten ermöglichen, das eigene Verhalten zu rechtfertigen bzw. zu neutralisieren[341] – beispielsweise auch eine Vergewaltigung. Syke/Matza unterscheiden fünf Neutralisierungstechniken:

„*The Denial of Responsibility*"[342] – Die Verleugnung der Verantwortung

Der Delinquent übernimmt nach dieser Neutralisierungstechnik keine Verantwortung für sein Handeln, sondern macht äußere Umstände, Umstände, die außerhalb des Kontrollbereichs des Delinquenten liegen, wie seine familiäre oder soziale Herkunft, für sein abweichendes Verhalten verantwortlich. Der Delinquent sehe sich als Billardkugel, ohne sein Zutun werde er wieder und wieder in zweifelhafte Situationen gebracht[343]. Letztlich betrachtet der Täter nicht die Norm und ihre Gültigkeit, um sein abweichendes Verhalten zu reflektieren, sondern lediglich die äußeren Umstände.

„*The Denial of Injury*"[344] – Die Verleugnung einer Verletzung

Der Delinquent rechtfertigt sein Verhalten, indem er behauptet, es sei entweder niemand zu Schaden gekommen oder das Opfer könne den Schaden verkraften[345]. Mit der Anwendung dieser Neutralisierungstechnik löst sich der Täter von

---

340 Vgl. *Sykes/Matza*, 1957, S. 667.

341 Vgl. a.a.O., S. 664.

342 A.a.O., S. 667 (Hervorhebung im Original).

343 Vgl. a.a.O., S. 667.

344 A.a.O., S. 667 (Hervorhebung im Original).

345 Vgl. a.a.O., S. 668: Beispielsweise könnten reiche Leute einen Diebstahl verkraften oder Prostituierte eine Vergewaltigung.

den Konsequenzen seiner Tat, die Tat an sich sowie deren Folgen werden völlig unabhängig voneinander betrachtet[346].

„*The Denial of Victim*"[347] – Es gibt kein Opfer

Auch wenn der Delinquent die Verantwortung für seine Tat übernimmt und erkennt, dass ein Schaden entstanden ist, neutralisiert er dennoch sein Verhalten, indem er darauf beharrt, das Opfer hätte die Straftat verdient. Beispielsweise rechtfertigen Täter die Gewalt gegen Homosexuelle dadurch, dass diese keiner schützenwerten Bevölkerungsgruppe angehörten[348]. Auch Umwelt,-Wirtschafts- oder Internetdelikte können mit dieser Neutralisierungstechnik verleugnet werden, da die verletzte Person nicht sichtbar ist, es gibt kein personifiziertes Opfer.

„*The Condemnation of the Condemners*"[349] – Starke Ablehnung gegenüber Abgelehnten

Interessanterweise lehnt der Delinquent besonders jene ab, die durch ihre gesellschaftliche Rolle für besondere Normtreue stehen, wie Polizisten oder auch Lehrer[350]. Stellt sich der Täter nicht mehr selber in den Mittelpunkt seiner Reflektion, gerät sein abweichendes Verhalten in den Hintergrund. Je mehr sich dieser demnach über die Abgelehnten beschwert, desto weniger konzentriert er sich auf seine eigenen Taten.

„*The Appeal to higher Loyality*"[351] – Der hohe Loyalitätsanspruch

Der Delinquent redet sich ein, er müsse den Belangen der „larger society"[352] zum Schutz der Belange der „smaller social groups"[353] keine Berücksichtigung schenken. Die „smaller social group" ist beispielsweise die Familie oder der Freundeskreis[354]. Dabei akzeptiert der Täter durchaus das normative System,

346 Vgl. a.a.O., S. 667.
347 A.a.O., S. 668 (Hervorhebung im Original).
348 Vgl. a.a.o., S. 668.
349 A.a.O., S. 668 (Hervorhebung im Original).
350 Vgl. a.a.O., S. 668.
351 A.a.O., S. 669 (Hervorhebung im Original).
352 A.a.O., S. 669.
353 A.a.O., S. 669.
354 Vgl. *Sakalli-Ugurlu/Yalcin/Glick*, 2007: (Wieder)herstellung der Ehre der Familie.

sieht sich aber in einem Dilemma, aus dem er sich nur durch einen Normbruch befreien kann.

Es bestehen starke Parallelen zwischen den Neutralisierungstechniken nach Sykes/Matza und den Vergewaltigungsmythen nach Burt. Beginnend bei der Verleugnung eines Schadens bis zur Annahme, es gebe kein Opfer, bestreiten die Behauptungen sexuelle Gewalt und rechtfertigen damit ein strafbares Verhalten. Aus diesem Grund hat auch die Vergewaltigungsmythenforschung die Neutralisierungstechniken berücksichtigt.

Bohner/Reinhard/Rutz/Sturm/Kerschbaum/Effler untersuchten im Jahr 1998, inwiefern Männer Vergewaltigungsmythen als Neutralisierungstechniken anwenden[355]. Ziel der Untersuchung war es, den Zusammenhang zwischen der Vergewaltigungsmythenakzeptanz und der Neigung, eine Vergewaltigung zu begehen, zu überprüfen. Im ersten der zwei Experimente erfassten die Autoren die Vergewaltigungsmythenakzeptanz mithilfe der Vergewaltigungsmythenakzeptanzskala (VMAS) und die Neigung, eine Vergewaltigung zu begehen, mit der „Attraction Toward Sexual Aggression" (ASA)-Skala nach Malamuth[356]. Die Autoren belegten einen Zusammenhang zwischen der VMAS und der ASA-Skala, dieser war ausgeprägter, wenn die Testpersonen zuerst die VMAS beantworteten (r= 0,48) und anschließend die ASA-Skala als andersherum (r= 0,04)[357]. Um ihre Hypothese weiter zu differenzieren, berechneten die Autoren im zweiten Experiment die Korrelation zwischen der Vergewaltigungsmythenakzeptanz und jedem einzelnen der fünf Szenarien[358]. Ebenso wie im ersten Experiment ergaben sich höhere Korrelationen, wenn zuerst die Vergewaltigungsmythenakzeptanz erfasst wurde und anschließend die Szenarien vorgelegt wurden[359].

Bohner/Reinhard/Rutz/Sturm/Kerschbaum/Effler belegten damit also den Zusammenhang zwischen der Vergewaltigungsmythenakzeptanz und der Neigung, eine Vergewaltigung zu begehen. Sofern die negativen Einstellungen über eine Vergewaltigung und damit auch die Neutralisierungstechniken als Erstes ins Gedächtnis der männlichen Testpersonen gerufen werden, ist der Zusammenhang mit der Neigung, eine Vergewaltigung zu begehen, ausgeprägter.

---

355 Vgl. *Bohner/Reinhard/Rutz/Sturm/Kerschbaum/Effler*, 1998, S. 257 ff.

356 Vgl. a.a.O., S. 260. Vgl. *Malamuth*, 1989, S. 324 ff.

357 Vgl. *Bohner/Reinhard/Rutz/Sturm/Kerschbaum/Effler*, 1998, S. 262.

358 Vgl. a.a.O., S. 264.

359 Vgl. a.a.O., S. 265.

4. Vergewaltigungsmythen bekräftigen die Vorstellung des idealen Opfers

Vergewaltigungsmythen können auch eine geschlechtsspezifische, positive Funktion erfüllen – nämlich für die Opfer einer gesellschaftlich anerkannten „idealtypischen Vergewaltigung“[360]. Wenn eine unschuldige Frau nachts im Park von einem ihr unbekannten Täter, der womöglich noch psychisch krank ist, vergewaltigt werde, könne sie mit einer umfangreichen Zuwendung des Gerichts und der Gesellschaft rechnen[361].

Der Kriminologe Nils Christie prägte den Begriff des „ideal victim“[362]: *„By ‚ideal victim‘ I have instead in mind a person or a category of individuals who – when hit by crime – most readily are given the complete and legitimate status of being a victim“*[363]. Sobald ein Vergewaltigungsopfer sich dem Bild des perfekten Opfers nähert, könne es mit der umfangreichen Aufmerksamkeit der Institutionen der formellen sozialen Kontrolle rechnen[364]. Das perfekte Opfer entspricht dabei den gesellschaftlichen Idealvorstellungen, es ist hilfsbedürftig und besonders schützenswert und es hat dem Täter zu keinem Zeitpunkt Anlass zur Tat gegeben, indem es beispielsweise zu viel Alkohol konsumierte, sich aufreizend kleidete oder unbedacht in sein Auto stieg. Greuel belegte 1992 im Rahmen ihrer Befragung von insgesamt 51 Polizeikräften aus Nordrhein-Westfalen, dass 51% der Testpersonen ein nervöses oder ein „zappeliges“ Verhalten des Opfers Argwohn bereitet und einen Verdacht bezüglich einer Falschanschuldigung hervorrufen würde[365]. Das bedeutet, so Greuel, dass sich die Polizeikräfte von dem Stereotyp eines „ideal victim“ bei ihrer Ermittlungstätigkeit leiten ließen[366]. Litzcke/Klossek geben in ihrer Arbeit einen Überblick über bisherige Forschungen zur Glaubwürdigkeit von möglichen Vergewaltigungsopfern. Dabei stellten sie fest, dass „ein Wahrheitsstereotyp von Polizeibeamten bei Frauen, die eine Vergewaltigung schildern, deren negative Emotionalität ist“[367].

Allerdings bringt das Ideal des perfekten Opfers auch Nachteile mit sich. Entspreche ein Individuum ohne Viktimisierungserfahrung dem Bild des perfekten Opfers, erhöhe sich automatisch seine Furcht und Angst vor Kriminalität[368]. Außerdem entspricht das perfekte Opfer nicht dem realen Opfer. Nur ein ganz geringer Prozentsatz aller bekannt gewordenen Vergewaltigungen entspricht den stereotypischen Vorstellungen über die Vergewaltigung. Beispielsweise

---

360 *Abel*, 1988, S. 202.
361 Vgl. *Menzel*, 2003.
362 *Christie*, 1986, S. 17 ff.
363 A.a.O., S. 18.
364 Vgl. a.a.O., S. 18.
365 *Greuel*, 1992, S. 236.
366 Vgl. a.a.O., S. 236.
367 *Litzcke/Klossek*, 2009, S. 203.
368 *Christie*, 1986, S. 28.

kommt der Täter in einer Vielzahl der Fälle aus dem sozialen Nahraum des Opfers oder ist ihm zumindest bekannt[369]. Zudem schüfen die gesellschaftlichen Vorstellungen über das perfekte Opfer auch gleichzeitig das Bild eines perfekten Täters, beide Vorstellungen seien voneinander abhängig: Je perfekter das Opfer, desto perfekter der Täter und je perfekter der Täter, desto perfekter sein Opfer[370].

VI. Forschungsschwerpunkte der Vergewaltigungsmythenforschung

Bereits seit den 70er Jahren bemüht sich die Vergewaltigungsmythenforschung in umfangreichem Maße, Zusammenhänge zwischen der Vergewaltigungsmythenakzeptanz und anderen ausgewählten Variablen zu ergründen[371]. Dabei wird auf univariate statistische Verfahren, wie die Berechnung von Korrelationen, sowie auf multivariate statistische Verfahren, wie Regressions- oder Faktorenanalysen, zurückgegriffen. In der Vergewaltigungsmythenforschung hat sich neben den Messinstrumenten der Vergewaltigungsmythenakzeptanz[372] auch eine Reihe von Messinstrumenten etabliert, die teilweise mehrdimensionale Variablen erfassen, denen somit ein Einfluss auf die Stärke der Vergewaltigungsmythenakzeptanz nachgewiesen werden konnte.

Im Folgenden wird ein Überblick über die bisherigen Forschungsschwerpunkte der Vergewaltigungsmythenforschung gegeben. Wegen der enormen Anzahl an empirischen Untersuchungen wird nur eine kleine Auswahl dargestellt. Nichtsdestotrotz werden die Schwerpunkte der Forschung sowie einschlägige Ergebnisse sichtbar. Die Vergewaltigungsmythenforschung wird in dieser Arbeit in fünf Kategorien unterteilt: Biologische Determinanten, Kontextvariablen, Ideologie, Wertesystem und sexuelle Viktimisierungserfahrung.

1. Biologische Determinanten

Der Großteil der empirischen Untersuchungen der Vergewaltigungsmythenforschung überprüft den Zusammenhang zwischen den biologischen Determinanten (Geschlecht und Alter der Testpersonen) und der Vergewaltigungsmythenakzeptanz[373].

---

369 Siehe Teil B. dieser Arbeit.

370 *Christie*, 1986., S. 25.

371 Vgl. *Lonsway/Fitzgerald*, 1994, die einen Überblick über die Forschungsschwerpunkte bis zum Jahr 1994 geben.

372 Vgl. C.IV. in dieser Arbeit.

373 Vgl. *Foley/Pigott*, 2000, auch Studien mit anderen Forschungsschwerpunkten greifen den Zusammenhang zwischen Geschlecht und Vergewaltigungsmythenakzeptanz in anderen Forschungsdesigns auf.

a) Geschlecht

Lonsway/Fitzgerald zogen bereits im Jahr 1994 das Resümee, dass männlichen Testpersonen in der Mehrzahl der Untersuchungen zwar eine stärker ausgeprägte Vergewaltigungsmythenakzeptanz nachgewiesen wurde, aber dennoch nicht zwingend von diesem Zusammenhang ausgegangen werden könne, da ein Teil der Forschung - wenn auch nur ein geringer - das Gegenteil belege[374].

Tabelle 1: Geschlecht

Biologische Determinanten: Geschlecht				
Autor(en)	**Jahr**	**Stichprobe**	**Instrument Messung VMA**	**Ergebnis**
Burt/Albin[375]	1981	N=598 Personen aus der allgemeinen Bevölkerung	RMAS	Das Geschlecht hatte keinen signifikanten Einfluss auf die Ausprägung der VMA
Jenkins/ Dambrot[376]	1987	Studierende, N=655, n=323 Frauen n=332 Männer	RMAS	Männer ausgeprägtere VMA
Ward[377]	1988	Studie 1: N=411 Studierende, Studie 2: N=48 Studierende, Studie 3: N=510 Erwachs. unterschiedl. berufliche Professionen, Studie 4: N=572 Studierende	Alle Studien mit Hilfe des ARVS[378]	In allen Studien hatten die männlichen Testpersonen eine ausgeprägtere VMA

374 Vgl. *Lonsway/Fitzgerald*, 1994, S. 134.

375 Vgl. *Burt/Albin*, 1981, S. 216, 221, 222.

376 Vgl. *Jenkins/Dambrot*, 1987, S. 878, 880, 885, 890.

377 Vgl. *Ward*, 1988, S. 130, 133, 136, 137, 139, 140.

378 Vgl. a.a.O., S. 134 f.: Die von Ward entwickelte „Attitudes Toward Rape Victims Scale" spielt nur eine sehr untergeordnete Rolle in der Vergewaltigungsmythenforschung, sodass sie hier nicht weiter erläutert wird.

Biologische Determinanten: Geschlecht				
Autor(en)	**Jahr**	**Stichprobe**	**Instrument Messung VMA**	**Ergebnis**
Ellis/O'Sullivan/ Sowards[379]	1992	Studierende; N=151	RMAS	Männer ausgeprägtere VMA
Ferro/Camele/ Saltzman[380]	2008	undergraduate students n=85 und college alumni/ae n=44	IRMA	Männer ausgeprägtere VMA

VMA=Vergewaltigungsmythenakzeptanz; ARVS= Attitudes toward Rape Victims Scale (Ward 1988); RMAS=Rape Myth Acceptance Scale (Burt 1980); IRMA=Illinois Rape Myth Acceptance Scale (Payne/ Lonsway/Fitzgerald 1999).

Allerdings zeigte noch keine der bisherigen Untersuchungen, dass weibliche Testpersonen eine stärker ausgeprägte Vergewaltigungsmythenakzeptanz haben als männliche Testpersonen[381]. Entweder akzeptierten also die männlichen Testpersonen die Mythen eher oder es bestand kein signifikanter Unterschied zwischen den Geschlechtern. Die hier in Tabellenform dargestellten Studien bestätigen die Aussagen von Lonsway/Fitzgerald (siehe Tabelle 1). Die Mehrzahl der Studien, aber nicht alle bestätigen den Zusammenhang zwischen männlichem Geschlecht und erhöhter Vergewaltigungsmythenakzeptanz.

b) Alter

Der Zusammenhang zwischen dem Alter der Testpersonen und der Vergewaltigungsmythenakzeptanz folgt mitunter keiner konformen Abhängigkeit[382] (siehe Tabelle 2). In einigen Untersuchungen wiesen jüngere Testpersonen eine größere Vergewaltigungsmythenakzeptanz auf, in anderen die älteren Testpersonen. Dies könnte ein Anzeichen dafür sein, dass nicht primär das Alter die Ausprägung der Vergewaltigungsmythenakzeptanz bewirkt, sondern andere, sozialisationsspezifische Einflüsse, die innerhalb der Altersvariable nicht gemessen werden können. Schließlich geht ein voranschreitendes Alter auch mit einem Mehr an Sozialisationserfahrungen einher[383].

Bei der Interpretation des Zusammenhangs zwischen Alter und Vergewaltigungsmythenakzeptanz ist stets darauf zu achten, aus welcher Grundgesamtheit die Altersgruppen der jeweiligen Untersuchung letztendlich gezogen wurden. Da

379 Vgl. *Ellis/O'Sullivan/Sowards*, 1992, S. 891, 893.
380 Vgl. *Ferro/Cermele/Saltzman*, 2008, S. 768, 769, 772.
381 Vgl. a.a.O., S. 134.
382 Vgl. *Süssenbach/Bohner*, 2011, S. 375.
383 Vgl. a.a.O., S. 383.

beispielsweise Stichproben aus Studierenden über kein großes Altersspektrum verfügen, können die Altersgruppen ungleich verteilt sein. Vergleiche mit ungleich großen Gruppen schränken die Signifikanz der Ergebnisse ein. Auch die Kategorisierung der Altersgruppen kann die Aussagekraft der Ergebnisse schmälern. Ob eine Stichprobe, die dem Durchschnitt der Bevölkerung entspricht, mithilfe einer dreistufigen oder sechsstufigen Kategorisierung unterteilt wird, beeinflusst zudem die Gruppengröße der einzelnen Kategorien sowie die Vergleichbarkeit mit anderen Untersuchungsergebnissen.

Tabelle 2: Alter

Biologische Determinanten: Alter				
Autor(en)	**Jahr**	**Stichprobe**	**Instrument Messung VMA**	**Ergebnis**
Dye/Roth[384]	1990	N=133 „therapists"	RMAS	Mit voranschreitendem Alter steigt auch die VMA. Ältere Testpersonen hatten somit eine ausgeprägtere VMA.
Kalra/Wood/ Desmarais/ Verberg/ Senn[385]	1998	N=115; Frauen zwischen 18 und 85	R-Scale	Ältere Frauen (Gruppe 40 und älter) mit ausgeprägterer VMA
Ferro/Cermele/ Saltzman[386]	2008	„undergraduate students" n=85 und „college alumni/ ae n=44	IRMA	undergraduate ausgeprägtere VMA als alumni/ae
Boakye[387]	2009	Allgemeine Bevölkerung, N=202 zwischen 14 und 58 Jahre	IRMA-SF und ARVS	Alter der Testpersonen korreliert mit der VMA, ältere Testpersonen mit ausgeprägterer VMA

VMA=Vergewaltigungsmythenakzeptanz; RMAS=Rape Myth Acceptance Scale (Burt 1980); IRMA=Illinois Rape Myth Acceptance Scale (Payne/Lonsway/Fitzgerald 1999); IRMA-SF= Illinois Rape Myth Acceptance Scale-short form (Payne/Lonsway/Fitzgerald 1999); ARVS= Attitudes toward Rape Victims Scale (Ward 1988)

384 Vgl. *Dye/Roth*, 1990, S. 195, 200, 202.

385 Vgl. *Kalra/Wood/Desmarais/Verberg/Senn*, 1998, S. 147, 148, 151.

386 Vgl. *Ferro/Cermele/Saltzman*, 2008, S. 768, 769, 772.

387 Vgl. *Boakye*, 2009, S. 1633, S. 1638, 1639, 1641, 1643.

2. Kontextvariablen

Empirische Untersuchungen, die den Zusammenhang zwischen den sogenannten Kontextvariablen und der Vergewaltigungsmythenakzeptanz ermitteln, untersuchen Variablen, die in enger Verbindung mit der feministisch geprägten Vorstellung über die Vergewaltigung stehen[388]. Dazu zählen persönliche Einstellungen wie die „adversarial sexual beliefs", die „acceptance of interpersonal violence", das „Sex role Stereotyping" sowie die „attitudes toward women". Diese mehrdimensionalen, persönlichen Einstellungen lassen sich mithilfe etablierter Messinstrumente erfassen.

a) Adversarial sexual beliefs – ablehnende Vorstellungen über sexuelle Beziehungen

Zu den ablehnenden Vorstellungen über sexuelle Beziehungen gehört die persönliche Einstellung, sexuelle Beziehungen seien grundsätzlich ausbeuterisch, manipulativ und stets hinterlistig[389].

Tabelle 3: Adversarial sexual beliefs

Kontextvariablen: adversarial sexual beliefs (ASB)				
Autor(en)	**Jahr**	**Stichprobe**	**Instrument Messung VMA**	**Ergebnis**
Burt/ Albin[390]	1981	N=598 Personen aus der allgemeinen Bevölkerung	RMAS	Positiver Zusammenhang zwischen ASB und der VMA (r=0,404)
Ward[391]	1988	Studie 1: N=411 Studierende	ARVS	Studie 1: positive Korrelation zwischen der ARVS und den ASB

388 Vgl. *Süssenbach/Bohner*, 2011, S. 376: „constructs that are rather close to it in content".

389 Vgl. *Burt*, 1980, S. 218: „Adversarial sexual beliefs refers to the expectation that sexual relationships are fundamentally exploitative, that each party to them is manipulative, sly, cheating, opaque to the other's understanding, and not to be trusted".

390 Vgl. *Burt/Albin*, 1981, S. 216, 221, 222.

391 Vgl. *Ward*, 1988, S. 137.

Kontextvariablen: adversarial sexual beliefs (ASB)				
Autor(en)	**Jahr**	**Stichprobe**	**Instrument Messung VMA**	**Ergebnis**
Payne/ Lonsway/ Fitzgerald[392]	1999	N=176 Studierende	IRMA und IRMA-SF	Positive Korrelation zwischen ASB und VMA (r= 0,74)
Gerger/ Kley/ Bohner/ Siebler[393]	2007	Studie 2: N=40 männliche Studierende	AMMSA	Positive Korrelation zwischen ASB und VMA (r= 0,76)

ASB=Adversarial sexual beliefs; VMA=Vergewaltigungsmythenakzeptanz; RMAS=Rape Myth Acceptance Scale (Burt 1980); ARVS= Attitudes toward Rape Victims Scale (Ward 1988); IRMA=Illinois Rape Myth Acceptance Scale (Payne/Lonsway/Fitzgerald 1999); IRMA-SF= Illinois Rape Myth Acceptance Scale-short form (Payne/Lonsway/Fitzgerald 1999); AMMSA= Acceptance of Modern Myth about Sexual Aggression Scale (Gerger/Kley/Bohner/Siebler 2007)

Zur Erfassung dieser mehrdimensionalen Variable entwickelte Burt 1980 ein Messinstrument, das neun Aussagen umfasste, die mithilfe einer 7-Punkte-Skala, die von völliger Zustimmung bis völliger Ablehnung der Aussage reichte, beantwortet wurden[394].Zu den Aussagen gehörte z. B.: „Der Mann muss der Frau früh zeigen, wer der Boss ist, oder er steht unterm Pantoffel der Frau“ oder „Eine Frau kann nur einen Mann respektieren, der ihr gegenüber ein Machtwort sprechen kann“[395]. So wurde ermittelt, wie ausgeprägt eine Testperson falschen Vorstellungen über Geschlechtsverkehr und Sexualität zustimmt. Zur Erfassung der ablehnenden Vorstellungen über sexuelle Beziehungen griff die empirische Vergewaltigungsmythenforschung stets auf Burts Messinstrument zurück. Letztlich konnte den ablehnenden Vorstellungen über sexuelle Beziehungen regelmäßig ein signifikanter Zusammenhang mit der Vergewaltigungsmythenakzeptanz nachgewiesen werden (siehe Tabelle 3).

392 Vgl. *Payne/Lonsway/Fitzgerald*, 1999, S. 54 f.

393 Vgl. *Gerger/Kley/Bohner/Siebler*, 2007.

394 Vgl. a.a.O., S. 222.

395 A.a.O., S. 222: „A women will only respect a man who will lay down the law to her“ und „A man's got to show the woman who's boss right from the start or he'll end up henpecked.“

b) *Acceptance of interpersonal violence – Billigung zwischenmenschlicher Gewalt*

Tabelle 4: Acceptance of interpersonal violence

Kontextvariablen: acceptance of interpersonal violence (AIV)				
Autor(en)	**Jahr**	**Stichprobe**	**Instrument Messung VMA**	**Ergebnis**
Burt/Albin[396]	1981	N=598 Personen aus der allgemeinen Bevölkerung	RMAS	Positiver Zusammenhang zwischen der AIV und der VMA (r= 0,499).
Ward[397]	1988	Studie 1: N= 411 Studierende	ARVS	Studie 1: positive Korrelation zwischen der ARVS und der AIV
Payne/ Lonsway/ Fitzgerald[398]	1999	N=176 Studierende	RMAS	Positiver Zusammenhang zwischen AIV und VMA (r= 0,71)
Gerger/ Kley/ Bohner/ Siebler[399]	2007	Studie 2: N=40 männliche Studierende	AMMSA	Positiver Zusammenhang zwischen AIV und er VMA (r= 0,77)

AIV=Acceptance of interpersonal violence; VMA=Vergewaltigungsmythenakzeptanz; RMAS=Rape Myth Acceptance Scale (Burt 1980); ARVS= Attitudes toward Rape Victims Scale (Ward 1988); IRMA=Illinois Rape Myth Acceptance Scale (Payne/Lonsway/Fitzgerald 1999); IRMA-SF= Illinois Rape Myth Acceptance Scale-short form (Payne/Lonsway/Fitzgerald 1999); AMMSA= Acceptance of Modern Myth about Sexual Aggression Scale (Gerger/Kley/Bohner/Siebler 2007)

Die Billigung zwischenmenschlicher Gewalt korreliert mit der Vergewaltigungsmythenakzeptanz (siehe Tabelle 4). Wird Gewalt in sozialen Beziehungen als legitim angesehen, ist es sehr wahrscheinlich, dass die Vergewaltigungsmythen eine größere Akzeptanz finden. Auch für diese mehrdimensionale Variable entwickelte Burt ein Messinstrument, das mithilfe von sechs Aussagen die Billigung zwischenmenschlicher Gewalt erfasst[400]. Die Aussagen, wie „Sometimes the only

396 Vgl. *Burt/Albin*, 1981, S. 216, 221, 222.

397 Vgl. *Ward*, 1988, S. 137.

398 Vgl. *Payne/Lonsway/Fitzgerald*, 1999, S. 54 f.

399 Vgl. *Gerger/Kley/Bohner/Siebler*, 2007.

400 Vgl. *Burt*, 1980, S. 218.

way a man can get a cold women turned on is to use force“ oder „A man is never justified in hitting his wife“[401], wurden unter Anwendung einer 7-Punkte-Skala beantwortet. Ein hoher Messwert deutet auf eine ausgeprägte Billigung zwischenmenschlicher Gewalt hin. Der von der Vergewaltigungsmythenforschung regelmäßig belegte Zusammenhang zwischen der Billigung zwischenmenschlicher Gewalt und der Vergewaltigungsmythenakzeptanz bestätigt die feministisch geprägte These, eine Vergewaltigung sei kein sexueller Akt, sondern Ausdruck des Machverhältnisses von Männern gegenüber Frauen[402].

c) *Sex role stereotyping – Akzeptanz stereotypischer Geschlechtsrollenbilder*

Auch der Kontextvariable „Akzeptanz stereotypischer Geschlechtsrollenbilder“ konnte ein Einfluss auf die Vergewaltigungsmythenakzeptanz nachgewiesen werden (siehe Tabelle 5). Der Geschlechtsrollenstereotyp orientiert sich an dem konservativen, klischeehaften Rollenbild der Frau in der ersten Hälfte des 20. Jahrhunderts[403]. Wie bei den zuvor erwähnten Kontextvariablen bedient sich die Vergewaltigungsmythenforschung auch hier eines von Burt entwickelten Messinstruments. Die neun Aussagen, beispielsweise „A women should be a virgin when she marries“ oder „It looks worse for a woman to be drunk than for a man to be drunk“[404], wurden ebenso anhand einer 7-Punkte-Skala beantwortet[405]. Die Untersuchungen zeigen: Je ausgeprägter die stereotypischen Geschlechtsrollenbilder akzeptiert wurden, desto ausgeprägter war auch die Vergewaltigungsmythenakzeptanz.

Tabelle 5: Sex role stereotyping

Kontextvariablen: sex role stereotyping (SRS)				
Autor(en)	**Jahr**	**Stichprobe**	**Instrument Messung VMA**	**Ergebnis**
Payne/ Lonsway/ Fitzgerald[406]	1999	N=176 Studierende	RMAS	Positiver Zusammenhang zwischen SRS und VMA (r= 0,55)

401 A.a.O., S. 222.

402 Vgl. *Brownmiller*, 1975; sowie unter C.I. in dieser Arbeit.

403 Vgl. *Burt*, 1980, S. 222.

404 A.a.O., S. 222.

405 Vgl. a.a.O., S. 222.

406 Vgl. *Payne/Lonsway/Fitzgerald*, 1999, S. 54 f.

Kontextvariablen: sex role stereotyping (SRS)				
Autor(en)	**Jahr**	**Stichprobe**	**Instrument Messung VMA**	**Ergebnis**
Lonsway/ Cortina/ Magley[407]	2008	Studierende, N= 337, unterteilt in drei Stichproben	IRMA und IRMA-SF	SRS hatte einen signifikanten Einfluss auf die VMA
Gerger/Kley/ Bohner/ Siebler[408]	2007	Studie 2: N=40 männliche Studierende	AMMSA	Positiver Zusammenhang zwischen SRS und der VMA (r= 0,75)

SRS=Sex role stereotyping; VMA=Vergewaltigungsmythenakzeptanz; RMAS=Rape Myth Acceptance Scale (Burt 1980); IRMA=Illinois Rape Myth Acceptance Scale (Payne/Lonsway/Fitzgerald 1999); IRMA-SF= Illinois Rape Myth Acceptance Scale-short form (Payne/Lonsway/Fitzgerald 1999); AMMSA= Acceptance of Modern Myth about Sexual Aggression Scale (Gerger/Kley/Bohner/Siebler 2007)

d) Attitudes toward women – Die persönliche Haltung gegenüber Frauen

Die persönliche Haltung gegenüber Frauen wird seit 1978 mithilfe der „Attitudes toward women“ (ATW)-Skala von Spence/Helmreich erfasst[409]. Auch die Vergewaltigungsmythenforschung greift auf diese Skala zurück. Die insgesamt 15 Items der ATW-Skala beziehen sich auf die persönliche Grundhaltung gegenüber allgemein anerkannten Rechten der Frau sowie der gesellschaftlichen Rolle der Frau. Sie umfassen Aussagen wie „Women should worry less about their rights and more about becoming good wives and mothers“ oder „It is ridiculous for a women to run a locomotive and for a man to darn socks“[410]. Die ATW-Skala erhebt ihre Aussagen mithilfe einer 4-Punkte-Antwortskala. Hohe Werte sind Ausdruck einer negativen, sehr traditionellen und konservativen persönlichen Haltung gegenüber Frauen. Der persönlichen Haltung gegenüber Frauen konnte regelmäßig ein positiver Zusammenhang mit der Vergewaltigungsmythenakzeptanz nachgewiesen werden (siehe Tabelle 6). Um die persönliche Haltung gegenüber Frauen auch in Verbindung mit gesellschaftlichen Normen und Werten setzen zu können, beziehen sich einzelne Forschungsergebnisse auf traditionsspezifische kulturelle Räume[411].

---

407 Vgl. *Lonsway/Cortina/Magley*, 2008, S. 605, 606, 609.

408 Vgl. *Gerger/Kley/Bohner/Siebler*, 2007.

409 Vgl. *Spence/Helmreich*, 1978.

410 A.a.O., Anhang (Appendix).

411 Vgl. *Lee/Kim/Lim*, 2010, S. 1200.

Tabelle 6: Attitudes toward women

Kontextvariablen: Attitudes toward women (ATW)				
Autor(en)	**Jahr**	**Stichprobe**	**Instrument Messung VMA**	**Ergebnis**
Feild[412]	1978	n=1.056 aus der allgemeinen Bevölkerung	Attitudes toward rape questionnaire[413]	Die ATW zeigte bei 6 von 8 Faktoren des Fragebogens zur Messung der VMA signifikante Korrelationen. Bei der Stichprobe der allgemeinen Bevölkerung hatte die ATW einen signifikanten Einfluss auf die VMA.
Lee/Kim/Lim[414]	2010	N=327 koreanische Studierende	KRMAS-R (koreanische Version der RMAS)	ATW hatte einen positiven Zusammenhang mit der VMA. Die ATW hatte zudem einen höheren Einfluss auf die VMA als die anderen überprüften Variablen.

ATW=Attitudes toward women; VMA=Vergewaltigungsmythenakzeptanz; RMAS=Rape Myth Acceptance Scale (Burt 1980)

3. Ideologien

Die dritte Kategorie der Vergewaltigungsmythenforschung lässt sich unter dem Ausdruck Ideologien zusammenfassen. Unter diese Kategorie fallen solche Variablen, die die persönlichen Einstellungen und Wertvorstellungen von Individuen erfassen.

a) Social dominance orientation – vorherrschende politische Orientierung

Um die vorherrschende politische Orientierung vergleichend erfassen zu können, verwendet die Vergewaltigungsmythenforschung die „social dominance orientation“ (SDO)-Skala von Pratto/Sidanius/Stallworth/Malle[415]. Die vorherrschende

412 Vgl. *Feild*, 1978, S. 158 159, 165, 166.

413 Vgl. a.a.O.: Bereits im Jahr 1978 entwickelte Feild ein Messinstrument zur Erfassung der „Attitudes towards Rape“. Obwohl zu dieser Zeit der Terminus Vergewaltigungsmythen noch nicht existierte, beziehen sich noch heute viele der gebräuchlichen Messinstrumente auf Feilds erste Überlegungen.

414 Vgl. *Lee/Kim/Lim*, 2010, S. 1206, 1207, 1208, 1211, 1217.

415 Vgl. *Pratto/Sidanius/Stallworth/Malle*, 1994, S. 741 ff.

politische Orientierung ist eine „general attitudinal orientation toward intergroup relations (..)“[416]. Demnach sind soziale Beziehungen entweder gleichberechtigt oder hierarchisch organisiert[417]. Bei einer stark ausgeprägten politischen Orientierung werde ein hierarchisch strukturiertes politisches System befürwortet.

Tabelle 7: Social dominance orientation

Ideologien: Social dominance orientation (SDO)				
Autor(en)	**Jahr**	**Stichprobe**	**Instrument Messung VMA**	**Ergebnis**
Gerger/Kley/ Bohner/ Siebler[418]	2007	Studie 3: N=190, n=87 Männer, n=101 Frauen, allgemeine Bevölkerung	AMMSA	SDO hatte einen positiven Einfluss auf die VMA
Hockett/Saucier/ Hoffman/Smith/ Craig[419]	2009	N=161 Studierende, n=52 männlich, n=108 weiblich	RMAS	Signifikante, positive Korrelation zwischen der SDO und VMA (r= 0,39); des Weiteren erwies sich diese Variable im Regressionsmodell als eindeutig signifikant.

SDO=Social dominance orientation; VMA=Vergewaltigungsmythenakzeptanz; RMAS=Rape Myth Acceptance Scale (Burt 1980); AMMSA= Acceptance of Modern Myth about Sexual Aggression Scale (Gerger/Kley/Bohner/Siebler 2007)

Die Skala enthält insgesamt 14 Aussagen[420], wie „Some groups of people are simply not the equals of others“[421], die mithilfe einer 7-Punkte-Skala beantwortet werden. Ein hoher Wert steht für eine hohe Akzeptanz hierarchischer Gesellschaftsstrukturen. Der vorherrschenden politischen Orientierung konnte vielfach ein positiver Zusammenhang mit der Vergewaltigungsmythenakzeptanz nachgewiesen werden (siehe Tabelle 7). Befürworten Testpersonen also eine hierarchische Gesellschaftsstruktur, haben sie auch eine stark ausgeprägte

416 A.a.O., S. 742.

417 Vgl. a.a.O., S. 742.

418 Vgl. *Gerger/Kley/Bohner/Siebler*, 2007, S. 427, 434.

419 Vgl. *Hockett/Saucier/Hoffman/Smith/Craig*, 2009, S. 881, 882, 886, 887.

420 Vgl. a.a.O., S. 745: Von den insgesamt 14 Items befürworten sieben Items deutlich eine hierarchische Gesellschaftsstruktur, die anderen sieben hingegen eine gleichberechtigte Gesellschaft.

421 A.a.O., S. 760 (Appendix A).

Vergewaltigungsmythenakzeptanz. Letztendlich scheinen sich die idealistischen Vorstellungen eines Individuums über die Organisation der Gesellschaft auch auf abweichende Verhaltensweisen zu übertragen.

b) Right-Wing Authoritarianism – rechtsextremistischer Autoritarismus

Den rechtsextremistischen Autoritarismus erfasst die Vergewaltigungsmythenforschung unter Anwendung der „Right-Wing Authoritarianism" (RWA)-Skala, die 1981 von Altemeyer entwickelt wurde[422]. Die RWA-Skala umfasst 30 Aussagen, die mithilfe einer 9-Punkte-Skala beantwortet werden[423]. Hohe Werte bedeuten einen ausgeprägten rechtsextremistischen Autoritarismus[424].

Nach Altemeyer neigt ein Individuum zu einem rechtsextremistischen Autoritarismus, wenn folgende drei Persönlichkeitseigenschaften zusammentreffen[425]: Erstens, eine autoritäre Unterwerfung und damit die Neigung, sich einer Autorität zu unterwerfen, die als gesellschaftlich etabliert und legitimiert angesehen wird, zweitens, eine autoritäre Aggression gegenüber solchen Menschen, die sich gegen die akzeptierte Autorität richten, und schließlich drittens, ein Konventionalismus, aus dem ein hoher Grad an Anpassung an die Regeln und Konventionen entsteht, die von der Autorität befürwortet werden[426].

---

422 Vgl. *Altemeyer*, 1981.

423 Vgl. a.a.O., S. 220: Der Zahlenwert 1 steht dabei für „disagree very strongly" und 9 für „agree very strongly".

424 Vgl. a.a.O., S. 219 f.: Die Items des RWA-Skala sind sowohl negativ als auch positiv gepolt. Die positiv gepolten Items sprechen für eine sexuelle Selbstbestimmung (Bsp.: „There is nothing wrong with premarital sexual intercourse.") oder für ein tolerantes Strafrechtssystem (Bsp.: „The courts are right in being easy on drug offenders. Punishment would *not* do any good in case like these" – Hervorhebung im Original). Die negativ gepolten Items beinhalten deutliche sozialistische und konservative Inhalte wie bspw.: „Some of the worst people in our country nowadays are those who do not respect our flag, our leaders, and the normal way things are supposed to be done " oder „The facts on crime, sexual immorality, and the recent public disorders all show we have to crack down harder on deviant groups and troublemakers if we are going to save our moral standards and perverse law and order".

425 Vgl. a.a.O., S. 148.

426 Vgl. a.a.O., S. 148: Im englischen Original sind es die „authoritarian submission"", die „authoritarian aggression" sowie der „conventionalism".

Tabelle 8: Right-Wing authoritarianism

Ideologien: Right-Wing authoritarianism				
Autor(en)	**Jahr**	**Stichprobe**	**Instrument Messung VMA**	**Ergebnis**
Walker/ Rowe/ Quinsey[427]	1993	Studie 1: N=198 Männer, Mittelwert=24.2 Jahre; SD=7,9 Jahre. Aus der allgemeinen Bevölkerung.	RMAS	RWA hatte einen positiven, signifikanten Einfluss auf die VMA (r= 0,54).
Gerger/Kley/ Bohner/ Siebler[428]	2007	Studie 3: N=190, n=87 Männer, n=101 Frauen, allgemeine Bevölkerung	AMMSA	Der RWA hatte einen positiven Zusammenhang mit der VMA
Kahlor/ Morrison[429]	2007	N=96 Studentinnen	Eine Kombination der RMA und dem „Attitudes toward rape questionnaire" von Feild	Es existierte ein negativer Zusammenhang zwischen der politischen Ideologie und der VMA (r= -0,20).
Hockett/ Saucier/ Hoffman/ Smith/ Craig[430]	2009	N=161 Studierende, n=52 männlich, n=108 weiblich	RMAS	RWA konnte eine positive, signifikante Korrelation mit der VMA nachgewiesen werden (r= 0,31), war bei der Regressionsanalyse aber kein eindeutiger, signifikanter Faktor.

RWA= Right-Wing authoritarianism; VMA=Vergewaltigungsmythenakzeptanz; RMAS=Rape Myth Acceptance Scale (Burt 1980); AMMSA= Acceptance of Modern Myth about Sexual Aggression Scale (Gerger/Kley/Bohner/Siebler 2007)

---

427 Vgl. *Walker/Rowe/Quinsey*, 1993, S. 1037, 1038.

428 Vgl. *Gerger/Kley/Bohner/Siebler*, 2007, S. 427, 434: Diese Autoren benutzen nur 13 von insgesamt 30 Items des ursprünglichen Fragebogens zur Erfassung der right-wing-authoritarianism, siehe S. 429.

429 Vgl. *Kahlor/Morrison*, S. 733, 734, 735: Politische Ideologie wurde anhand von zwei Items erfragt, dabei konnten die Testpersonen zwischen den Antwortmöglichkeiten „konservativ" und „liberal" wählen.

430 Vgl. *Hockett/Saucier/Hoffman/Smith/Craig*, 2009, S. 881ff. 886ff.

Des Weiteren werde der rechtsextremistische Autoritarismus und seine Auffassung über das Sexualverhalten stark von religiösen Leitsätzen – wie den Denkmustern, keinen Sex vor der Ehe zu haben oder Homosexualität für eine Sünde zu halten – geprägt[431]. Folglich verknüpften sich die religiösen Leitsätze mit den Überzeugungen über geschlechtsspezifische traditionelle Rollenbilder[432], weswegen letztendlich auch die Vergewaltigungsmythenforschung diese Variable in ihren Untersuchungen berücksichtigt (siehe Tabelle 8). Dabei konnte der RWA-Skala und der Vergewaltigungsmythenakzeptanz regelmäßig ein positiver Zusammenhang nachgewiesen werden.

Allerdings greift die Vergewaltigungsmythenforschung zur Erfassung der politischen Einstellung nicht nur auf die RWA-Skala zurück, in einigen Untersuchungen werden die Testpersonen direkt nach ihrer Religionszugehörigkeit gefragt (siehe Tabelle 8). Tatsächlich sind bei dieser Art der Erfassung aber keine multivariaten, statistischen Verfahren wie beispielsweise Regressionanalysen möglich, was die Opportunitäten der Datenauswertung einschränkt.

4. Wertesysteme

Die Variablen, die hier unter „Wertesysteme“ zusammengefasst sind, erheben zwar ebenfalls persönliche Einstellungen, diese sind aber in ein System eingebettet, entstehen also innerhalb einer Gesellschaft oder einer Subkultur.

a) Homophobie

Im Jahr 2004 entwickelte Davies die „Attitudes toward Gay Men Scale“[433]. Die insgesamt 13 Items dieser Skala gliedern sich in drei Kategorien: die persönlichen Einstellungen gegen homosexuelle Personen im Allgemeinen, die Einstellung gegenüber homosexuellen Verhaltensweisen und schließlich die Einstellung gegenüber den Bürgerrechten von Homosexuellen[434]. Diese drei Kategorien erlauben eine mehrdimensionale Erfassung der Homophobie, anstatt lediglich negative Einstellungen zu erfragen. Die Items, wie z. B. „Gay men are disgusting“ oder „Sexual behaviour between men should be illegal“ werden anhand einer 7-Punkte-Skala beantwortet[435]. Hohe Werte bedeuten starke Tendenzen zu einer Homophobie. Auch die Vergewaltigungsmythenforschung bedient sich zur

431 Vgl. a.a.O., S. 154.

432 Vgl. a.a.O., S. 154.

433 Vgl. *Davies*, 2004, S. 261; diese wird teilweise auch als „Affective Reactions Toward gay men scale“ bezeichnet.

434 Vgl. a.a.O., S. 261.

435 Vgl. a.a.O., S. 262.

Messung der Homophobie der „Attitudes toward Gay Men Sclae" von Davies und dokumentiert einen positiven Zusammenhang zwischen der Vergewaltigungsmythenakzeptanz und der Homophobie (siehe Tabelle 9).

Tabelle 9: Homophobie

Wertesystem: Homophobie				
Autor(en)	**Jahr**	**Stichprobe**	**Instrument Messung VMA**	**Ergebnis**
Davies/Gilston/ Rogers[436]	2012	N=323 Studierende	IRMA- SF, Affective Reactions toward gay men scale (ARGMS)	Negative Einstellung gegenüber schwulen Männern korreliert positiv mit der VMA (r=0.86).

VMA=Vergewaltigungsmythenakzeptanz; IRMA-SF= Illinois Rape Myth Acceptance Scale-short form (Payne/Lonsway/Fitzgerald 1999)

b) Sexismus

Die Autoren Glick/Fiske formulierten 1996 die „theory of sexism"[437]. Zum Sexismus gehörten grundsätzlich nicht nur feindselige Einstellungen gegenüber Frauen, sondern auch subjektiv positive Empfindungen für Frauen. Diese positiven Empfindungen haben beispielsweise eine protektive Bevormundung, das Bewusstsein über sich ergänzende Geschlechtsunterschiede oder auch Meinungen über die heterosexuelle Intimität zum Gegenstand und erfassen damit zwar keine diskriminierenden Äußerungen, gelten dennoch als sexistisch, da sie sich gegen die Gleichstellung der Frau richten[438]. Um die positiven Empfindungen und damit den sogenannten wohlwollenden Sexismus[439] einerseits und die sexistische Antipathie, also den sogenannten ablehnenden Sexismus[440], andererseits, erfassen zu können, entwickelten die Autoren den „Ambivalent Sexism Inventory"[441] (ASI). Der ASI besteht aus 22 Items, wovon 11 Items den wohlwollenden und 11 Items den ablehnenden Sexismus erfassen. Der wohlwollende Sexismus wird beispielsweise mithilfe der Items „Women have a more refined sense of cultural taste" oder „A good women should be cherished by men" und

436 Vgl. *Davies/Gilston/Rogers*, 2012, S. 2811, 2812, 2813, 2816.

437 Vgl. *Glick/Fiske*, 1996, S. 491.

438 Vgl. a.a.O., S. 491, 500.

439 Vgl. a.a.O., S. 492: Die Autoren sprechen von einem „benevolent sexism".

440 Vgl. a.a.O., S. 492: Die Autoren sprechen von einem „hostile sexism".

441 Vgl. a.a.O., S. 491.

der ablehnende Sexismus mit den Items „Women exaggerate problems at work" oder „Few women tease men sexually" festgehalten[442].

Tabelle 10: Sexismus

Wertesystem: Sexismus				
Autor(en)	**Jahr**	**Stichprobe**	**Instrument Messung VMA**	**Ergebnis**
Sakalli-Ugurlu/ Yalcin/Glick[443]	2007	N=425 türkische Studierende, n=227 Männer, n=198 Frauen	ARVS	ablehnender (r=56) und wohlwollender (r=0,36) Sexismus positive Korrelation in weibl. Stichprobe mit der ATRVS. In den männlichen Stichproben hatten ebenfalls beide Formen des Sexismus positiv signifikante Korrelationen mit der ARVS, die Korrelationen waren aber kleiner (r=0,48 und r=0,19).
Hockett/ Saucier/ Hoffman/ Smith/ Craig[444]	2009	N=161 Studierende, n=52 männlich, n=108 weiblich	RMAS	Ablehnender Sexismus: sowohl ein positiver, signifikanter Zusammenhang mit VMA (r= 0,36) als auch ein eindeutiger Einflussfaktor in der Regressionsanalyse. Wohlwollender Sexismus: signifikanter Einfluss auf VMA (r= 0,19 bei p<0,5) aber kein einflussreicher Faktor in der Regressionsanalyse.
Davies/Gilston/ Rogers[445]	2012	N=323 Studierende	IRMA- SF, Male Rape Myth Scale (MRMS)	Ablehnender Sexismus korreliert positiv mit der VMA (r= 0,43), wohlwollender Sexismus kein signifikanter Zusammenhang.

VMA=Vergewaltigungsmythenakzeptanz; ARVS= Attitudes toward Rape Victims Scale (Ward 1988); RMAS=Rape Myth Acceptance Scale (Burt 1980); IRMA-SF= Illinois Rape Myth Acceptance Scale-short form (Payne/Lonsway/Fitzgerald 1999)

442 Vgl. a.a.O., S. 500 (alle Items).

443 Vgl. *Sakalli-Ugurlu/Yalcin/Glick*, 2007, S. 891.

444 Vgl. *Hockett/Saucier/Hoffman/Smith/Craig*, 2009, S. 881, 882, 883, 886, 887.

445 Vgl. *Davies/Gilston/Rogers*, 2012, S. 2811, 2812, 2813, 2816.

Die Vergewaltigungsmythenforschung erhebt mitunter beide Formen des Sexismus getrennt voneinander. Hohe Werte bedeuten aber für beide Skalen eine ausgeprägte Akzeptanz der jeweiligen Erscheinung des Sexismus. Während dem ablehnenden Sexismus regelmäßig ein positiver Zusammenhang mit der Vergewaltigungsmythenakzeptanz nachgewiesen werden konnte, zeigen sich bei dem wohlwollenden Sexismus hingegen nicht so deutliche Effekte (siehe Tabelle 10).

5. Persönliche Erfahrung

In der letzten Kategorie werden Variablen erfasst, die sich nicht direkt auf persönliche Haltungen der Testpersonen beziehen, sondern aus bestimmten äußeren Umständen heraus entstanden sind und so die Einstellung der Testpersonen beeinflusst haben. Dazu gehören z. B. die eigene sexuelle Viktimisierung, der Beruf und die spezifischen beruflichen Erfahrungen sowie ein möglicher bisheriger Kontakt mit Vergewaltigungsopfern oder gar Tätern.

a) Eigene sexuelle Viktimisierungserfahrung

Mit dem „Sexual Experiences Survey“ (SES) aus dem Jahr 1982 von Koss/Oros wird die sexuelle Viktimisierungserfahrung erhoben. Da sich die bisherige Forschung zur Aufhellung des Dunkelfelds bislang auf leicht zugängliche Stichproben konzentrierte, fand der durchschnittliche Bürger und seine Viktimisierung keine Berücksichtigung. Dem wirkten die Autoren mit der Entwicklung des SES entgegen[446]. Der SES aus dem Jahr 1982 umfasst 12 bzw. 13 Items, die von den Testpersonen entweder mit ja oder mit nein beantwortet werden. Des Weiteren existiert sowohl eine Version für männliche als auch eine für weibliche Testpersonen. In den jeweiligen Versionen wird entweder einfach die geschlechtliche Bezeichnung gewechselt, wie „Had sexuel intercourse with a man (women) when you both wanted to?“[447], oder die Formulierung der Items wechselt von der passiven Rolle der Frau – „(…) when you didn’t want to because *he* used some degree of physical force (…)“ – zur aktiven, aggressiven Rolle des Mannes: „(…) when *she* didn’t want to because *you* used some degree of physical force (…)“[448]. Der SES erhebt damit einerseits die weibliche Erfahrung mit sexueller Gewalt, andererseits das männliche sexualisierte Aggressionspotenzial.

446 Vgl. *Koss/Oros*, 1982, S. 455 ff.

447 A.a.O., S. 456.

448 A.a.O., S. 456 (Hervorhebung im Original).

Tabelle 11: Eigene sexuelle Viktimisierungserfahrung

Persönliche Erfahrung: Eigene sexuelle Viktimisierungserfahrung				
Autor(en)	**Jahr**	**Stichprobe**	**Instrument Messung VMA**	**Ergebnis**
Jenkins/ Dambrot[449]	1987	Studierende, N=655, n=323 Frauen, n=332 Männer	RMAS	Weibliche Testpersonen: sexuelle Viktimisierung kein Einfluss auf VMA. Männliche Testpersonen: sexuelle Viktimisierung Einfluss auf VMA
Walker/ Rowe/ Quinsey[450]	1993	Studie 1: N=198 Männer (allgemeine Bevölkerung)	RMAS	Den Werten des SES konnte ein positiver Zusammenhang mit der VMA nachgewiesen werden, wenn auch gering, r= 0,29, dennoch signifikant (p<0.001).
Yeater/ Treat/Viken/ McFall[451]	2010	N=194 Studentinnen	RMAS	Frauen mit schweren Viktimisierungserfahrungen schätzen die Vergewaltigungsszenarien weniger risikoreich ein und stützen sich in ihrer Einschätzung weniger auf solche Informationen, die das Vergewaltigungsszenario als hoch risikoreich charakterisieren. Frauen mit einer hohen VMA stützen sich in ihrer Einschätzung eines Vergewaltigungsszenarios weniger auf die Informationen, die die Situation als risikoreich charakterisieren. Die Daten lassen einen positiven Zusammenhang zwischen der VMA und der Schwere der Viktimisierungserfahrung vermuten.

VMA=Vergewaltigungsmythenakzeptanz; RMAS=Rape Myth Acceptance Scale (Burt 1980)

---

449 Vgl. *Jenkins/Dambrot*, 1987, S. 880, 890, 891.

450 Vgl. *Walker/Rowe/Quinsey*, 1993, S. 1037f.

451 Vgl. *Yeater/Treat/Viken/McFall*, 2010, S. 376ff.

Im Jahr 1985 überprüften Koss/Gidycz die statistische Güte des SES[452] und stellten dabei eine stabile Anwendung fest. Zwei Jahre später, im Jahr 1987, überarbeiteten Koss/Gidycz/Wisniewski den SES[453]. In dieser Version umfasste der SES nicht 13, sondern lediglich 10 Items[454]. Um Intervallberechnungen durchführen zu können, wurden die Testpersonen, abhängig von der Anzahl der Ja-Angaben im SES, in Untergruppen unterteilt: von keiner sexuellen Viktimisierungserfahrung über den sexuellen Kontakt bis hin zur sexuellen Nötigung und zur versuchten und vollzogenen Vergewaltigung[455]. Der SES aus dem Jahr 1982 nahm hingegen keine Klassifizierung vor. Und während der SES aus dem Jahr 1987 die Schwere der Viktimisierung mithilfe der Items fortlaufend steigerte, folgten die Items des SES aus dem Jahr 1982 einer beliebigen Reihenfolge.

Die Vergewaltigungsmythenforschung berücksichtigt sowohl den SES aus dem Jahr 1982 als auch den SES aus dem Jahr 1987[456]. Im Vordergrund der empirischen Untersuchungen stehen für gewöhnlich Faktoren- und Pfandanalysen (siehe Tabelle 11). Allerdings kann der eigenen sexuellen Viktimisierungserfahrung kein eindeutiger Einfluss auf die Ausprägung der Vergewaltigungsmythenakzeptanz nachgewiesen werden.

b) Beruf

Bei der Ermittlung des Zusammenhangs zwischen der Vergewaltigungsmythenakzeptanz und dem Beruf der Testpersonen steht nicht der Bildungshintergrund im Vordergrund. Vielmehr ist die berufliche Erfahrung mit Vergewaltigungen, Vergewaltigungsopfern und Vergewaltigungstätern und deren Auswirkung auf die Einstellung über die Vergewaltigung von Interesse.

Aufmerksamkeit erlangten Polizeikräfte, da diese die erste Kontaktperson für das Vergewaltigungsopfer sind und teilweise einschlägige Erfahrungen mit der Einschätzung unterschiedlichster Tatumstände haben. Jedoch ergibt sich aus der Vergewaltigungsmythenforschung nicht eindeutig, ob ein Zusammenhang zwischen dem Polizeiberuf und der Vergewaltigungsmythenakzeptanz besteht (siehe Tabelle 12).

---

452 Vgl. *Koss/Gidycz*, 1985, S. 422 ff.

453 Vgl. *Koss/Gidycz/Wisniewski*, 1987, S. 162 ff.

454 Vgl. a.a.O., S. 167.

455 Vgl. a.a.O., S. 165.

456 Vgl. *Testa/Van Zile-Tamsen/Livingston*, 2004, S. 256 ff.; als Beispiel für eine Verwendung des SES auch noch in jüngster Zeit.

Tabelle 12: Beruf

Persönliche Erfahrung: Beruf				
Autor(en)	**Jahr**	**Stichprobe**	**Instrument Messung VMA**	**Ergebnis**
Feild[457]	1978	N=1.448 Personen; n=1.056 aus der allgemeinen Bevölkerung; n=254 Polizeikräfte; n=20 verurteilte Vergewaltiger, n=118 „female counselors"	„Attitudes toward rape questionnaire"	Die Polizeikräfte waren den verurteilten Vergewaltigern ähnlicher in der Einstellung zur Vergewaltigung als den „counselors". Die allgemeine Bevölkerung glich in ihren Bewertungen eher den Vergewaltigern als den counselors". Die „counselors" hatten eine weniger stark ausgeprägte negative Einstellung gegenüber der Vergewaltigung als die Vergewaltiger.
Brown/ King[458]	1998	N=100, n=50 Polizeibeamtinnen- und beamte n=50 Studierende	„General attitude toward rape scale"[459]	Es gab keinen Gruppenunterschied.
Page[460]	2008	N=891 Polizeikräfte	RMAS (eine sogenannte revised form, 10 Items, 5-Punkte-Antwortskala)	In dieser Untersuchung wurden nur Polizeikräfte befragt, also keine Vergleichsgruppe.
Rich/ Seffrin[461]	2012	N=429 Polizeikräfte	Eine von den Autoren adaptierte Skala mit 21 Items, die die bisherigen Skalen berücksichtigte	Auch hier keine Vergleichsgruppe, aber weibliche Polizeikräfte hatten niedrigere Vergewaltigungsmythenakzeptanz.

VMA=Vergewaltigungsmythenakzeptanz; RMAS=Rape Myth Acceptance Scale (Burt 1980)

457 Vgl. *Feild*, 1978, S. 158, 169, 170.

458 Vgl. *Brown/King*, 1998, S. 271, 272, 273.

459 Vgl. *Larsen/Long*, 1988, S. 299 ff.: Die Autoren wollten mit der Entwicklung ihrer Skala die Inhalte der Skala von Burt (RMA-Skala) überarbeiten und die Vergewaltigung „allgemeiner" erfassen: „Thus, I felt it might be use-ful to develop a more general scale of attitudes toward rape" (S. 300). Diese Skala etablierte sich nicht in der Forschung zur Vergewaltigungsmythenakzeptanz.

460 Vgl. *Page*, 2008, S. 398, 399, 401, 402.

461 Vgl. *Rich/Seffrin*, S. 267, 268, 274.

In einigen Untersuchungen unterscheiden sich die Polizeikräfte in ihrer Ausprägung der Vergewaltigungsmythenakzeptanz nicht von der Versuchsgruppe, in anderen Untersuchungen sind hingegen Unterschiede erkennbar. Ähnliche Ergebnisse liegen für andere Berufsgruppen vor, beispielsweise für englische pädagogische Fachkräfte. Der Zusammenhang zwischen Beruf und Vergewaltigungsmythenakzeptanz wird in der Vergewaltigungsmythenforschung mithilfe von Gruppenvergleichen ermittelt. Dadurch wird festgestellt, ob die ausgewählte Berufsgruppe eine signifikant höhere Vergewaltigungsmythenakzeptanz aufweist als eine Vergleichsgruppe. Wenn eine Berufsgruppe zu ihrer Vergewaltigungsmythenakzeptanz befragt wird, findet sich der Proband in der Rolle eines Arbeitnehmers wieder, was die Bereitschaft, ehrlich zu antworten, aufgrund des abhängigen Arbeitsverhältnisses einschränken kann.

c) Kontakt mit einem Vergewaltigungsopfer

Diese Variable steht in einem engen Zusammenhang mit der Variablen Beruf. Sie unterscheidet sich aber dahingehend, dass hier Testpersonen aus der allgemeinen Bevölkerung befragt werden. Die Vergewaltigungsmythenforschung geht hypothetisch davon aus, dass das weibliche Geschlecht sich dahingehend von einem persönlichen Aufeinandertreffen mit einem Vergewaltigungsopfer beeindrucken lässt, dass die Sympathie für das Opfer steigt und die Vergewaltigungsmythen weniger ausgeprägt akzeptiert werden. Für die Untersuchungen werden Schauspielerinnen engagiert, die ein Vergewaltigungsopfer mimen. Nach dem initiierten, zufälligen Aufeinandertreffen von Testperson und Schauspielerin wird die Vergewaltigungsmythenakzeptanz der Testpersonen ermittelt. Ebenso von einer Kontrollgruppe, die nicht mit der Schauspielerin zusammengetroffen ist. Die Alternative ist, der Testpersonen direkt die Frage nach Vergewaltigungsopfern im Freundes- und Bekanntenkreis zu stellen.

Auch wenn der persönliche Kontakt mit einem Vergewaltigungsopfer bisher nur sehr wenig Beachtung in der Vergewaltigungsmythenforschung gefunden hat, zeigt sich ein signifikanter Zusammenhang zwischen dem persönlichem Kontakt und der Vergewaltigungsmythenakzeptanz (siehe Tabelle 13). Frauen, die eine ausgeprägte Vergewaltigungsmythenakzeptanz vorweisen, lassen sich weniger stark von den Leiden eines Vergewaltigungsopfers beeindrucken als Frauen, die eine weniger ausgeprägte Vergewaltigungsmythenakzeptanz vorweisen. Die Vergewaltigungsmythenakzeptanz hat somit eine stärkere Haltbarkeit als die Sympathie für das Vergewaltigungsopfer.

Tabelle 13: Kontakt mit einem Vergewaltigungsopfer

Persönliche Erfahrung: Kontakt mit einem Vergewaltigungsopfer				
Autor(en)	**Jahr**	**Stichprobe**	**Instrument Messung VMA**	**Ergebnis**
Bohner/ Lampridis[462]	2004	N=84 griechische Studentinnen	IRMA	Es besteht eine Abhängigkeit zwischen der VMA und dem Kontakt mit einem Vergewaltigungsopfer. Die Präsenz einer Vergewaltigung scheint für Frauen, die eine weniger ausgeprägte VMA haben, negativere Folgen zu haben.

VMA=Vergewaltigungsmythenakzeptanz; IRMA= Illinois Rape Myth Acceptance Scale (Payne/ Lonsway/Fitzgerald 1999)

6. Zusammenfassende Betrachtung

Die Vergewaltigungsmythenforschung etablierte sich in den frühen 80er Jahren und entwickelte sich stetig weiter. Die hier dargelegten Untersuchungen und ihre Ergebnisse – wobei auch hier nur ein geringer Teil Berücksichtigung fand – belegen, wie umfangreich die Forschungen zu den Vergewaltigungsmythen bisher betrieben wurden.

Die Ergebnisse der Untersuchungen zeigen, dass besonders den hier als Kontextvariablen bezeichneten Variablen, also den Einstellungen der Testpersonen gegenüber Sexualität und Vergewaltigung im Allgemeinen, regelmäßig ein signifikanter Einfluss auf die Ausprägung der Vergewaltigungsmythenakzeptanz nachgewiesen werden konnte. Sofern also die persönlichen Vorstellungen über Sexualität stark konservativ bzw. frauenfeindlich geprägt sind, werden auch die Vergewaltigungsmythen stärker akzeptiert. Ähnlich verhält es sich mit den persönlichen ideologischen Wertauffassungen: Im Falle des Befürwortens hierarchisch organisierter politischer Systeme oder eines autoritätstreuen Verhaltens, ist es wahrscheinlich, dass auch die Vergewaltigungsmythenakzeptanz ausgeprägter ist. Und auch wenn die Wertvorstellungen eines Individuums in ein Wertesystem, das feindliche Einstellungen gegenüber einer Subkultur zum Gegenstand hat, eingebettet sind, steigt die Ausprägung der Vergewaltigungsmythenakzeptanz. Des Weiteren offenbart die Vergewaltigungsmythenforschung keine Hinweise

462 Vgl. *Bohner/Lampridis*, 2004, S. 80, 84.

auf einen eindeutigen Zusammenhang zwischen der Ausprägung der Vergewaltigungsmythenakzeptanz und den Beruf des Polizisten. Da sowohl den biologischen Determinanten als auch der persönlichen Erfahrung kein regelmäßiger Einfluss auf die Vergewaltigungsmythenakzeptanz nachgewiesen werden konnte, konkretisiert sich das Bild, das teilweise nicht sichtbare und schwer zu erfassende, komplexe Persönlichkeitsstrukturen Indikatoren für stereotypische Vorstellungen über Vergewaltigungen sind. Das bedeutet, dass nicht nur stereotypische, internalisierte, auf Erfahrung beruhende Vorstellungen über Vergewaltigungen Fachkräfte in ihrer Beurteilung eines Vergewaltigungsvorwurfs beeinflussen könnten, sondern auch persönliche Einstellungen und Attitüde.

VII. Fazit Vergewaltigungsmythen

Auch wenn ihre Herkunft auf einer vom Feminismus geprägten Annahme beruht, sind die Vergewaltigungsmythen unlängst nicht nur Teil des feministisch-wissenschaftlichen Diskurses. Alleine die Erkenntnis, dass stereotypische Vorstellungen über Vergewaltigungen in der Gesellschaft existieren und ihre Gegenwärtigkeit einen Nutzen für das Individuum haben kann, rechtfertigt nicht nur die umfangreichen Bemühungen der Vergewaltigungsmythenforschung, sondern fördert außerdem das Bewusstsein der breiten Bevölkerung für Hintergründe und Ursachen von Vergewaltigungen.

Nichtsdestotrotz kann die zukünftige Vergewaltigungsmythenforschung ihre Präsenz und Aktualität erhöhen, wenn sie folgende vier Punkte einbezieht. So kann sie letztendlich auch für weitere interdisziplinäre Forschungsfelder von Nutzen sein.

1. Inhaltliche Überarbeitung der Vergewaltigungsmythen

Burt etablierte durch die Formulierung der vier opferbezogenen und der zwei täterbezogenen Mythen im Jahr 1980 die Vergewaltigungsmythen in der wissenschaftlichen Literatur[463]. Bis dato berücksichtigt die Vergewaltigungsmythenforschung Burts Definition der Vergewaltigungsmythen[464]. Und auch die entwickelten Skalen zur Messung der Vergewaltigungsmythenakzeptanz berücksichtigen die Aussagen Burts. Damit wird sich auch noch im 21. Jahrhundert auf

463 Vgl. *Burt*, 1980, S. S. 217 ff.; zwar erwähnte Brownmiller erstmalig die „rape myth“, brachte diese aber in keinen wissenschaftlichen Zusammenhang, sodass einzig und allein Burts Inhalte Aufmerksamkeit bekamen; vgl. *Bohner*, 1998.

464 *Brosi*, 2004, S. 11 ff.

die Vergewaltigungsmythen aus den 80er Jahren bezogen. Es fand lediglich eine Überarbeitung der Items der Messinstrumente statt[465]. Dabei führen zum einen die gesellschaftliche Enttabuisierung und zum anderen die wissenschaftliche Aufklärung zu neuen Ansichten über Sexualität und Geschlechtlichkeit.

Infolgedessen ist es fraglich, ob beispielsweise der Vergewaltigungsmythos „When women go around wearing low-cut tops or short skirts, they're just asking for trouble"[466] auch im 21. Jahrhundert noch Gültigkeit besitzt. Denn diese Aussage bringt das als freizügig erachtete Kleiden der Frau in Verbindung mit einer Provokation der Vergewaltigung. Der Kleidungsstil einer Frau im 21. Jahrhundert entscheidet jedoch nicht mehr in gleicher Weise über ihre gesellschaftliche Stellung wie noch in den 80er Jahren. Denn der Kleidungsstil einer Frau ist nunmehr Ausdruck ihrer Persönlichkeit und unterstreicht ihre Individualität. Der unmittelbare Zusammenhang zwischen freizügiger Kleidung und der Provokation einer Straftat ist damit nicht (mehr) pauschal gegeben und wirkt sich daher auf die Ausprägung der Vergewaltigungsmythenakzeptanz aus.

Inhaltlich sollten demnach zum einen die Mythen geschickter neu formuliert werden, sodass die stereotypischen Vorstellungen über Vergewaltigungen weniger offensichtlich und nur indirekt abgefragt werden. Zum anderen sollten die Mythen aus den 80er Jahren mit aktuellen, modernen, neu aufgetretenen Vorstellungen über Vergewaltigungen angereichert werden, beispielsweise, eine Anzeige führe nur selten zu einer Vergewaltigung oder die Opfer würden vor Gericht nicht gut geschützt.

2. Ausweitung der quantitativen Datenanalysen

Aufbauend auf dem Gedanken, die Vergewaltigungsmythen inhaltlich zu überarbeiten, sollte die Vergewaltigungsmythenforschung ebenfalls eine Ausweitung ihrer stark ausgeprägten quantitativen Datenanalysen anstreben.

Die Vergewaltigungsmythenforschung bedient sich zur Erfassung der Ausprägung sowie deren Abhängigkeiten einer Vielzahl von Messinstrumenten[467], die mitunter komplexe Persönlichkeitsstrukturen erfassen. Mit Hilfe großer Datenmengen, die durch die quantitative Datenanalysen erreicht werden, werden Zusammenhänge, Abhängigkeiten und das Auftreten von Vergewaltigungsmythen statistisch überprüft. Die Analyse von großen Datenmengen erlaubt zum einen die Anwendung auch komplexer statistischer Verfahren und lässt

465 Siehe C.IV.4. in dieser Arbeit.

466 *Payne/Lonsway/Fitzgerald*, 1999, S. 49; diese Aussage ist ein Item der IRMA-Skala.

467 Siehe C.V. in dieser Arbeit.

allgemeingültige Aussagen sowie Längsschnittvergleiche zu. Zum anderen schränkt die Erfassung großer Datenmengen die Registrierung subjektiver Einstellungen, individueller Meinungen und Emotionen ein, beispielsweise, welche geschlechtsspezifischen Rollenbilder die Probanden unvoreingenommen von der messbaren Persönlichkeitsstruktur verfolgen. Negative wie auch positive Einstellungen werden pauschalisiert unter einem Zahlenwert ausgedrückt. Persönliche, anonymisierte Interviews oder Gruppendiskussionen bieten beispielsweise einen geeigneten Raum, um persönliche Vorstellungen über Vergewaltigungen zu erfassen. Die Erkenntnisse wären dann auch auf die inhaltliche Überarbeitung übertragbar und zeichneten ein individuelles Bild über die Vergewaltigungsmythen, ihre Zusammenhänge mit persönlichen Erfahrungen, ihre Abhängigkeiten mit anderen individuellen Merkmalen sowie ihr Auftreten in der allgemeinen Bevölkerung.

3. Einheitliche Konstruktion der Forschungsdesigns

Auch wenn sich eine Vielzahl von Messinstrumenten in der Vergewaltigungsmythenforschung etabliert hat, werden diese je nach Bedürfnis der einzelnen Untersuchung stark abgeändert, indem die Anzahl der Items des jeweiligen Messinstruments reduziert oder die Antwortskala verändert wird. Eine Reduzierung der Anzahl der Items beruht in den meisten Fällen auf dem Schwerpunkt der Arbeit, wie beispielsweise ein spezifischer kultureller Kontext. Eine Veränderung der Antwortskala beinhaltet in den meisten Fällen eine Verkürzung von einer 7-Punkte-Antwortskala auf eine 5-, oder 4-Punkte-Skala und schränkt damit die Vergleichbarkeit der Ergebnisse ein: Eine weniger breit angelegte Antwortskala verschafft den Probanden weniger Möglichkeiten, eine eindeutige Stellungnahme zu umgehen. Zudem weichen die statistischen Werte, wie der Mittelwert und die Standardabweichung, stark voneinander ab.

4. Ausweitung der Repräsentativität

Die Vergewaltigungsmythenforschung befragt in den meisten ihrer Untersuchungen Studierende zu ihrer Akzeptanz der Mythen, weil diese ohne großen Aufwand befragt werden können und zudem leicht zugänglich sind. Jedoch ist die Studentenschaft eine relativ homogene Gruppe, was die Repräsentativität der Ergebnisse erheblich einschränkt. Studierende entstammen mit einer hohen Wahrscheinlichkeit den höheren Bildungs- und Gesellschaftsschichten, besitzen den höchsten schulischen Abschluss und sind selten älter als 30 Jahre. Wegen dieser spezifischen Gruppenmerkmale lassen sich die gewonnen Erkenntnisse nur mit großer Vorsicht auf die allgemeine Bevölkerung übertragen. Weder werden die Ansichten älterer, lebenserfahrener Menschen einbezogen noch diejenigen bildungsferner Schichten. Um die Repräsentativität der Vergewaltigungsmythenforschung auszuweiten, sollte stark darauf geachtet werden, dass die zukünftige Forschung bei der Wahl ihrer Stichprobe einen Bundesdurchschnitt erreicht.

D. Theorie und Praxis polizeilichen Handelns

Die Polizei hat aufgrund ihrer Ermittlungstätigkeit einen hohen Stellenwert bei der Bearbeitung von Strafverfahren. Die Ermittlungstätigkeit ist maßgeblich für den Verlauf des Verfahrens. Auch bei Vergewaltigungsvorwürfen kommt der Ermittlung eine besondere Bedeutung zu[468] – sie wird durch eine oft schwierige Beweissituation bestimmt. In den seltensten Fällen gibt es Zeugen, oft ist keine Gewaltanwendung erkennbar und häufig steht Aussage gegen Aussage. Doch auch bei einer schwierigen Beweislage muss die Polizeikraft jedem an ihr herangetragenen Vergewaltigungsvorwurf nachgehen. Letztendlich bleibt es aber bis heute fraglich, was die Polizeikraft bei ihrer Ermittlungstätigkeit leitet. Was beeinflusst sie, wenn es nicht Beweise sind? Dies sind wichtige Fragen, da empirische Untersuchungen belegen, dass eine Vielzahl der ermittelnden Polizeikräfte bei Vergewaltigungsvorwürfen ein hohes Misstrauen gegenüber den Opfern an den Tag legen sowie von Falschanschuldigungen ausgehen[469]. Warum wird den einen Opfern misstraut und den anderen nicht?

Im Folgenden werden Gegebenheiten dargestellt, die einen Einfluss auf die Ermittlungstätigkeit von Polizeikräften haben können. Dazu zählt neben der Ausbildung und der Wissenschaft auch der Einfluss der organisationsinternen Kultur der Polizei. Schließlich wird die Vergewaltigung im polizeilichen Kontext betrachtet, um aktuelle Problemfelder aufzudecken.

I. Theorie polizeilichen Handelns – Ausbildung

Polizeikräfte werden in ihrem jeweiligen Aufgabengebiet professionell aus- und fortgebildet. Die Polizei legt in ihrer Ausbildung vermehrten Wert auf eine angemessene Belehrung im Bereich der Ethik, der sozialen Kompetenz sowie der angewandten Psychologie. Diese Ausbildungsinhalte sollen Vorverurteilungen entgegenwirken und moralisches Handeln stärken. Wie Polizeikräfte in Deutschland ausgebildet werden, welche Anforderungen an sie gestellt werden und welche Inhalte die Ausbildung umfasst, wird im Folgenden dargestellt.

---

468 Vgl. *Warnke*, 1986, S. 46.; Vgl. *Dölling*, 1987, S. 220.

469 Vgl. *Kroll*, 1992, S. 2 ff, 16ff; *Frederking*, 1993, S. 53 ff.; *Schliermann*, 1993; *Steffen*, 1987, S. 8 f. sowie detaillierter S. 75 ff.; *Schlötterer*, 1982.

1. Organisation und Zuständigkeiten

Die deutsche Polizei ist eine hoheitliche Einrichtung der Bundesrepublik Deutschland, sie beschäftigt fast ausschließlich Beamtinnen und Beamte. Die für das Beamtentum allgemeingültige Laufbahngliederung teilt sich in den einfachen, mittleren, gehobenen und höheren Dienst. Die Ausbildung der Polizeikräfte ist in Deutschland Ländersache. Daher bildet jedes Bundesland seine Polizeikräfte eigenständig aus, sodass auch die Ausbildungsinhalte oder Einstellungsvoraussetzungen von Bundesland zu Bundesland variieren können. Einige Bundesländer bilden beispielsweise keinen mittleren Polizeivollzugsdienst mehr aus. Lediglich die Ausbildung des höheren Dienstes erfolgt, hervorgerufen durch ein Bund-Länder-Abkommen, einheitlich an der Deutschen Hochschule der Polizei in Münster.

Der einfache Polizeidienst wird schon seit langer Zeit nicht mehr neu besetzt. Durch die Privatisierung ehemals staatlich organisierter Einrichtungen sind Stellen im einfachen Dienst nur noch sehr selten vorzufinden. Bis Mitte der 90er war der mittlere Dienst der Regeldienst von Polizeikräften[470]. Beamtinnen und Beamte des mittleren Dienstes üben ausführende Tätigkeiten aus, wie z. B. die Tätigkeit des klassischen Sachbearbeiters. Um in die Laufbahngruppe des gehobenen Dienstes eingestuft zu werden, muss eine Person mit Abschluss ein Studium absolvieren. Aus diesem Grund verfügen die Polizeikräfte dieser Laufbahngruppe entweder über die allgemeine Hochschulreife (Abitur) oder über die Fachhochschulreife. Die Polizeikräfte des gehobenen Dienstes werden an Fachhochschulen der öffentlichen Verwaltung des jeweiligen Bundeslandes zu Verwaltungsfachangestellten ausgebildet. Später bekleiden die Polizeikräfte des gehobenen Dienstes entweder Sachbearbeiterstellen oder auch Leitungspositionen von Sachgebieten oder Referatsstellen. Der höhere Dienst ist schließlich die höchste Laufbahn innerhalb des Beamtentums. Anders als im mittleren und gehobenen Dienst werden die Polizeikräfte des höheren Polizeidienstes nicht dezentral auf Länderebene ausgebildet, sondern zentral an der Deutschen Hochschule der Polizei. Im Rahmen eines 2-jährigen Masterstudiums „Öffentliche Verwaltung – Polizeimanagement“[471], wobei das erste Jahr im jeweiligen Bundesland und das zweite Jahr an der Deutschen Hochschule absolviert wird, erlangen die Polizeikräfte einen Masterabschluss.

---

470 Vgl. *Groß/Frevel/Dams*, 2008, S. 24.

471 Vgl. http://www.dhpol.de/de/studium/studium.php (letzter Aufruf 17.09.14).

Anfang der 90er Jahre empfahl eine Unternehmensberatung aufgrund der gestiegenen Ansprüche an die Polizeiarbeit zukünftig lediglich Polizeikräfte im gehobenen Dienst auszubilden. In der Folge schafften insgesamt sechs Bundesländer den mittleren Dienst für Polizeikräfte ab[472], die übrigen behielten ihn bei[473]. Nachteile der sogenannten eingliedrigen Ausbildung, also der Abschaffung des mittleren Dienstes, seien die dadurch verzerrten Karrierewege sowie das geänderte Polizeigefüge. Zudem könne es Rekrutierungsprobleme geben und es stelle sich die Frage nach der Finanzierbarkeit[474]. Vorteil des mittleren Dienstes sei hingegen seine geringere Besoldung, um die Grundzüge der polizeilichen Arbeit zu gewährleisten, wie die Arbeit der Hundertschaften oder den Objektschutz[475].

Ein/e Polizeianwärter/in muss bestimmte Bedingungen erfüllen, um in den Vorbereitungsdienst der jeweiligen Laufbahngruppe zugelassen zu werden. Der/die Polizeianwärter/in muss Deutscher im Sinne des Art. 166 GG sein oder eine Staatsangehörigkeit eines anderen Mitgliedsstaates der Europäischen Gemeinschaft besitzen[476]. Des Weiteren muss er/sie grundsätzlich dafür Gewähr stehen, jederzeit für die freiheitlich demokratische Grundordnung im Sinne des Grundgesetzes einzutreten. Im Durchschnitt darf der/die Polizeianwärter/in nicht jünger als 16 Jahre und nicht älter als 31 Jahre[477] sein und muss mindestens

472 Zu den sechs Bundesländern gehören: Bremen, Hessen, Niedersachsen, Nordrhein-Westfalen, Rheinland-Pfalz sowie das Saarland.

473 Die Bundesländer Schleswig-Holstein, Hamburg, Mecklenburg-Vorpommern, Brandenburg, Berlin, Sachsen, Thüringen, Bayern, Baden-Württemberg sowie die Bundespolizei bilden den mittleren Dienst aus.

474 Vgl. *Groß/Frevel/Dams*, 2008, S. 25.

475 Vgl. a.a.O., S. 26 f.

476 Die Einstellungsvoraussetzungen sind auf der Internetseite des jeweiligen Bundeslandes nachzulesen.

477 Vgl. die Internetseiten des jeweiligen Bundeslandes.
In Brandenburg darf ein/e Polizeianwärter/in des mittleren Polizeidienstes nicht älter als 26 Jahre sein. Im Saarland wiederum nicht älter als 35 Jahre. Für den gehobenen Dienst sollten der/die Anwärter/in das 34igste Lebensjahr noch nicht vollendet haben, so in Mecklenburg-Vorpommern. In Sachsen-Anhalt dürfen der/die Anwärter/in des mittleren Dienstes nicht älter als 25 Jahre und Anwärter/innen des gehobenen Dienstes nicht älter als 28 Jahre sein. Das Bundesland Sachsen hat aufgrund der Sächsischen Laufbahnverordnung zum Einstellungstermin 2015 das Mindestalter der Anwärter/innen von 17 auf 16 Jahre herabgesetzt und auch das maximale Alter von 25 Jahren auf 35 Jahre heraufgesetzt (http://www.polizei.sachsen.de/de/3593.htm, letzter Aufruf 23.10.14). Damit erweitert sich der Kreis der Anwärter/innen enorm.

160 cm groß sein[478], in geregelten wirtschaftlichen Verhältnissen leben, in persönlicher, fachlicher und gesundheitlicher Hinsicht geeignet sowie nach polizeiärztlicher Ansicht polizeidiensttauglich sein und das Einstellungsverfahren bestehen. Zu den grundlegenden Voraussetzungen zählt weiterhin der entsprechende Schulabschluss für die jeweilige Laufbahngruppe. Für den mittleren Dienst, dessen Bezeichnung innerhalb der Länder variiert, ist die mittlere Reife (Realschulabschluss) oder eine „für die Laufbahn förderliche abgeschlossene Berufsausbildung"[479] vonnöten. Einige Bundesländer verlangen zudem einen bestimmten Notendurchschnitt[480].

Das Einstellungsverfahren beinhaltet mehrere Auswahlprüfungen und erstreckt sich in der Regel über bis zu drei Tage. Mithilfe eines psychologischen Tests wird verbales, numerisches und figurales Denken sowie die Merkfähigkeit überprüft, um intellektuelle Fähigkeiten nachzuweisen. Besonders umfangreich ist der Sportleistungstest. Anhand von Konditionsläufen und Klimmzügen werden die Anwärter/innen auf ihre Sportlichkeit überprüft. Schließlich müssen sich die Polizeianwärter/innen in einem persönlichen Gespräch mit der Auswahlkommission behaupten[481]. Abschließend findet eine personalärztliche

478 Vgl. die Internetseiten des jeweiligen Bundeslandes.
Mitunter weisen die Internetseiten der Bundesländer allerdings darauf hin, dass – etwa bei der Größe – Ausnahmen möglich sind. Das Bundesland Thüringen veranschlagt des Weiteren eine Maximalgröße der Bewerber. Die Anwärter/innen dürfen demnach nicht größer als 1,98 m sein.

479 http://www.polizei.mvnet.de/cms2/Polizei_prod/Polizei/de/bi/Einstellungsvoraus setzungen/index.jsp, (letzter Aufruf 15.10.14).

480 Vgl. die Internetseiten des jeweiligen Bundeslandes.
Thüringen: Notendurchschnitt von 3,2, die Anwärter/innen müssen mindestens die Note 3 im Fach Deutsch vorweisen; Baden-Württemberg: verlangt eine Durchschnittsnote von 3,2 für den mittleren Dienst. Für die Laufbahngruppe des gehobenen Dienstes wird das Abitur, eine zu einem Hochschulstudium berechtigte Schulbildung, verlangt;
Schleswig-Holstein: verlangt einen Abiturdurchschnitt von 2,8; Niedersachsen und Nordrhein-Westfalen bieten nur eine Ausbildung im gehobenen Dienst an und Sachsen-Anhalt, das beide Laufbahnen anbietet, verlangt neben dem entsprechenden Schulabschluss einen mindestens 6-jährigen schulischen Englischunterricht. Nordrhein-Westfalen setzt außerdem voraus, dass die Bewerber/innen mindestens das bronzene Deutsche Sportabzeichen und das Deutsche Rettungsschwimmabzeichen besitzen. Außerdem weist Nordrhein-Westfalen auf den Body-Maß-Index hin, der nicht niedriger als 18 und nicht höher als 27,5 sein darf.

481 Bei dem persönlichen Gespräch, so heißt es in Mecklenburg-Vorpommern, müssen die Polizeianwärter/innen des mittleren Dienstes ihr Sprachvermögen, ihre allgemeinen

Untersuchung statt, in der die polizeiliche Diensttauglichkeit überprüft wird. Sowohl die Anwärter/innen für den mittleren Polizeidienst als auch die Anwärter/innen für den gehobenen Dienst durchlaufen in der Regel zunächst das gleiche Auswahlverfahren. Mitunter müssen die Anwärter/innen des gehobenen Polizeidienstes jedoch weitere, intensivere Testverfahren absolvieren[482].

Während einige Bundesländer schon während der Ausbildung der Anwärter/innen zwischen Kriminal- und Schutzpolizei differenzieren, nehmen andere diese Differenzierung erst in der polizeilichen Praxis vor[483]. Die Aufgaben der Schutzpolizei umfassen in der Regel den uniformierten Streifendienst, also den ersten Eingriff sowie die Verfolgung von Ordnungswidrigkeiten. In Bundesländern mit Küstenanschluss gehört zur Schutzpolizei noch die Wasserschutzpolizei. Je nach Behördenstruktur kommen noch einzelne Fachdezernate, wie

---

Kenntnisse sowie ihre soziale Kompetenz unter Beweis stellen. Die Anwärter/innen des gehobenen Dienstes müssen hingegen ihre analytischen und kommunikativen Fähigkeiten darlegen sowie mithilfe einer Gruppendiskussion ihre Kooperationsfähigkeit unter Beweis stellen. In Hamburg müssen die Anwärter/innen des gehobenen Dienstes nach dem persönlichen Gespräch noch ein Rollenspiel absolvieren.

482 In Hamburg werden die Polizeianwärter/innen des gehobenen Dienstes noch bezüglich ihres interkulturellen Wissens, ihrer Merkfähigkeit sowie ihrem politisch-gesellschaftlichen Wissen geprüft.

483 Vgl. Internetseiten des jeweiligen Bundeslandes. Beispielsweise Hessen (http://www.polizei.hessen.de/icc/internetzentral/nav/664/66470527-bab6-4021-3104-182109241c24.htm, letzter Aufruf 23.09.14), das keinen mittleren Dienst für Polizeianwärter/innen ausbildet, aber dennoch innerhalb der Ausbildung zwischen Schutz- und Kriminalpolizei differenziert.
Bundesländer mit einer eingliedrigen Ausbildungsstruktur, d. h. ohne mittleren Polizeidienst, unterscheiden unterdessen nicht zwischen Kriminal- und Schutzpolizei, etwa Bremen, Niedersachsen, Nordrhein-Westfalen, Rheinland-Pfalz und das Saarland.
In Hamburg (http://www.hamburg.de/polizei/ausbildung-und-studium/, letzter Aufruf 22.09.14) werden die Polizeianwärter/innen des mittleren Dienstes für die Schutzpolizei ausgebildet, während die Anwärter/innen des gehobenen Dienstes zwischen einer Ausbildung als Schutz- oder Kriminalpolizist wählen können;
Schleswig-Holstein (https://www.polizei.schleswig-holstein.de/cae/servlet/contentblob/900296/publicationFile/Broschur_Polizeiberuf.pdf, letzter Aufruf 22.09.14), Baden-Württemberg (http://www.polizei-der-beruf.de/wp-content/uploads/2013/06/Broschuere.pdf, letzter Aufruf 22.09.14) sowie Berlin (http://www.berlin.de/polizei/beruf/polizist-polizistin-werden/bewerbung-einstellung/, letzter Aufruf 22.09.14) differenzieren in ihrer Ausbildung nach Kriminal- und Schutzpolizei.

Hundestaffel oder Verkehrspolizei, hinzu. Die Kriminalpolizei verrichtet ihre Aufgaben tendenziell in Zivilkleidung und selten im Streifendienst sowie größtenteils in den Landeskriminalämtern oder den einzelnen Polizeirevieren. In erster Linie leisten Kriminalbeamtinnen- und beamte Ermittlungsarbeit und eignen sich im Laufe ihrer beruflichen Karriere besondere Kenntnisse, Methoden und Mittel zur Aufklärung von Verbrechen an. Der Ausbildungsgrad der Polizeianwärter/innen steht in einem engen Zusammenhang mit den Anforderungen an die Beamtinnen- und beamten. Aufgabe der Kriminalpolizei ist es, schwere Verbrechen durch gezielte Ermittlungen aufzuklären und weitere Straftaten zu verhindern. Der technische Fortschritt der Ermittlungsmethoden hat dazu beigetragen, dass nur besonders geschultes Personal diese zur Verbrechenbekämpfung anwenden kann.

2. Ausbildungsinhalte

Die Ausbildung des mittleren Dienstes erfolgt in der Regel über 2,5 Jahre an den Landespolizeischulen und beinhaltet fachtheoretische sowie fachpraktische Grundlagen des Polizeiberufes. Die Polizeianwärter/innen werden in praktischen, persönlichen und rechtlichen Fächergruppen ausgebildet, die beispielsweise Inhalte der Allgemeinbildung, Grundlagen in Politik, Deutsch und Englisch, Grundlagen in der Rechtsbildung, Straf- und Strafprozessrecht, Polizei- und Verwaltungsrecht sowie auch Grundlagen zum Datenschutz umfassen. Die Dauer der sogenannten Berufspraktika variiert zwischen sechs Monaten und einem Jahr. Ein großer Wert wird auch auf die Ausbildung der sozialen Kompetenz, auf Ethik und angewandte Psychologie sowie den Umgang mit sozialen Minderheiten gelegt. Zudem werden die Polizeianwärter/innen in Selbstverteidigung geschult und trainieren für eine gute Kondition[484].

Die Ausbildung für den gehobenen Dienst findet über ein dreijähriges Studium an der jeweiligen Polizeifachhochschule des Landes statt. Das Studium enthält in der Regel vier fachtheoretische und zwei fachpraktische Semester. Sofern die Bundesländer zwischen der Ausbildung der Kriminal- und der Schutzpolizei, in einigen Fällen auch der Wasserschutzpolizei, unterscheiden, variieren auch die Ausbildungsinhalte. Bei der Akademie der Polizei in Hamburg absolvieren die Polizeianwärter/innen des gehobenen Dienstes beispielsweise im Studiengang Schutzpolizei und Kriminalpolizei im ersten Studienjahr acht allgemeine Module. Im zweiten Studienjahr folgen dann schließlich fünf spezifische Module. Während sich die Ausbildung der Schutzpolizeibeamtinnen- und

484 Vgl. die Internetseiten des jeweiligen Bundelandes.

beamte besonders auf das Verkehrsrecht und besondere Einsatzlagen konzentriert, werden die Kriminalpolizeibeamtinnen- und beamte in besonderen Kriminalitätsfeldern ausgebildet. Diese Spezialisierung vertieft sich dann während des Berufspraktikums und des dritten Semesters. Des Weiteren erhalten die Polizeianwärter/innen des gehobenen Dienstes eine Ausbildung in Betriebswirtschaft der öffentlichen Verwaltung. Damit werden diese auch auf etwaige Führungspositionen vorbereitet[485].

Die Laufbahngliederung des öffentlichen Dienstes ist und soll durchlässig sein. Theoretisch soll durch entsprechende Weiterbildung ein Aufstieg in die nächst höhere Laufbahngruppe möglich sein. Auch bei der Polizei ist diese Möglichkeit vorgesehen. Mit einem Studium an der Polizeifachhochschule ist es jeder Polizeikraft möglich, in den gehobenen Dienst zu wechseln.

Gesellschaftliche, aber auch politische Veränderungen zwingen die Polizei seit den 90er Jahren, ihre (akademischen) Ausbildungsinhalte zu überarbeiten[486].

Aufgrund der Globalisierung erweitern sich die Zuständigkeiten der Polizei zunehmend auf die internationale Ebene. Polizeiliche Tätigkeiten werden über die nationalen Grenzen hinaus ausgedehnt[487] bis hin zu einer „Europäisierung der Inneren Sicherheit“[488]. Durch einen erleichterten Grenzübertritt erstrecken sich frühere nationale Kriminalitätsphänomene, wie die Drogenkriminalität, über mehrere Staaten. Die Einrichtung verschiedener Institutionen auf europäischer Ebene determiniert die Bekämpfung dieser Phänomene neu[489]. Neben den strafprozessualen Zuständigkeiten ändert sich somit auch der Export polizeilicher Tätigkeiten[490]. In Zukunft müssen sich Polizeianwärter/innen nicht nur den neuen intellektuellen Anforderungen, sondern auch den komplexen Instrumenten der internationalen Behörden stellen. Zudem muss die deutsche Polizei

485 Siehe beispielsweise Polizei Mecklenburg-Vorpommern, http://www.polizei.mvnet.de/cms2/Polizei_prod/Polizei/de/bi/Ausbildungsstufen/Laufbahngruppe_2%2c_1._Einstiegsamt__(ehemals_gehobener_Dienst)/index.jsp, letzter Aufruf 01.11.2014.

486 Vgl. *Kirchhof*, 2012, S. 53 ff.

487 Vgl. *Behr*, 2003, S. 229 f.

488 *Ahlf*, 2001, S. 620.

489 Vgl. *Ahlf*, 2001, S. 620; *Feltes/Punch*, 2005, S. 37.

490 Vgl. *Behr*, 2003, S. 232: Behr spricht von einer Veränderung des Verständnisses der polizeilichen Handlungsbedingungen im Kontext von „Krieg“ und „Militär“. Deutsche Polizeikräfte finden sich jüngst in ehemaligen Kriegsgebieten wieder, um „in einer Kriegsregion wieder das Rechtsstaatsprinzip einzuführen.“. Polizeiliches Verständnis wird „exportiert“. Weiterführend *Obergfell-Fuchs*, 2000.

den europäischen Reformen mit Qualität und Souveränität begegnen, um im internationalen Vergleich konkurrenzfähig zu bleiben.

Seit jeher stehen die Polizeihochschulen in der öffentlichen Kritik[491]. In jüngster Zeit stellten sie sich allerdings der großen Herausforderung des Bologna-Prozesses und überarbeiteten im Zuge dessen ihre Studiengänge[492]. Während die Bachelorstudiengänge an den jeweiligen Polizeifachhochschulen der Länder angesiedelt sind[493], wird der Masterstudiengang „Public Administration – Police Management", der für zukünftige Führungskräfte entworfen wurde[494], an der Deutschen Hochschule der Polizei in Münster durchgeführt[495].

II. Polizei und Wissenschaft

An Hochschulen und Ausbildungszentren werden deutsche Polizeikräfte zu professionellen Ermittler/innen ausgebildet. Die dort gelehrte Theorie über das polizeiliche Handeln stellt einen idealtypischen Umgang mit den täglichen Anforderungen an die Polizeikräfte dar[496]. Seit den 90er Jahren unterzieht sich

---

491 Vgl. *Schöneberger*, 1990, S. 5 ff.

492 Vgl. *Nisse*, 2005, S. 689 ff.
Der Begriff Bologna-Prozess bezieht sich auf eine europaweite Hochschulreform, die von 29 Ländern im Jahr 1999 durch eine unterschriebene Erklärung der jeweiligen Bildungsminister eingeführt wurde. Ziel der Reform war es, die Studiengänge und -abschlüsse europaweit zu harmonisieren und den Studierenden somit ein europaweites Studium zu ermöglichen. Zu den grundlegenden Änderungen für die Hochschulen zählten die Anpassungen des Curriculums der einzelnen Studiengänge. Fortan wurden die Leistungen der Studierenden mithilfe eines Leistungspunktesystem beurteilt. Um einen Bachelorgrad zu erreichen, sind demnach 180 bis 240 Leistungspunkte erforderlich, im aufbauenden Master-Studiengang bis zu 120 Leistungspunkte. Die Leistungspunkte drücken den Arbeitsaufwand in Stunden aus, die benötigt werden, um eine bestimmte Leistung zu erfüllen. Ein Leistungspunkt entspricht dabei ungefähr zwischen 25 und 30 Arbeitsstunden.
Vgl. *Barthel*, Fallbearbeitung. Schlüsselmethode für eine polizeiliche Handlungslehre, in: Enke/Kirchhof (Hrsg.), Theorie und Praxis polizeilichen Handelns, wie viel Wissenschaft braucht die Polizei? 2012, S. 113–140, S. 117.

493 Vgl. *Behr*, 2006, S. 103 f.: Junge Polizeikräfte seien zu Beginn ihrer Ausbildung in ihrem Lebensstil noch bunt und vielfältig. Dies ändere sich stark im Laufe ihrer Ausbildung. Am Anfang seien sich die Jugendlichen untereinander ähnlicher, am Ende passten sie sich eher ihren älteren Kollegium an.

494 Vgl. *Berthel*, 2006, S. 609 ff.

495 Weiterführend vgl. *Neidhardt/Birkenstock/Hauff*, 2007, S. 42 ff.

496 Vgl. *Groß/Frevel/Dams*, 2008, S. 11 ff.

die Polizei einer Professionalisierung, indem sie sich der Wissenschaft nähert: Zum einen treibt sie ihre Akademisierung weiter voran[497], zum anderen setzt sie sich mit der (externen) empirischen Polizeiforschung auseinander[498].

Zur intensiven Auseinandersetzung mit der Polizeiforschung gehört, sich externen Forschungseinrichtungen zu öffnen sowie unabhängige Forschung zuzulassen. Diese wissenschaftliche Forschung ermöglicht die systematische Suche nach neuen Erkenntnissen innerhalb der Polizei. Ohne die Bereitschaft, wissenschaftliche Forschung zuzulassen, können keine neuen Erkenntnisse gewonnen werden. Analysen beruhen dann auf Vermutungen und haben keinen Bezug zum Problemfeld.

Auch die Akademisierung der Polizei ist für die wissenschaftliche Forschung von Bedeutung. Sie schafft Rahmenbedingungen, die es nicht nur ermöglichen, den Blick auch kritisch auf die eigenen Reihen zu richten, sondern auch externe Forschungsergebnisse zu interpretieren und daraus einen Nutzen zu ziehen.

Die Annäherung der Polizei an die Wissenschaft ist somit von grundlegender Bedeutung für die weitere (empirische) Forschung zur Ermittlungstätigkeit bei Vergewaltigungsvorwürfen.

1. Polizei und Polizeiforschung

Wie wichtig die Polizeiforschung für die Polizeiwissenschaft ist, verdeutlichen Feltes/Punch: Letztendlich könne die Polizeiwissenschaft von der Polizeiforschung profitieren, da sie die Anerkennung der polizeilichen Beschäftigten nach außen steigere. Zudem verbürge sich in ihr auch ein Nutzen für die Institution Polizei, sie führe zu einer „Profilierung des eignen Berufsstandes“[499].

Die Polizeiforschung ist eine junge Wissenschaft. Erst in den späten 60er Jahren sorgte ein kritischer Blick auf die Herrschaftsstrukturen dafür, die Arbeit der Polizei genauer zu betrachten[500]. Die endlose „Labeling“-Debatte an den deutschen Universitäten hatte ihren Ursprung in den USA der 50er Jahre und verbreitete sich, nachdem der Soziologe und Kriminologe Howard S. Becker sein Buch „Outsider“ publizierte, in dem er festhielt, dass „abweichendes Verhalten durch die Reaktion von Menschen auf einzelne Verhaltensweisen geschaffen

497 Vgl. *Nisse*, 2005, S. 689 ff.

498 Vgl. *Ohlemacher*, 1999, S. 14.

499 *Feltes/Punch*, 2005, S. 30.

500 Vgl. *Ohlemacher*, 1999, S. 5.
Vgl. *Behr*, 2003, S. 246; *Boldt*, 1996, S. 6: Eine Polizeiwissenschaft habe es schon im 16. Jahrhundert gegeben, im Jahr 1530 seien von Johannes Oldendorp „Ratschläge“ publiziert worden, „wie man gute Polizei und Ordnung in Städten und Landen erhalten möge“.

wird, nämlich durch die Kennzeichnung dieses Verhaltens als abweichend“[501]. Sie beeinflusste schließlich auch die sozialwissenschaftliche Polizeiforschung. In den 70er Jahren publizierten Feest/Blankeburg ihren Beitrag zur Polizeiforschung, der ein Klassiker wurde[502].

Feest/Blankeburg überprüften im Jahr 1972 die Geltung des Legalitätsprinzips und damit die Definitionsmacht der Polizei[503]. Sie stellten damit nicht mehr nur den Täter oder die Kriminalität in den Vordergrund ihrer Betrachtung, sondern konzentrierten sich zunehmend auf die staatlichen Instanzen: „Ihr Blick wandte sich nun vom *Täter* ab und den *Instanzen* zu, er ging von der *Tat* zur *Reaktion auf die Tat*, von der *Kriminalität* zur *Kriminalisierung*“[504]. Diese Neuausrichtung der Polizeiforschung wurde besonders aus den Reihen der Polizei oft als einseitig und wenig reflektiert kritisiert: „In der typischen Arroganz von Wahrheitsmonopolisten denunzieren *Feest* u.a. die deutschen Kriminalisten als bloße Herrschaftstechniker‘“[505]. Schließlich verursachten jene Forschungen eine Legitimitätskrise polizeilicher Aufgabenerfüllung und schädigten die Beziehung zwischen den Polizeisoziologen und der Polizei im tieferen Sinne[506]. Die Polizeisoziologie erhoffte sich in den 70er Jahren noch eine Etablierung der Forschung durch selbstständige Forschungseinrichtungen, dieser Wunsch erfüllte sich jedoch nicht[507]. Zwar entstanden in den 80er Jahren mehrere polizeiinterne Forschungseinrichtungen[508], die in den kommenden Jahren einen Großteil zu den Ergebnissen der empirischen Polizeiforschung beitrugen[509], die Forschung hatte dennoch Defizite, weil diese sich besonders auf das Aufgabengebiet der „Kriminalitätsbekämpfung“[510] konzentrierte und nur wenige

501 *Becker*, 1973, S. 16 (deutsche Übersetzung); vgl. *Ahlf*, 2001, S. 618 ff.

502 Vgl. *Ohlemacher*, 1999, S. 5 f.

503 Vgl. *Feest/Blankenburg*, 1972, S. 11.

504 *Behr*, 2003, S. 246 (Hervorhebung im Original).

505 *Pick*, 1995, S. 698 (Hervorhebung im Original).

506 Vgl. a.a.O., S. 699.

507 Vgl. *Ohlemacher*, 1999, S. 8.

508 Zu den entscheidenden Einrichtungen zählte dabei beispielsweise das „Kriminaltechnische Institut“ des BKA (http://www.bka.de/nn_206000/DE/DasBKA/Organisation/KT/organisationKT__node.html?__nnn=true (letzter Aufruf 21.07.14)) sowie kleinere Forschungseinrichtungen an der Führungsakademie der Polizei in Münster Hiltrup (http://www.dhpol.de/de/forschung/forschung.php (letzter Aufruf 21.07.2014).

509 Vgl. *Behr*, 2003, S. 248.

510 *Ohlemacher*, 1999, S. 9.

externe Forschungseinrichtungen die Forschungsschwerpunkte bereicherten[511]. Ab den 90er Jahren wurde neben der Einrichtung externer Forschungseinrichtungen und der Etablierung einer empirischen Polizeiforschung[512] auch eine Neu-Orientierung der polizeiinternen Forschung sichtbar[513]. Die polizeiinterne Forschung richtete ihren Blick fortan kritisch auf die eigenen Reihen[514]. Im Zuge dieser Entwicklungen wird auch immer wieder von der neuen Polizeiforschung gesprochen[515]. Die neue Polizeiforschung kooperiert mit Wissenschaft und Polizei, d. h. auch mit externen Organisationseinheiten[516], wodurch der Weg für neue Herangehensweisen geebnet wird[517]. Hiervon profitiert in erster Linie auch das öffentlichkeitswirksame Gebiet der Aufklärung von Sexualstraftaten. Sofern die Polizei neuen Herangehensweisen positiv gegenüber steht und bereit ist, externen Organisationseinheiten die Tür zu öffnen, tun sich für die empirische Sozialforschung neue Forschungsfelder auf, die weniger als bisher auf Ferndiagnosen beruhen, sondern vom „Forschen am Objekt" profitieren.

Schließlich gründete sich in den 90er Jahren eine Vielzahl von Arbeitskreisen, die die Polizeiforschung weiter ausbauen wollten. So absolvierte der „Arbeitskreis Empirische Polizeiforschung" seine erste Tagung im Jahr 1999[518]: Ziel des Arbeitskreises war es, eine empirische Polizeiforschung in Kooperation mit der Wissenschaft durchzuführen, die Öffentlichkeit durch diese Bemühungen zu erreichen, die Polizei in die Forschungsprozesse einzubinden sowie die Ergebnisse öffentlich und interdisziplinär zu diskutieren. Daneben etablierte sich der „Interdisziplinäre Arbeitskreis Innere Sicherheit (AKIS)"[519]. Der AKIS entstand 1995 aus einem von der DFG geförderten Projekt und repräsentiert rund 240 interdisziplinäre Wissenschaftler. In Workshops werden Forschungsergebnisse präsentiert und diskutiert. Während sich der Arbeitskreis empirische Polizeiforschung hauptsächlich im

---

511 Vgl. a.a.O., S. 10: Resultat war eine Polizeiforschung „für" die Polizei und weniger „über" die Polizei.

512 Vgl. *Donk/Reichertz/Schröer*, 1996, S. 265; *Behr*, 2003, S. 249: „Unter dem Label *verstehende Polizeiforschung* hat sich Anfang der 90er Jahre ein Genre der Polizeiforschung etabliert, das ausdrücklich mit einem *qualitativen Zugang* arbeitet" (Hervorhebung im Original).

513 Vgl. *Groß/Frevel/Dams*, 2008, S. 11 ff.; *Lange*, 2002/2003, S. 57.

514 Vgl. *Ohlemacher*, 1999, S. 14; *Pick*, 1995, S. 697: Pick spricht von einer „fortschreitenden ‚Soziologisierung' der bundesdeutschen Kriminalpolitik" ab Mitte der neunziger Jahre.

515 Vgl. *Liebl*, 2008, S. 150.

516 Vgl. a.a.O., S. 150 ff.

517 Vgl. *Ohlemacher*, 1999, S. 14 ff.

518 Siehe http://www.empirische-polizeiforschung.de/tagungen-b.php,(letzter Aufruf 05.09.14).

519 Siehe http://www.arbeitskreis-innere-sicherheit.de/, (letzter Aufruf 05.09.14).

Kontext soziologischer Wissenschaft bewegt[520], analysiert der AKIS die Polizei und die Innere Sicherheit aus dem politikwissenschaftlichen Blickwinkel.

Die Polizeiforschung wird von Literatur und Wissenschaft nach ihren wesentlichen Zielen kategorisiert. Zunächst entstanden die Kategorien „Polizeiforschung über die Polizei" sowie „Polizeiforschung für die Polizei"[521], später gestaltete sich diese Einteilung als zu wenig aussagekräftig, weswegen sie um die Kategorien „Polizeiforschung der Polizei" und „Polizeiforschung zur Polizei" erweitert wurde[522] (siehe Tabelle 14).

Tabelle 14: Polizeiforschung nach ihren wesentlichen Zielen (angelehnt an Liebl 2008)

Polizeiforschung…	**Schwerpunkt**	**Kritik**
…über die Polizei	Polizieren im engeren und weiteren Sinne	Polizeiforschung „ohne" die Polizei, sprich ohne Bezugnahme auf das Problemfeld
…für die Polizei	Feststellung von Schwachstellen in der polizeilichen Tätigkeit im Sinne einer positiven Beratung	Wird von der Polizei betrieben (vgl. Ohlemacher 1999), dominierende Forschung in den Anfängen der Polizeiforschung, da sich externe Forschungseinrichtungen nicht etablieren konnten. Kann nicht unabhängig von Kriminalpolitik sein.
…der Polizei	Von der Polizei als notwendig erachtete Forschungsbereiche	Polizeiforschung innerhalb der Polizei. Analysiert einzelne Phänomene, eingeschränkter Blickwinkel durch Kontext.
…zur Polizei	Besondere Einzelaspekte, die jedoch aufgrund der Einbeziehung allgemeiner Polizeianalysen weiter reichen, als Untersuchungen zu bestimmten Schwachstellen	

Vgl. Liebl, Die neue Polizeiforschung im letzten Jahrzehnt in der Bundesrepublik Deutschland, Kriminalistik, 2008, S. 152

520 Siehe die vergangenen Tagungen des Arbeitskreises, http://www.empirische-polizeiforschung.de/tagungen-b.php, (letzter Aufruf 08.09.14); sowie deren Organisatoren, die allesamt über einen soziologisch-psychologischen wissenschaftlichen Hintergrund verfügen.

521 Vgl. *Ohlemacher*, 1999, S. 4; *Frevel*, 2012, S. 35 ff.

522 Vgl. *Liebl*, 2008, S. 151: Demnach müsste die Polizeiforschung weniger nach ideologiekritischen Grundsätzen als vielmehr nach ihren wesentlichen Zielrichtungen differenziert werden.

Letztendlich bleibt es aber auch für die Experten fraglich, ob sich die Polizeiforschung derart eindeutig differenzieren lässt[523]. Teilweise resultierten die großen Bemühungen um eine klare Unterscheidung auch daraus, dass die grundlegenden Unterschiede der wissenschaftlichen Schwerpunkte nicht ausgemacht wurden. Oft wurden die Unterschiede zwischen der kriminologischen, kriminalsoziologischen oder auch kriminalistischen Forschung nicht wahrgenommen und zu häufig unter einer Kategorie zusammengefasst[524]. Des Weiteren steht der Streit über die Differenzierung in einem engen Zusammenhang mit karrieretechnischen Elementen, denn die Differenzierung konzentriert sich eher auf die Herkunft der Forschung – ob Universität oder Fachhochschule – als auf den inhaltlichen Aspekt[525].

Trotz der Etablierung der neuen Polizeiforschung sowie der Einrichtung externer Forschungseinrichtungen und Arbeitskreise, ist das Verhältnis zwischen Polizei und Wissenschaft noch immer belastet. Kritische Stimmen unterstellen der Polizei noch immer einen nicht ausreichenden Forschungswillen: „In Deutschland ist man hier nach wie vor deutlich zurückhaltender was den unmittelbaren Kontakt und die Bereitschaft anbetrifft, den Rücksitz eines Streifenwagens von anderen als verhafteten Personen besetzen zu lassen“[526]. Oder: „Die Polizei wurde und wird als mehr oder weniger forschungsfeindlich beschrieben. Nach meinem Eindruck trifft das heute nicht mehr zu, auch wenn sie sich trotz mancher Veränderungen nach wie vor dem ungehinderten sozialwissenschaftlichen Durchdringungswunsch widersetzt“[527]. Daher unterstrich der Arbeitskreis empirische Polizeiforschung im Jahr 2012 die Notwendigkeit einer Polizeiforschung durch eine Resolution[528]. Seit einiger Zeit werde die Bedeutung der Polizeiforschung von Polizei- und politischen Institutionen verkannt, sodass die Rahmenbedingungen für die Polizeiforschung schlecht seien. Polizei und Politik müssten registrieren, dass eine angemessene Polizeiforschung nicht im Rahmen des polizeilichen Alltags vollzogen werden könne. Entsprechend seien Freistellungen und finanzielle Förderungen unabdingbar. Des Weiteren müsse die Polizeiforschung durch den institutionellen Rahmen an

---

523 Vgl. *Liebl*, 2008, S. 148: Die Diskussion über die Kategorisierung nennt Liebl einen „akademischen Streit“.

524 Vgl. a.a.O., S. 150.

525 Vgl. a.a.O., S. 150.

526 *Feltes/Punch*, 2005, S. 30.

527 *Behr*, 2002a, S. 1 ff.

528 Siehe http://www.empirische-polizeiforschung.de/resolution.php,(letzter Aufruf 08.09.14).

Polizeihochschulen Unterstützung erhalten[529]. Letztlich müsse Polizeiforschung autonom sein und keinesfalls dürften Ergebnisse zensiert werden.

Die Polizei wehrt sich gegen diese Kritik: Externe Polizeiforschung betreibe weniger objektive als vielmehr ideologische und vorverurteilende Forschung, infolgedessen gehe es ihr im Ergebnis nicht um eine kritische Polizeiforschung, sondern um einen Missbrauch der Wissenschaft[530]. Allerdings muss sich die Polizei als Inhaber des staatlichen Gewaltmonopols kritische Äußerungen über ihre Arbeit gefallen lassen[531]. Die Polizeiforschung als ideologisch und vorverurteilend zu betiteln, erscheint im Kontext Polizei – Wissenschaft nicht zutreffend. Denn Wissenschaft ist ein Mittel der Transparenz und Analyse, sofern die Regeln und Gütekriterien des wissenschaftlichen Arbeitens beachtet werden. Wenn wissenschaftliche Standards nicht eingehalten werden, kann Forschung auch nicht als wissenschaftlich angesehen werden. Hier hat die Polizei zu differenzieren und qualifizierte externe Forschung zuzulassen und unqualifizierte Forschung öffentlich in Frage zu stellen[532]. Und sie darf sich nicht vor einer Akademisierung des eigenen Personals scheuen.

Obwohl sich die Polizei in jüngster Zeit bemüht, sich der Polizeiforschung anzunähern[533], hat sie es noch nicht geschafft, ihren Blick auf die eigene Institution zu richten. Noch immer werden weniger Verhaltensweisen hinterfragt, sondern die Kriminalitätsbekämpfung[534] – somit wird eine messbare Effektivität analysiert. Dadurch werden in erster Linie das praktische polizeiliche Handeln aus der Analyse ausgeschlossen und Problemfelder ignoriert: „Wenn Vorwürfe wie Gewaltexzesse, Rassismus, Sexismus, Autoritarismus, Kameraderie, Mobbing, organisierte Kriminalität oder Korruption in der Polizei auftauchen, dann ist es zu wenig, wenn die politische Führung der Polizei verstört versichert, es handele sich nur um Einzelfälle. Dies ist keine gute Voraussetzung für eine souveräne Haltung gegenüber öffentlicher Kritik“[535].

Für zukünftige Forschungen zur Ermittlungstätigkeit bei Vergewaltigungsvorwürfen ist die Kooperationsbereitschaft der Polizei von größter Bedeutung.

---

529 Vgl. *Frevel*, 2012, S. 29, 33: „Zumeist dreht sich die Frage um die Wissenschaftlichkeit an Polizeihochschulen um den Aspekt der Lehre, während der Aspekt der Forschung nachrangig gar nicht betrachtet wird“.

530 Vgl. *Liebl*, 2008, S. 148; *Pick*, S. 697 ff.

531 Siehe dazu *Liebl*, 2003, S. 207 ff.

532 *Frevel*, 2012, S. 31.

533 Vgl. a.a.O., S. 37.

534 Vgl. *Lange*, 2002/2003, S. 68; *Donk/Reichertz/Schröer*, 1996, S. 266.

535 *Behr*, 2002a, S. 26.

Die Polizei muss sich bereit erklären, objektive und wissenschaftlich basierte Forschung zuzulassen, um einen Überblick über eigene Verhaltensweisen zu erlangen. Schließlich lassen sich nur so Problemfelder aufdecken, denen dann mit den geeigneten Mitteln entgegengetreten werden kann. Sofern sie dies nicht tut, läuft die Polizei Gefahr, Probleme – wie das hohe Misstrauen gegen Opfer von Vergewaltigungen sowie die Überschätzung von Falschbeschuldigungen – zu verkennen.

2. Akademisierung der Polizei

Im September 2012 veröffentlichte der Arbeitskreis empirische Polizeiforschung eine Resolution, in der die Notwendigkeit einer Wissenschaftlichkeit der Polizeiausbildung betont wurde[536]. Nur eine gute wissenschaftliche Ausbildung, wozu auch das Erlernen von methodischen Grundkompetenzen zähle, schule die Analysefähigkeit der Polizeikräfte und lasse sie zu autonomen und selbstständigen Persönlichkeiten heranwachsen. Eine gute wissenschaftliche Ausbildung könne jedoch nur dann erfolgen, wenn die Studierenden durch eine „erfahrungs- und wissenschaftsbasierte"[537] Lehre sowie eine Beteiligung an Forschungsprojekten und Projektarbeiten früh an die Materie herangeführt würden[538].

In den 1980er Jahren kam es innerhalb der Gesellschaft zu einem starken Umbruch in der Wertorientierung der Bürgerbewegungen, die Bürgerinnen und Bürger wollten „etwas *erhalten (Frieden, Umwelt etc.),* nicht etwas los werden"[539]. Neben den Inhalten der Proteste änderten sich auch die soziodemografischen Hintergründe der Demonstrierenden. Wurden Demonstrationen und Proteste zuvor von Studierten und Studierenden initiiert, ging fortan der durchschnittliche Mittelschichtsbürger auf die Straße, um sich für Frieden und Umwelt einzusetzen. Diese gesellschaftliche Entwicklung hatte einen Einfluss auf die Ausarbeitung neuer Ausbildungskonzepte[540]. Ab sofort legte die Polizei mehr Wert auf die Ausbildung der soft skills der Polizeikräfte. Diese sollten künftig weniger system- als eher problemorientiert agieren[541]. Denn die Kommunikations- und

---

536 Vgl. http://www.empirische-polizeiforschung.de/resolution.php, (letzter Aufruf 09.09.14).

537 Vgl. http://www.empirische-polizeiforschung.de/resolution.php, (letzter Aufruf 09.09.14).

538 Vgl. *Frevel*, 2012, S. 34.

539 *Behr*, 2006, S. 28 (Hervorhebung im Original).

540 Vgl. *Asmus*, 2012, S. 41 ff.

541 Vgl. *Frevel*, 2012, S. 32.

Dialogfähigkeit müsse im Einklang mit „dem Agieren im Sinne von Projekt-, Qualitäts- und Wissensmanagement“[542] stehen.

Die Aversion der Polizei gegen Wissenschaftlichkeit und höhere Bildung ist keine aktuelle Erscheinung[543]. Im europäischen Vergleich sind bei der deutschen Polizei schon immer promovierte Mitarbeiter/innen eher selten anzutreffen, „eine ‚Akademisierung‘ der Polizei scheut man teilweise noch immer wie der Teufel das Weihwasser“[544]. Lediglich in einigen Verwaltungsfunktionen sowie auf der höheren Führungsebene finden sich Angestellte mit höheren akademischen Abschlüssen[545]. Ein erster Schritt, dieser Tatsache entgegenzuwirken, wurde mit der Akkreditierung des Master-Studiengangs und der Umgestaltung der Deutschen Hochschule der Polizei in Münster gemacht[546]. Allerdings ist eine Person mit Abschluss des Master-Studiengangs und damit eine mit einem Abschluss des höheren Dienstes derart spezialisiert ausgebildet, dass sie trotz anerkanntem Masterabschluss einer Person mit Universitätsabschluss nicht gleichgestellt ist. Am auffälligsten ist dies bei einem Wechsel von Polizeikräfte in andere Ministerien[547].

Die deutsche Polizei hat aber nicht nur wenige promovierte Mitarbeiter/innen, auch stoßen Polizeikräfte, die sich extern weiterbilden wollen, des Öfteren auf Probleme und sind daher eine Seltenheit[548]. Eine Weiterbildung für den höheren Dienst und damit der Zugang zu Führungspositionen ist nur über ein weiterführendes Studium an der Deutschen Hochschule der Polizei in Münster möglich. Akademische Abschlüsse außerhalb der Polizei werden hingegen ignoriert. So wird eine Menge an Potenzial und Ressourcen verschwendet[549].

---

542 *Ahlf*, 2001, S. 620.

543 Vgl. *Frevel*, 2012, S. 29.

544 *Feltes/Punch*, 2005, S. 33.

545 Vgl. a.a.O., S. 33.

546 Vgl. *Sterbling*, 2002, S. 284: Sterbling machte sich 2002 für die Errichtung einer Polizei-Universität stark. Er sprach allerdings nur von einer akademischen Ausbildung der polizeilichen Führungskräfte, also des höheren Polizeidienstes. In Bezug auf die deutsche Hochschultradition seien zwei Grundsätze entscheidend für die Autonomie der Hochschule: Zum einen die Einheit der Lehre und Forschung und zum anderen die Freiheit der Wissenschaft und Lehre. Auch an einer Polizeihochschule dürften diese beiden Grundsätze nicht in Vergessenheit geraten, der Forschung müsse genügend Freiraum und Möglichkeit geboten werden, der Lehre genügend Geltungsfreiheit.

547 Vgl. *Lange*, 2002/2003, S. 66 f.

548 Vgl. *Neuhoff*, 2008, S. 179 ff.

549 Vgl. *Feltes/Punch*, 2005, S. 36.

Letztendlich ist es Aufgabe der polizeilichen Bildungs- und Fortbildungseinrichtungen, ihre Ausbildungsinhalte immer wieder zu hinterfragen und diese den wachsenden Anforderungen anzupassen[550]. Dazu zählt ebenfalls, etwaige Berufsbilder fundiert und methodisch sauber zu überarbeiten. Oft leidet die effektive polizeiliche Zusammenarbeit zusehends an der großen Kluft zwischen der Praxis und theoriegeleiteten Studierten. Die Praktiker/innen stehen den hinterfragenden Theoretiker/innen oftmals kritisch gegenüber, befürchten gar eine „Verwissenschaftlichung der Polizeiarbeit“[551]. Sie legitimieren ihre polizeilichen Handlungen mit ihrem breiten Wissen aus der Praxis und stellen lang praktizierte Konzepte nur selten in Frage[552]. Die Theoretiker/innen hingegen müssen zwischen Theorie und Praxis vermitteln, ohne die Loyalität der Praxis in Frage zu stellen.

Die Etablierung einer wissenschaftlichen Forschung an den Polizeihochschulen ist von besonderer Bedeutung, alleine schon, um auch als eine solche angesehen zu werden. Denn die „Forschung ist ein konstitutives Element von Hochschulen“[553], ohne ihre Wissenschaft wäre sie schließlich eine Schule. Um ihren Blick zukünftig kritisch in die eigenen Reihen richten zu können, bedarf es ausgebildeter Wissenschaftler/innen. Nur dadurch können neue Forschungsfelder unter Anwendung wissenschaftlicher Gütekriterien analysiert werden.

Die Akademisierung der Polizei hat zudem den Vorteil, dass Polizeianwärter/innen analysefähig sind, das heißt, ihr eigenes Verhalten in Frage stellen und reflektieren. Ein Bewusstsein über das eigene Verhalten sowie über psychologische Beeinflussungseffekte reduziert Stereotypisierungen und Vorverurteilungen, auch im speziellen Fall des Vergewaltigungsvorwurfs.

III. Polizeikultur und Polizistenkultur

Die Auseinandersetzung der Polizei mit der Polizeiforschung sowie die Akademisierung der Polizei bilden die Grundlage für neue Forschungsansätze. Ein neuer Forschungsansatz beinhaltet die Analyse der Handlungsbedingungen von Polizeikräften. Bisweilen tut sich die Institution der Polizei schwer, die Theorie effektiv in den praktischen Alltag zu integrieren sowie bei theoretischen Überlegungen die Praxis zu berücksichtigen. Es besteht vor allem noch dort Analysebedarf, wo das polizeiliche Handeln auch polizeilichen Bedingungen folgt, bei der täglichen Arbeit der Polizeikräfte. Dadurch können Informationen verloren

550 Vgl. a.a.O., S. 29.
551 *Kirchhof*, 2012, S. 54.
552 Vgl. a.a.O., S. 54, 65.
553 *Frevel*, 2012, S. 32.

gehen, die auch bei der Ermittlungstätigkeit wegen Vergewaltigungsvorwürfen von Bedeutung sein können.

Da die Polizei aufgrund ihrer Vielzahl an Aufgaben kein homogenes Gefüge ist, muss dies auch bei der Erläuterung ihrer Handlungsbedingungen berücksichtigt werden. Sowohl die offizielle Polizeikultur als auch die von Rafael Behr erstmalig als solche beobachtete informelle Polizistenkultur[554] orientieren sich zwar an allgemeingültigen, konformen und bekannten Normen und Regeln, verfolgen aber nicht nur unterschiedliche Ziele, sondern agieren auch in sehr unterschiedlichen Kontexten[555]. Während die offizielle Polizeikultur sich an dem „first code“[556], dem Gesetz, orientiert, und zudem darauf bedacht ist, Leitbilder und Wertvorstellungen über die Organisation und ihre Mitglieder verständlich, politisch korrekt und öffentlichkeitswirksam zu definieren, richtet die formelle Polizistenkultur ihre Aufmerksamkeit auf den „second code“[557], auf subkulturelle Handlungsmuster, die ihre mitunter gewaltbereiten Eingriffe legitimieren sowie ihre Solidarität zu ihrer Berufsgruppe unterstreichen.

Fraglich ist nicht nur, wie der „second code“ die ermittelnden Polizeikräfte beeinflusst, sondern auch, welchen Einfluss die offizielle Polizeikultur auf den Umgang mit Vergewaltigungsvorwürfen hat. Werden stereotypische Vorstellungen über Vergewaltigungen durch die Polizistenkultur legitimiert, auch wenn die Polizeikultur Wertvorstellungen publiziert, die politisch korrekt sind?

1. Polizeikultur

Die Analyse der Polizeikultur erhielt in Deutschland erst in den letzten zehn Jahren Aufmerksamkeit, in den USA hat sie jedoch eine längere Tradition[558]. Ihre Berücksichtigung in der Polizeiforschung verspricht Impulse für einen effektiven Umgang mit neuen Herausforderungen.

a) Eine Begriffserklärung

Der Begriff der Polizeikultur ist schwer zu definieren, weder in der Praxis noch in der Wissenschaft gibt es darüber eine einheitliche Vorstellung. Mitte der 90er Jahre tauchte der Begriff erstmals in der deutschen Forschungslandschaft

554 Vgl. *Behr*, 2000, S. 14.
555 Vgl. *Senuysal*, 2011, S. 114.
556 A.a.O., S. 114.
557 A.a.O., S. 114.
558 Vgl. *Müller*, 2014, S. 37 ff.

auf[559]. Er entstammt der in den 70er Jahren in den USA aufstrebenden Organisationsforschung, die Unternehmen bezüglich ihrer Beschäftigten und deren Zugehörigkeit zu der Organisation analysierte, um Handlungsbedingungen nachzuvollziehen und schließlich Leistungssteigerungen zu erzielen[560].

Unternehmen und Organisationen entwickeln im Laufe ihres Bestehens kulturelle Wertmuster, die durch die Unternehmenskultur sichtbar werden. Diese Wertmuster, zu denen Werte, Normen aber auch Symbole eines Unternehmens oder einer Organisation zählen, bestimmen das Handeln der Organisationsmitglieder. Die Unternehmenskultur prägt das Zusammenleben innerhalb der Organisation und beeinflusst so auch das nach außen sichtbare Auftreten der Organisation. Im Idealfall sind Unternehmenskulturen für die Organisationsmitglieder leicht verständlich und gut nachzuvollziehen. Sofern ausgeprägte Unternehmenskulturen von den Organisationsmitgliedern fraglos hingenommen und wenig hinterfragt werden, entsteht eine Kultur, die neuen Organisationsmustern kritisch gegenüber steht und diese häufig ablehnt: „Es besteht die Tendenz zur Abschottung und Blockierung bei der Einführung neuer Orientierungen“[561]. Werden Unternehmenskulturen von den Organisationsmitgliedern hingegen effektiv hinterfragt, stehen diese neuen Organisationsmustern offener gegenüber[562].

In den 80er Jahren wurde in den USA der Versuch unternommen, die Prinzipien der Unternehmenskultur auf die Organisation der Polizei zu übertragen[563]. Dies führt allerdings auch zu Schwierigkeiten: Erstens ist die Polizei in Deutschland als Inhaber des staatlichen Gewaltmonopols durch Gesetze und Verordnungen „in extremer Weise *außengesteuert*“[564]. Wirtschaftsunternehmen sind zwar auch gesetzlichen Regelungen unterworfen, haben aber mehr Möglichkeiten, eigene Unternehmenswerte, Orientierungsmuster, Unternehmensziele und Rituale zu entwickeln. Zweitens existieren innerhalb der Polizei viele Subsysteme, die beispielsweise durch die Differenzierung zwischen den Kriminal- und Schutzpolizist/innen zum Ausdruck kommen und einen eigenen

---

559 Vgl. A.a.O., S. 37.

560 Vgl. *Ahlf*, 1997, S. 95.

561 A.a.O., S. 96.

562 Vgl. *Behr*, 2000, S. 229; in diesem Zusammenhang fallen auch immer wieder die Begriffe wie „Corporate Identity“ oder auch „Commitment“.
Vgl. *Manzoni*, 2003, S. 25: „Konkret wird angenommen, dass Unzufriedenheit und geringes Commitment in Folge hoher Arbeitsbelastung zu überdurchschnittlichen Gewalterfahrungen führen“.

563 Vgl. *Müller*, 2014, S. 38.

564 *Ahlf*, 1997, S. 97 (Hervorhebung im Original).

kulturellen Ursprung haben. Damit hat die Organisationsstruktur der Polizei einen enormen Einfluss auf die kulturelle Ebene. Drittens hat die Führungsebene der Polizei nicht den gleichen Einfluss auf ihre Beschäftigten wie in einem Wirtschaftsunternehmen. Die Anstellung, Ausbildung und Fortbildung von Polizeikräfte ist gesetzlich geregelt, der Führungsebene bleibt damit nur ein begrenzter Gestaltungsspielraum[565].

Die übereilte Übertragung der Prinzipien der Unternehmenskultur auf die Polizei äußert sich schließlich in einer sehr weit gefassten Begriffsbestimmung[566]. Ein weit gefasster Begriff der Polizeikultur birgt aber Schwächen in der Operationalisierbarkeit und der Abgrenzung mit anderen Fachbegriffen. Dabei soll der Begriff der Polizeikultur „deskriptiver interpretiert werden und die nach außen und innen sichtbar gewordenen, unverwechselbaren Äußerungen der Institution Polizei oder ihrer Teilsysteme, an denen Polizeiidentität erkennbar wird, erfassen"[567]. Ahlf berücksichtigt dies und beschreibt den Begriff der Polizeikultur wie folgt: „Polizeikultur umschreibt also lediglich typische polizeiliche Handlungen, Symbole, Zeremonien, Rituale, Stile usw., die natürlich von der jeweiligen Organisationsstruktur (den harten Faktoren), aber auch von den praktizierten Werthaltungen, Normen, Orientierungsmustern, Leitbildern usw. (den sog. weichen Faktoren) abhängig sind"[568].

Behr kritisiert die enge Definition von Polizeikultur, denn diese ziele lediglich darauf ab, „ein *Bild* von Polizei (nach außen) zu vermitteln"[569]. In diesem Sinne würde die Polizeikultur als eine Form der Ausführungs- oder Darstellungskultur interpretiert. Zudem scheitere die enge Definition an der undifferenzierten Hinzunahme von harten und weichen Faktoren innerhalb der Begriffsbestimmung. Dabei sei die Polizeikultur kein einheitliches Gebilde[570]. Bei tragischen Ereignissen könne durchaus ein einheitliches Verständnis aller Polizeikräfte sichtbar werden, beispielsweise betreffe der Tod einer Polizeikraft im Dienst kollektiv alle Polizeikräfte. Im Polizeialltag sei jedoch selten eine Einheit zu sehen[571].

Für Behr hat der Begriff der Polizeikultur eine historische Dimension. In jüngster Zeit werde das Verständnis von Polizeikultur mit Leitbildern und organisationsspezifischen Management-Methoden konfrontiert[572]. Unter Berücksichtigung

565 Vgl. a.a.O., S. 97.
566 Vgl. a.a.O., S. 97.
567 A.a.O., S. 98.
568 A.a.O., S. 98.
569 *Behr*, 2006, S. 20 (Hervorhebung im Original).
570 Vgl. a.a.O., S. 21.
571 Vgl. a.a.O., S. 22.
572 Vgl. *Behr*, 2002b, S. 177.

eines historisch geprägten Kulturverständnisses stehe die Polizeikultur in einem engen Zusammenhang mit der Entwicklung des staatlichen Gewaltmonopols[573]. Die Anwendung von Gewalt sei unmittelbarer Bestandteil der Polizeikultur, darüber hinaus aber auch ein grundlegendes Dilemma der Polizeiarbeit[574]. Zwar sei die Gewaltanwendung zur Erhaltung der demokratischen Gesellschaft erforderlich, zugleich aber gesetzlich stark reglementiert[575]. Aus diesem Grund müsse der Diskurs über die Ethik des polizeilichen Handelns Einzug in die Begriffsbestimmung der Polizeikultur nehmen[576]. Dabei sei das ethische Handeln sehr viel komplexer zu bestimmen als zu beschreiben[577]. Dennoch müsse sich der Begriff der Polizeikultur zwischen der Ethik des polizeilichen Handelns und der Unternehmenskultur ansiedeln. Sodann definiert Behr den Begriff der Polizeikultur wie folgt: „Polizeikultur ist ein Bündel von Wertbezügen, die als transdezentraler Rahmen das Alltagshandeln von Polizeibeamten ermöglichen, begrenzen und anleiten. Wertbezüge geben darüber Auskunft, in welchen Situationen welche Werte und Tugenden in welchem Ausmaß Geltung erlangen (z. B. Selbstdisziplin, Tapferkeit, Loyalität, Zivilcourage) und auch darüber, wann und in welchem Ausmaß Gewalt angewendet werden muss, soll oder darf“[578].

Im letzten Jahrzehnt stellte sich die Polizeikultur in Deutschland neuen Herausforderungen. Die Regierungen der europäischen Länder konzentrierten sich bei der Neustrukturierung des öffentlichen Dienstes auf neue Management-Methoden[579]. Zu diesen zählte auch eine Professionalisierung der Polizei auf der Management-Ebene. Durch die Einführung von Leitbildern und der konkreten Formulierung von Zielen setzte sich die Polizei mit Management-Strategien auseinander, um transparenter und durchlässiger zu werden[580]. Neben der Professionalisierung auf Management-Ebene waren der Zugang von Frauen und

---

573 Vgl. a.a.O., S. 177.

574 Vgl. *Behr*, 2012, S. 87 ff.

575 Vgl. a.a.O., S. 88.

576 Vgl. *Behr*, 2006, S. 25; *Behr*, 2002b, S. 181; *Ahlf*, 1997, S. 99, der hingegen die Polizeiethik von dem Begriff der Polizeikultur abgrenzt. Für ihn befasst sich die Polizeiethik „mit den polizeibezogenen formellen, aber auch informellen Normen und Werten, und zwar auf der polizeilichen Mikro- Meso- und Makroebene sowie deren Konsequenzen insbesondere für die Polizeiführung und die Polizeiorganisation“.

577 *Behr*, 2006, S. 24.

578 A.a.O., S. 48.

579 Siehe hierzu *Hattwig/Ritsert*, 2001, S. 67 ff.

580 Vgl. *Behrendt*, 2006, S. 452 ff.

die Aufnahme von Migranten[581] die größten Herausforderungen für die Polizeikultur[582]. In welchem Maße dies zu Veränderungen bei der Polizei geführt hat, wird sich erst Jahre später zeigen[583]. Der Zugang von Frauen hat die Polizeikultur aber schon dahingehend verändert, dass alte geschlechtsspezifische Rollenvorstellungen mitunter durch neue Modelle ersetzt werden konnten[584]. Allerdings bleibt fraglich, ob die neuen Modelle auch geschlechtsspezifische Rollenvorstellungen außerhalb der Organisation ersetzt haben. Dazu gehören beispielsweise auch die stereotypischen Vorstellungen über Opfer von Vergewaltigungen. Weitestgehend ist ebenfalls noch nicht bekannt, wie sich der Zugang von Frauen auch auf die Ermittlungstätigkeit ausgewirkt hat. Die Polizei ist stets bemüht, dass die Aussage eines möglichen Vergewaltigungsopfers von Beamtinnen aufgenommen wird. Ob Beamtinnen aufgrund einer höheren Identifikation mit den Opfern eher Sympathie empfinden und weniger Vorurteile haben als Beamte, könnte einen neuen Forschungsansatz darstellen. Seitdem die Polizeikultur vor diese neuen Herausforderungen gestellt wurde, hat die Forschung über ihre Auswirkungen zwar zugenommen, aber nicht in befriedigendem Maße[585]. Das Potenzial dieses Forschungsansatzes ist noch nicht ausgeschöpft.

b) Funktion – Leitbilder

Die Polizeikultur orientiert sich bei der Bestimmung ihrer Berufsethik an den Erwartungen der eigenen Polizeiführung. Infolgedessen vermittelt die Polizeikultur Leitbilder. Leitbilder dienen als Idealbild für die bürokratischen Strukturen und die hierarchische Ordnung[586] und formulieren gemeinsame Ziele der Organisationsmitglieder[587]: „Das Leitbild soll der einzelnen Beamtin und dem einzelnen Beamten als Orientierung dienen und die Identifikation mit der Aufgabe fördern, den Schutz der Rechte von Bürgerinnen und Bürgern als Zentrum

---

581 Vgl. *Dudek*, 2009, S. 33 ff.; bei der Darlegung des Forschungsstands zum Themenkomplex Migrationshintergrund und Polizei erfolgte die Recherche, bis auf zwei Ausnahmen, ergebnislos.

582 Vgl. *Hunold/Klimke/Behr/Lautmann*, 2010.

583 Vgl. *Myhill/Bradford*, 2013, S. 338 ff.: In Großbritannien befindet sich die Forschung auf dem Vormarsch.

584 Vgl. *Behr*, 2006, S. 28.

585 Vgl. *Behr*, 2008, S. 136.

586 Vgl. *Senuysal*, 2011, S. 114.

587 Vgl. *Behr*, 2000, S. 230 f.

des Handelns der Polizei begreifen“[588]. Leitbilder informieren außerdem nicht nur die Öffentlichkeit mit der nötigen Transparenz über Handlungsfelder und Handlungsbedingungen der Organisation, sondern knüpfen auch an die Prinzipien der Organisationsforschung an, indem sie deutlich Ziele formulieren, die sich motivierend und handlungsleitend auf die Mitglieder auswirken[589]. Des Weiteren haben Leitbilder eine große Bedeutung für die Institution der Polizei: Sie verdeutlichen das Interesse an einer kulturellen Orientierung[590]. Während beispielsweise die Polizei in Hessen ihr Leitbild in die Abschnitte „Unsere Arbeit ist Verantwortung“ oder „Bürgerinnen und Bürger stehen im Mittelpunkt unserer Arbeit“ gliedert[591], lauten die Leitsätze der Polizei in Rheinland-Pfalz „Dienst für und mit den Bürgern“ oder „Kollegial und Fair im Miteinander“[592]. Die Polizei anderer Bundesländer formulieren ähnliche Leitbilder[593].

Bei der Frage, inwiefern Leitbilder eine Funktion bei der Orientierung und Identifikation haben, ist stets zu bedenken, dass polizeiliche Leitbilder politisch korrekte und ethisch reflektierte Wunschvorstellungen sind[594]. Keinesfalls spiegeln sie die Wirklichkeit des polizeilichen Alltags wider[595]. Leitbilder konkretisieren die Kultur der Polizei, haben jedoch nur einen geringen Bezug zur polizeilichen Alltagspraxis. Sie formulieren präzise neue Ziele für den Organisationsalltag, müssen aber dennoch verständlich und nachvollziehbar für jedes Organisationsmitglied bleiben. Zwischen „Vision und Tradition“[596] dürfen neue Zielsetzungen nicht zu stark von den Grundlagen der Organisation abweichen, da sie die Organisationsmitglieder sonst als zu fern und abstrakt bewerten. Abstrakte Leitbilder motivieren letztendlich nur besonders motivierte Polizeikräfte, die sich für den Gestaltungsprozess interessieren.

---

588 Vgl. Leitbild der Hessischen Polizei, http://www.polizei.hessen.de/icc/internetzentral/nav/6df/6df70ee1-825a-f6f8-6373-a91bbcb63046.htm, (letzter Aufruf 08.12.14).

589 Vgl. *Krasmann*, 1996, S. 78 ff.; *Gasch*, 2006, S. 254 ff.

590 Vgl. *Behr*, 2002b, S. 185.

591 Vgl. http://www.polizei.hessen.de/icc/internetzentral/nav/6df/6df70ee1-825a-f6f8-6373-a91bbcb63046.htm (letzter Aufruf 08.12.14).

592 Vgl. http://www.polizei.rlp.de/internet/nav/d3c/d3c409c6–071a-9001-be59-2680a525fe06&_ic_uCon=91550423-21ac-c001-44b9-4615af5711f8&conPage=1&conPageSize=50.htm (letzter Aufruf 08.12.14).

593 Vgl. Bayern, https://www.polizei.bayern.de/wir/leitbild/index.html/3249 (letzter Aufruf 08.12.14) oder Sachsen-Anhalt, http://www.olev.de/l/leitbilder/polizei/DE-ST-Polizei.pdf (letzter Aufruf 08.12.14).

594 Vgl. *Behr*, 2006, S. 37.

595 Vgl. *Senuysal*, 2011, S. 114.

596 *Behr*, 2006, S. 38.

Obwohl sich die Analyse der Unternehmenskultur in der Wirtschaft als äußerst effektiv herausgestellt hat, ist die Polizeikultur ein nur wenig erforschtes wissenschaftliches Feld[597]. Dabei erscheint es für die Polizei besonders wichtig zu erfahren, welche Werte die Institution prägen und stützen, welche Leitbilder vorherrschen und welche Symbole, Rituale und Stile Bestandteil der Polizeikultur sind. Nur auf der Grundlage einer sozialwissenschaftlichen Analyse erscheint es sinnvoll, an Missständen innerhalb der Polizeikultur zu arbeiten[598]. Besonderes Augenmerk sollte dabei nicht nur auf das Durchdringen der Polizeikultur und deren Leitbilder im Kontext ihres Wirkungsraums gelegt werden, sondern auch auf die Kenntnis bzw. Akzeptanz der einzelnen Polizeikraft.

2. Polizistenkultur

Im Jahr 2000 prägte Rafael Behr den Begriff der Polizistenkultur in seinem Bericht über seine Beobachtungen auf einem Polizeirevier[599]. Eine „*monolithische[n]* Kultur der Polizei“[600] sei in der Realität nicht zu finden. Im polizeilichen Alltag existierten immer noch Konflikte zwischen Jung und Alt, zwischen Männern und Frauen sowie zwischen den Schutzpolizist/innen und den Kriminalpolizist/innen. Daher müsse ein „Gegenentwurf zur Polizeikultur“[601] erarbeitet werden. Anders als die Polizeikultur ist die Polizistenkultur eine nach innen gerichtete Kultur. Damit ist sie eine gelebte Kultur, die durch den polizeilichen Alltag konstruiert und schließlich auch praktiziert wird[602]. Also auch im Rahmen polizeilicher Ermittlungen bei Vergewaltigungsvorwürfen.

a) Begriffserklärung

Rafael Behr prägte den deutschen Begriff der Polizistenkultur, dieser wird synonym mit dem englischen Begriff „Cop Culture“ verwendet[603]. Die Cop Culture „ist das ‚Konzentrat‘ des polizeilichen Alltagswissen“[604] sowie „die spezielle

597 Vgl. a.a.O., S. 18.

598 Vgl. *Ahlf*, 2001, S. 624 f.: Polizeiliches Führungsverhalten muss empirisch erforscht werden, Projekt- und Qualitätsmanagement muss hinterfragt und vor allem evaluiert werden.

599 Vgl. *Behr*, 2000.

600 *Behr*, 2006, S. 20 (Hervorhebung im Original).

601 A.a.O., S. 20.

602 Vgl. *Senuysal*, 2011, S. 114.

603 Vgl. *Behr*, 2002b, S. 186.

604 *Behr*, 2006, S. 39.

Berufskultur der Polizisten und Polizistinnen“[605]. Ziel der Polizistenkultur ist es, die individuelle und kollektive Identität der Polizeikräfte zu sichern. Die Sicherung des inneren Friedens findet besondere Beachtung, sie kann nur gewährleistet werden, wenn äußere Bedrohungen bekämpft werden.

Die Polizistenkultur ist eine Art Gemeinschaft, die innerhalb eines großen Ganzen existiert. Im Polizeiapparat existieren mehrere Gemeinschaften und Subgruppen, die wiederum allesamt auf ein der Aufgabe entsprechendes polizeiliches Alltagswissen zurückgreifen. Demnach greift die Polizeikraft der Schutzpolizei auf der Straße auf andere Handlungsweisen zurück als die Polizeikraft der Kriminalpolizei auf der Wache. Im Mittelpunkt der Polizistenkultur steht nichtsdestotrotz ein gemeinsames Interesse – die Wahrung der öffentlichen Sicherheit sowie die Abwehr von Gefahren. Als professionelle Gefahrengemeinschaft rechne die Polizistenkultur zwar jederzeit mit einer Gefahr, hätte ihr aber letztendlich nichts entgegenzusetzen[606]. Natürlicherweise reagieren professionelle Gefahrengemeinschaften, wie die Polizei, nicht mit Passivität, Angst oder übereilter Aktivität auf eine akute Gefahr, sondern professionell, indem sie die Gefahr einschätzen, ihr etwas entgegensetzen und sie so schlussendlich handhabbar machen[607]. Fraglich bleibt, wie sich die öffentliche Sicherheit bei Ermittlungen wegen Vergewaltigungsvorwürfen wahren lässt.

Zur Polizistenkultur zählen alle Handlungen von Polizeikräften, die für das polizeiliche Handeln stereotypisch sind, wie zum Beispiel die Abkürzungen innerhalb der Polizeisprache, ein bestimmter Umgangston mit bestimmten Bürgern, das nach außen getragene Selbstbild der Polizeikräfte sowie spezialisierte Handlungsabläufe bestimmter Sondereinheiten[608]. Also auch der spezielle Umgang mit Vergewaltigungsvorwürfen. Beispielhaft für die Polizistenkultur ist auch das Schweigen bei eigenem oder kollegialem Fehlverhalten. Diese Schweigen wird zum einen kulturell gefordert, zum anderen strukturell gebilligt[609]. Der sogenannte Ehrenkodex, einen Kollegen/eine Kollegin nicht an die nächst höhere Instanz zu verraten, ist „Cop Culture pur“[610]. Im weitesten Sinne hilft die Polizistenkultur der einzelnen Polizeikraft, die Komplexität der offiziellen Anforderungen von Normen und Gesetzen zu reduzieren. Und auch wenn die Polizistenkultur Anpassung an die Gemeinschaft verlangt und dadurch eine

605 *Behr*, 2012, S. 89 (Hervorhebung im Original).

606 Vgl. a.a.O., S. 90.

607 Vgl. a.a.O., S. 91.

608 Vgl. a.a.O., S. 91.

609 Vgl. *Behr*, 2009, S. 27 f.

610 A.a.O., S. 27.

„Entindividualisierung“[611] des Einzelnen verursacht, spendet sie dennoch Solidarität und Trost, sie wirkt sinnstiftend und motivierend, da sich die Polizeikräfte durch ihre Existenz im harten Polizeialltag geborgen, sicher und zugehörig zu einer Gemeinschaft fühlen[612].

Des Weiteren betitelt Behr die Polizistenkultur als ethnozentrisch, androzentrisch und institutionspatriotisch[613]. Die Polizistenkultur sei ethnozentrisch, da sie anderen Personen mit „*Fremdheitsmerkmalen*“[614] mit Vorbehalten begegnet. In ihrer geschlossenen Gemeinschaft kategorisieren Polizeikräfte ihr feindliches Gegenüber, das in der Regel in Gestalt von gewalttätigen oder kriminellen Bevölkerungsgruppen auftritt, in Fremdbilder, die mit negativen Stereotypen behaftet sind[615].

Ihr ethnozentrisches Dasein wird durch die Ansichten und Normen der eigenen Subgruppe noch verstärkt. Zudem sei die Polizistenkultur androzentrisch, d. h. auf Maskulinität ausgerichtet[616]. In diesem Zusammenhang interpretiert Behr auch den Prototyp polizeilicher Arbeit, die Kriegermännlichkeit, die er auch als das „*kulturelle Leitbild* innerhalb der Cop Culture“[617] bezeichnet. Keinesfalls beschreibt Behrs Prototyp die Realität der polizeilichen Tätigkeit, eher gibt er einen Einblick in die kulturellen Rahmenbedingungen der Polizeiarbeit und ist damit die idealtypische Konstruktion der polizeilichen Wirklichkeit[618]. Obwohl stark situationsabhängig und nicht unbedingt von jedem Angehörigen der Polizei ausgeübt, ist die Kriegermännlichkeit das vorherrschende Männlichkeitsbild in der Polizei. Sie ist jederzeit in der Lage, Alltagshandlungen zu determinieren, da sie besonders bei Großereignissen legitimiert aktiviert werden kann[619]. Die Kriegermännlichkeit ist für die Polizei nicht nur notwendig, weil sie den unbehaglichen Part – abweichend von der Darstellung als Freund und Helfer bzw. bürgerorientierter Dienstleister – übernimmt, sondern aufgrund ihrer Gewaltfähigkeit auch unbekömmlich, sodass sie gezügelt und diszipliniert

---

611 Vgl. *Senuysal*, 2011, S. 115.

612 Vgl. a.a.O., S. 115.

613 Vgl. *Behr*, 2006, S. 40 f.

614 A.a.O., S. 40 (Hervorhebung im Original).

615 Vgl. *Senuysal*, 2011, S. 116; *Reichertz*, 1990, S. 29 ff.; *Künkel*, 2014, S. 264 ff.: Künkel beobachtet diese Phänomen in Großbritannien.

616 Vgl. *Rich/Seffrin*, 2012, S. 265.

617 Vgl. *Behr*, 2008, S. 120 (Hervorhebung im Original).

618 Vgl. a.a.O., S. 118.

619 Vgl. *Behr*, 2012, S. 94: Beispielsweise beim Wechsel vom bürgerorientierten „Community Policing“ zur dominanten Herrschaftsdemonstration.

werden muss[620]. Motivator der Kriegermännlichkeit ist keineswegs der Selbstzweck, eher verfolgt sie einen höheren Sinn, nämlich die Gesellschaft mit Mut vor dem Bösen zu bewahren und zu schützen[621]. Daher sind von der Kriegermännlichkeit auch keine Unterstützungs-, Hilfe- oder Serviceleistungen zu erwarten. Ihre Hilfeleistung wirkt mittelbar, durch den Schutz des Guten vor dem Bösen[622]. Letztendlich ist die Polizistenkultur laut Behr auch institutionspatriotisch, sie fordert von allen Mitgliedern im gleichen Maße eine Unterordnung unter die geltenden Gesetze[623].

Den Versuch, die Polizistenkultur greifbar und messbar zu machen, unternahmen Watolla/Hermanutz im Jahr 2014[624]. Mithilfe eines Fragebogens wollten die Autoren herausfinden, welche Eigenschaft von Polizeikräften die Bereitschaft, „einen Flüchtigen auch unter widrigen, gefährlichen und nicht zwingenden Umständen zu verfolgen"[625], voraussagt. Insgesamt wurden 237 Polizeianwärter/innen – Altersdurchschnitt 27 Jahre, 150 Männer und 93 Frauen[626] – befragt. Es stellte sich heraus, dass sowohl das Alter als auch die Berufserfahrung einen Einfluss auf die Ausprägung der Eigenschaft hat: Mit zunehmenden Alter und Berufserfahrung nimmt die Bereitschaft zu einer aussichtslosen Verfolgung eines Flüchtigen signifikant ab[627]. Dieses Ergebnis könnte mit der Existenz der von Behr postulierten Kriegermännlichkeit in Zusammenhang stehen, schließlich nehmen spezifische Handlungsweisen der Kriegermännlichkeit mit voranschreitendem Alter ab. Dennoch sind weiterführende Untersuchungen vonnöten, um vertiefte Erkenntnisse zu erlangen. Das Messinstrument von Watolla/Hermanutz bietet dafür weitere Möglichkeiten[628].

b) Funktion – Handlungsmuster

Polizeiliche Handlungsmuster sind kulturelle Muster, die an der Organisationsbasis, der Polizistenkultur, entstehen. Neben juristischen, administrativen und bürokratischen Einflüssen bestimmen auch die polizeilichen Handlungsmuster

620 Vgl. a.a.O., S. 94, 101.
621 Vgl. a.a.O., S. 95.
622 Vgl. a.a.O., S. 101.
623 Vgl. *Behr*, 2006, S. 40 f.
624 Vgl. *Watolla/Hermanutz*, 2014, S. 10 ff.
625 A.a.O., S. 11.
626 Vgl. a.a.O., S. 11.
627 Vgl. a.a.O., S. 12.
628 Vgl. a.a.O., S. 12.

den polizeilichen Alltag. Polizeilichen Handlungsmustern liegt die polizeiliche Praxis zugrunde.

Polizeiliche Handlungsmuster sind ausgearbeitete Formen des polizeipraktischen Handelns, sie basieren nicht auf individuellen Handlungen, sondern resultieren aus der kollektiven Praxis[629]. Das Ziel ihrer Handlungen steht im Einklang mit den Bedürfnissen der polizeilichen Praxis. Im weiteren Sinne sind polizeiliche Handlungsmuster ebenfalls standardisiert und bieten den Handelnden im Kontext der polizeilichen Praxis feste Handlungsmöglichkeiten. Polizeiliche Handlungsmuster können nicht von einem Einzelnen verändert oder gar neu initiiert werden. Damit sich ein polizeiliches Handlungsmuster verändert, bedarf es einer kollektiven Resonanz über einen längeren Zeitraum[630].

Polizeiliche Handlungsmuster gewinnen bei der Analyse von legitimierten Gewaltanwendungen an Bedeutung. Obwohl Gesetz und offizielle Leitbilder klare Regeln vorgeben, entscheidet dennoch die Polizeikraft in der konkreten Situation über den angemessenen Umfang von Gewalt und „*wann es genug ist.*“[631]. Weil die polizeilichen Handlungsmuster die „*Leitbilder der handarbeitenden Polizisten*“[632] sind, stehen sie in einem engen Zusammenhang mit den Handlungsbedingungen von Schutzpolizist/en//innen. Die Handlungen von Sachbearbeiter/innen oder gar der Führungsebene werden hingegen weniger durch polizeiliche Handlungsmuster bestimmt.

Daneben dienen die Handlungsmuster ebenfalls als Verarbeitungsstrategie. Im Gegensatz zur klaren Strukturierung der gesetzlichen Obrigkeit, erscheint die soziale Ordnung der Klienten der Polizeikraft unstrukturiert. Auch wenn Kriminalität kein schichtspezifisches Problem ist, gehören familiäre Streitigkeiten, exzessiver Drogen- oder Alkoholmissbrauch zum Polizeialltag. Darauf können Polizeikräfte in ihrer Ausbildung kaum vorbereitet werden. Letztendlich müssen sie den polizeilichen Alltag individuell verarbeiten. Eine Orientierung an den polizeilichen Handlungsmustern erleichtert den Polizeikräften diese Aufgabe, sie geben ihnen aufgrund der Praxisnähe, der Standardisierung sowie ihrer allgemeinen Akzeptanz Sicherheit[633].

---

629 Vgl. *Behr*, 2000.
630 Vgl. *Behr*, 2002b, S. 187.
631 A.a.O., 187 (Hervorhebung im Original).
632 A.a.O., S. 187 (Hervorhebung im Original).
633 Vgl. *Behr*, 2006, S. 42.

3. Abhängigkeiten und Konkurrenzen

Die normativen Orientierungen (die durch Leitbilder bzw. Handlungsmuster zur Geltung kommen) der Polizeikultur und der Polizistenkultur begegnen sich an einer imaginären Trennungslinie. Die Polizeikultur übt von oben Einfluss auf die Trennungslinie aus, die Polizistenkultur entsprechend von unten (siehe Abbildung 5).

Abbildung 5: Polizei- und Polizistenkultur; Konkurrenz und Abhängigkeit (angelehnt an Behr)

Geltungsbereich	**Normative Orientierung**
Einfluss der Bürokratie	**Polizeikultur** ↓
	Leitbilder ↓
Einfluss der Praxis	↑ **Handlungsmuster**
	↑ **Polizistenkultur**

Quelle: Behr, Cop Culture. Der Alltag des Gewaltmonopols, 2000, S. 237

Die Entwicklung von Leitbildern kann als „top down“-Strategie bezeichnet werden. Die Leitbilder sind theoretisch angelegte Entwürfe über rechtsstaatliches, fehlerfreies und transparentes polizeiliches Handeln, sie orientieren sich an politisch korrekten Zielen und verwenden eine ethisch einwandfreie Sprache[634]. Da es Aufgabe der Leitbilder ist, den ganzen Polizeiapparat anzusprechen, richten sie sich an die „Corporate Identity“, also an das Identitätsmuster der Polizei. Dahingegen orientieren sich polizeiliche Handlungsmuster an praktischem Handeln der Polizei. Ihnen liegen Alltagserfahrung und effektive Problemlösungsstrategien zugrunde. Da polizeiliche Handlungsmuster an der

634 Vgl. *Behr*, 2009, S. 25; *Behr*, 2006, S. 36.

Organisationsbasis entstehen, wird ihre Einflussnahme auch als „bottom up"-Strategie bezeichnet[635]. Zusammenfassend sind Leitbilder publizierte und öffentlich sichtbare Anleitungen zum polizeilichen Handeln. Es gelingt ihnen aber nicht, bis zur Organisationsbasis hinab zu wirken. Polizeiliche Handlungsmuster weisen hingegen polizeiliches Handeln auf der Organisationsbasis an, werden aber nicht publiziert[636].

Polizei- und Polizistenkultur unterscheiden sich bezüglich ihrer Ziele: Während es Aufgabe der Polizeikultur ist, Absichten der Organisation zu definieren sowie die Mitglieder handlungsleitend und motivierend zu unterstützen, verfolgt die Polizistenkultur das Ziel, die individuelle und kollektive Identität zu sichern. Die publizierten Ideale der Leitbilder sind aufgrund ihrer präzisen und politischen korrekten Formulierungen in der Praxis nicht anpassungsfähig, weil sie sich in der täglichen Arbeit des Handelnden nicht wiederfinden[637]. Oftmals prallen lösungsorientierte polizeiliche Handlungsmuster auf „bürokratisch vorgegebene Begrenzungen oder auf Vorgesetzte, die nach anderen Logiken handeln"[638]. Die Praxis kommuniziert bisweilen *„erlebnisorientiert"*[639], sie lebt von der Interaktion, die es dem Gegenüber ermöglicht, Tatbestände zu vergleichen, sich in eigenen Situationen wiederzuerkennen sowie aus gelebter Erfahrung zu lernen. Die Bürokratie kommuniziert hingegen theorieorientiert und hat lediglich beim Aktenstudium einen Bezug zur polizeilichen Wirklichkeit. Letztendlich führen die verschiedenen Geltungsbereiche der beiden normativen Orientierungen zu einer unterschiedlichen Sicht auf die konstruierte soziale Wirklichkeit und erzeugen Spannungen, die sich wiederum auf die Arbeitszufriedenheit und das Commitment der Beschäftigten auswirkt[640]. Ob die theoriebasierte Anleitung oder die politische Korrektheit der Leitbilder in der Praxis akzeptiert wird, hängt nicht nur von der Bereitschaft der einzelnen Polizeikraft

---

635 Vgl. *Behr*, 2002b, S. 183 ff.

636 Vgl. *Senuysal*, 2011, S. 114; *Behr*, 2000, S. 242: „Etwas polemischer ist der Unterschied zwischen beiden etwa so zu benennen: Leitbilder werden publiziert, können aber nicht das polizeiliche Handeln anleiten. Handlungsmuster dagegen leiten das polizeilichen Handeln an, dürfen aber nicht publiziert werden".

637 Vgl. *Behr*, 2000, S. 238; *Behr*, 2002b, S. 185: „z. B. können die Sätze ‚Recht und Gesetz sind Grundlage unseres Handeln' und ‚Objektivität und gesunder Menschenverstand sind für uns unverzichtbar' durchaus im Widerstreit zueinander stehen".

638 *Behr*, 2000, S. 239.

639 A.a.O., S. 238 (Hervorhebung im Original).

640 Vgl. *Manzoni*, 2003, S. 25 ff.: Im schlimmsten Fall führt das zu einer verminderten Leistungsbereitschaft.

ab, sondern auch von der Hierarchieebene, der dieser angehört[641]. Praktische polizeiliche Handlungen folgen Routinen, die das Erlernen von neuen Handlungen erschweren. Allerdings unterliegen feste Routinen ebenfalls vorherigen Lernprozessen. Daher sind Fortbildungen in bestimmten Bereichen besonders wertvoll, da sie den routinierten Handlungen mehr als individuelle Erfahrungen zugrunde legen[642].

Auch wenn die Polizei- und die Polizistenkultur mitunter unterschiedliche Ziele verfolgen sowie verschiedene Geltungsbereiche zugrunde legen, besteht dennoch eine gemeinsame Verbindung: Der sogenannte Korpsgeist, das Wir-Gefühl von Polizeikräften, ist keinesfalls, auch wenn es logisch erscheint, nur der Polizistenkultur zuzuordnen. Sofern ein Fehlverhalten einer Polizeikraft vorliegt, ist es nicht nur die Polizistenkultur, die dieses stillschweigend duldet, sondern auch die Polizeikultur[643]. Zwar kann der Korpsgeist ein Fehlverhalten, sein Zustandekommen sowie seine Verarbeitung nicht umfassend erklären, aber alleine die Tatsache, dass für die Polizei als professionelle Gefahrengemeinschaft Verlässlichkeit und Loyalität gegenüber dieser Gemeinschaft lebensnotwendig sind, ist der Korpsgeist auf allen Hierarchieebenen der Polizei zu finden[644]. Des Weiteren geht eine Verbindung beider Geltungsbereiche und normativen Orientierungen auch einher mit einer Notwendigkeit. Aufgrund der Laufbahngliederung und des Beamtentums kann die Lernbereitschaft der Polizeikraft gering sein, da sie das Gefühl hat, die notwenigen Fähigkeiten erlernt und den Lohnunterhalt sowie die Rente auch in schlechten wirtschaftlichen Lagen gesichert zu haben. Aber eine eingeschränkte Lernbereitschaft mindert auch die Loyalität gegenüber der Organisation und sorgt für eine gravierende Ablehnung theoretischer Leitbilder und Handlungsanweisungen. Schlussendlich ist die

641 Vgl. *Asmus*, 2012, S. 47 ff.; zur Hierarchie vgl. *Barthel*, 2012, S. 115: Gezwungenermaßen resultiere die Hierarchie aus der Organisationsstruktur der Besoldungsgruppen des öffentlichen Dienstes, die sich in erster Linie am Bildungsabschluss orientiert. Außerdem existiere bereits während der Ausbildung eine „formal-hierarchisch verankerte Beziehungsform", weil der Lehrer der Beamten zugleich der Vorgesetzte sei. Vgl. *Murck*, 1986, S. 344: Es bestand ein Zusammenhang zwischen Leistungsbereitschaft und Aufstiegschancen, 71% der Befragten stimmten der Frage „Die Aufstiegschancen sind nicht gut und deshalb wird oft mit weniger Einsatz gearbeitet, als es unter anderen Bedingungen möglich wäre" zu.

642 Vgl. *Asmus*, 2012, S. 48.

643 Vgl. *Behr*, 2009, S. 26.

644 Vgl. a.a.O., S. 31 f.

Loyalität und Lernbereitschaft der Polizeikraft abhängig von dem ihm entgegengebrachten Respekt und Vertrauen von Seiten der Polizeikultur[645].

Die Trennungslinie zwischen Polizeikultur und Polizistenkultur in der Abbildung verdeutlicht zwar die organisationsinterne Diskrepanz zwischen dem Ist- und dem Sollzustand, bietet aber, wie jede Kontroverse, Raum für effektive Diskussionen. Besonders die polizeiliche Praxis, die in der Vergangenheit wenig Aufmerksamkeit in der deutschen Polizeiforschung erhielt[646], kann diese Möglichkeit nutzen, um Verständnis und Anerkennung für die tägliche Arbeit zu erhalten und sowohl die eigene Führungsebene als auch die Gesellschaft über etwaige Missstände aufzuklären.

4. Kultur und Ermittlungstätigkeit bei Vergewaltigungsvorwürfen

Bisher ist es weder der (empirischen) Forschung der Polizeikultur noch der Polizistenkultur gelungen, ihren Geltungsbereich effektiv zu analysieren. Dabei geben die Ergebnisse Grund zur Hoffnung, umfangreiche Erkenntnisse gewinnen zu können. Gerade auch bei der Analyse der Handlungsbedingungen bei der Ermittlungstätigkeit wegen Vergewaltigungsvorwürfen.

Die Prinzipien der Polizeikultur beruhen auf den Grundregeln der Unternehmenskultur. Auch wenn die Übertragung auf die Polizei mit Schwierigkeiten behaftet ist, kann ihre Existenz Eindrücke über die Organisation der Polizei liefern, die wiederum die Kultur und damit das Zusammenleben innerhalb der Polizei positiv beeinflussen. Während sich Ahlf bei der Definition der Polizeikultur stark an den Prinzipien der Unternehmenskultur orientiert, überträgt Behr die Prinzipien detailliert auf die Polizei. Er nimmt insbesondere Bezug auf die gesetzliche Reglementierung und die legitimierte Gewaltanwendung[647]. Die Definition von Behr konzentriert sich auf jene Situationen, in denen Polizeikräfte zur Erhaltung der demokratischen Ordnung Gewalt anwenden müssen. In welchem Maße dies geschieht, wird im Sinne seiner Definition auch durch die Leitbilder der Polizeikultur legitimiert. In erster Linie sind damit die Handlungsbedingungen der Schutzpolizist/en/innen betroffen, denn diese müssen in einigen Situationen legitimierte Gewalt zur Gefahrenabwehr anwenden. Allerdings gibt es in der Polizei auch Arbeitsbereiche, in denen die Anwendung von Gewalt zur Gefahrenabwehr eine untergeordnete Rolle spielt. Während der Ermittlungstätigkeit bei Vergewaltigungsvorwürfen orientieren sich Polizeikräfte weniger an Werten wie Tapferkeit oder Selbstdisziplin, sondern eher an den

645 Vgl. *Asmus*, 2012, S. 48 f.

646 Vgl. *Künkel*, 2014, S. 264 ff., die die Forschung in Großbritannien darstellt.

647 Vgl. *Behr*, 2006, S. 48.

harten Faktoren einer Kultur, wie beispielsweise der Organisationsstruktur[648]. Deswegen ist es weiterführend von großem Interesse, die Prinzipien der Polizeikultur nicht pauschalisierend auf alle Aufgabengebiete der Polizei zu beziehen, sondern ihren Einfluss auf die spezialisierten Anwendungsbereiche differenziert herauszuarbeiten. Im Umkehrschluss kann die Polizeiführung auch ihre Erwartungen an ihre Institutionsmitglieder zielgerichteter formulieren.

Die Polizistenkultur konstruiert den polizeilichen Alltag. Dabei greift jede Subgruppe auf spezialisierte Handlungsweisen zurück, um ihren Alltag souverän zu meistern. Diese spezialisierten Handlungsmuster werden von neuen Mitgliedern erlernt und von alten gelebt. Da die Polizistenkultur eine Anpassung an die Gemeinschaft erfordert, kann sie zu einer „Entindividualisierung" führen[649]. Dies reduziert auch den Einfluss persönlicher Einstellungen und Überzeugungen auf die polizeiliche Praxis. Somit haben persönliche Einstellungen gegenüber möglichen Opfern von Vergewaltigungen keinen Einfluss auf die Ermittlungstätigkeit. Eher sind es die spezialisierten Handlungsmuster der Subgruppe, die beispielsweise ein hohes Misstrauen verursachen. Daher ist eine Berücksichtigung der Polizistenkultur bei der Analyse der Ermittlungstätigkeit bei Vergewaltigungsvorwürfen von großer Bedeutung. Nur so kann Klarheit geschaffen werden, wo die Polizeiführung ansetzen muss, um das Misstrauen zu reduzieren: auf der Führungsebene durch die gezielte Formulierung von neuen Leitbildern sowie einer effektiven Auseinandersetzung mit der polizeilichen Praxis oder auf der persönlichen Ebene der Polizeikräfte.

IV. Vergewaltigung im polizeilichen Kontext

Die polizeiliche Ermittlungstätigkeit ist maßgeblich für den Verlauf des gesamten Strafverfahrens[650]. Empirische Untersuchungen belegen allerdings ein Problem der Polizei: ein generelles Misstrauen[651] gegenüber der möglichen Opfern sowie eine übertriebene Annahme von Falschanschuldigungen. Daher ist für den/die Polizeibeamten/-beamtin der Umgang mit einem möglichen Vergewaltigungsopfer schwierig. Schließlich muss er/sie Professionalität wahren, obwohl für ihn/sie stets eine mögliche Falschbeschuldigung präsent ist. Aber auch das mögliche Opfer leidet unter dem ihm entgegengebrachten Misstrauen, im Falle

648 Vgl. die Definition Ahlfs in: *Ahlf*, 1997, S. 97.

649 Vgl. *Senuysal*, 2011, S. 115.

650 Vgl. *Kury/Pagon/Lobnikar*, 2002, S. 735 f.

651 Vgl. *Kroll*, 1992, S. 2 ff; 16 ff;
vgl. *Frederking*, 1993, S. 53 ff.; *Schliermann*, 1993; *Steffen*, 1987, S. 8 f. sowie detaillierter S. 75 ff.; *Schlötterer*, 1982.

einer tatsächlichen Vergewaltigung fühlt es sich nicht ernst genommen und missverstanden. Natürlich ist von einer Generalisierung aller „Polizist-Opfer"-Konstellationen abzusehen, dennoch besteht hier ein Problem[652].

Im Folgenden wird zunächst auf dieses Problem eingegangen, bevor ein kurzer Überblick über die Sicht der Opfer gegeben wird.

1. Polizeiliches Problem mit der Vergewaltigung – Misstrauen gegenüber den möglichen Opfern

Die Ermittlungstätigkeit bei Vergewaltigungsvorwürfen ist mitunter ein schwieriges Unterfangen. Die Sachbearbeiter/innen befinden sich im stetigen Konflikt zwischen einem angemessenen Opferschutz und einer gründlichen Strafverfolgung[653]. Sofern sie Zweifel am Wahrheitsgehalt der Aussage des möglichen Opfers hegen, ist es ihre Aufgabe, diesem Zweifel ohne opferfeindliche Ansätze nachzugehen. Da der Ermittlungserfolg eng mit einer effektiven Kommunikation zwischen der Polizeikraft und dem möglichem Opfer verbunden ist, sollte der Aussage des möglichem Opfers zumindest vorläufig geglaubt und diese mit dem nötigen Respekt und Einfühlungsvermögen aufgenommen werden[654]. Leider sind ein Misstrauen gegenüber den möglichen Opfern und ein Überschätzen von Vortäuschungen fester Bestandteil von Ermittlungs- und Strafverfahren bei Vergewaltigungsvorwürfen[655].

Bereits im Jahr 1982 bemerkte Weis eine mangelnde viktimologische Perspektive bei der Analyse von Vergewaltigungsprozessen[656]. Anhand einer umfangreichen Untersuchung ging er der Frage nach, weshalb nicht jeder Vergewaltigungsvorwurf in einer Verurteilung endet. Seine Justizaktenanalyse belegte, dass in 31 der insgesamt 178 analysierten Akten (17,4%) eine Stellungnahme der ermittelnden Polizeibeamten zur Glaubwürdigkeit des Vergewaltigungsopfers beilag. Die Beamten zweifelten also die Glaubwürdigkeit an und erachteten eine Vortäuschung für möglich[657].

Im Jahr 1987 ging Dölling schließlich der Frage nach, was in einem Ermittlungsverfahren vonnöten ist, um die Wahrscheinlichkeit für eine Aufklärung,

---

652 Vgl. *Elsner/Steffen*, 2005, S. 157 ff.

653 Vgl. *Kury/Pagon/Lobnikar*, 2002, S. 736.

654 Vgl. *Roters*, 1996, S. 201.

655 Vgl. *Paulus*, 2012, http://www.kriminalpolizei.de/ausgaben/2012/detailansicht-2012/artikel/vergewaltigt-oder-vorgetaeuscht.html (letzter Aufruf 28.06.2016).

656 Vgl. *Weis*, 1982.

657 Vgl. a.a.O., S. 69.

Anklageerhebung und Verurteilung zu erhöhen[658]. Dafür untersuchte er unter anderem 257 (aufgeklärte und nicht aufgeklärte) Vergewaltigungen aus den Jahren 1977 bis 1979[659]. Die 25 Tiefeninterviews legten Merkmale offen, die besonders wichtig für eine Aufklärung und damit eine Anklageerhebung und schließlich Verurteilung waren[660]: zurückgelassene Spuren am Tatort sowie eine detaillierte Täterbeschreibung. Besondere Beweisschwierigkeiten traten vor allem in Zusammenhang mit dem Einverständnis des Opfers zum Geschlechtsverkehr auf. Die Aktenanalyse der 257 Vergewaltigungsvorwürfe führte schlussendlich zu folgenden Ergebnissen: Die Sanktionsquote lag über dem Durchschnitt, sofern das Opfer einen Fluchtversuch unternahm oder verletzt wurde[661]. Bei einer leichten Alkoholisierung des Opfers war die Anklage- und Verurteilungsquote ebenfalls überdurchschnittlich, eine mittlere oder starke Alkoholisierung des Opfers ließ diese aber sinken[662]. Die Sanktionsquote stieg, wenn das Opfer eine ausführliche Aussage machte, sich nicht in Widersprüche verstrickte und sich kooperativ zeigte[663]. Für die Beamten ist die Widerspruchsfreiheit und die Kooperationsfähigkeit von besonderer Bedeutung[664]. Die Staatsanwaltschaft ergreift nur selten Ermittlungsmaßnahmen[665]. Diese Ergebnisse belegen, dass besonders sogenannte harte Faktoren, wie Verletzungen oder Fluchtversuche des Opfers, die Sanktionsquote erhöhen. Ebenso belegte Dölling, dass die Staatsanwaltschaft nur selten Ermittlungsmaßnahmen ergreift, was die Ermittlungstätigkeit der Polizeibeamten noch wichtiger erscheinen lässt.

Mithilfe einer Befragung von Sachbearbeiter/innen analysierten Elsner/Steffen die von der Staatsanwaltschaft nach § 170 Abs. 2 StPO eingestellten Vergewaltigungen und sexuellen Nötigungen im Jahr 2000 in Bayern[666]. Dabei stellte sich heraus, dass die Sachbearbeiter/innen den Anteil von Vortäuschungen und

658 Vgl. *Dölling*, 1987, S. 120.
659 Vgl. a.a.O., S. 121.
660 Vgl. a.a.O., S. 117 ff.
661 Vgl. a.a.O., S. 220.
662 Vgl. a.a.O., S. 220.
663 Vgl. a.a.O., S. 221.
664 Vgl. a.a.O., S. 225.
665 Vgl. a.a.O., S. 231.
666 Vgl. *Elsner/Steffen*, 2005, S. 111 f.;
vgl. auch Teil C. dieser Arbeit: Sowohl die Zahlen der Statistik als auch die Ergebnisse der Rechtstatsachenforschung belegen eine Einstellungsquote bei Vergewaltigungen und sexuellen Nötigungen von rund 50%.

falschen Verdächtigungen durchschnittlich auf 33,4% schätzen[667]. Insgesamt nahmen bei der Umfrage 77 Mitarbeiter/innen zu 109 Verfahren Stellung[668]. Viele der befragten Polizeikräfte gingen von einer hohen Anzahl an vorgetäuschten Vergewaltigungen aus: „*Es gibt mehr Vortäuschungen und falsche Verdächtigungen als ich für möglich gehalten hätte. Eine Schätzung kann ich nicht abgeben*", oder „*Häufig kommt es zu falschen Anschuldigungen, weil das ‚Opfer' vom ‚TV'* (TV- Tatverdächtiger. Anm. der Autorin) *später gekränkt, beleidigt oder verlassen wurde, das ‚Opfer' Angst hat, schwanger geworden zu sein, oder eine Ausrede für eigenes Fehlverhalten benötigt (zu spät oder betrunken nach Hause)*"[669]. Allerdings wird diesen Behauptungen auch widersprochen: „*Vorgetäuschte Delikte sind sehr selten. Durch ausführliche Befragung kann der Sachverhalt geklärt werden*", oder „*Tatsächliche Sexualdelikte/Vergewaltigungen sind häufiger. Bisher zweimal vorgetäuschte Vergewaltigungen*"[670]. Dennoch schätzen 52 der insgesamt 70 befragten Sachbearbeiter/innen (74,3%) den Anteil von Vortäuschungen innerhalb der Gesamtheit aller angezeigten Vergewaltigungen auf maximal 40%, nur 18 Sachbearbeiter/innen (25,7%) auf über 40% und lediglich 9 Sachbearbeiter/innen (12,8%) auf 60% bis 80%[671]. Eine langjährige Dienstzeit führte nicht zu einer erhöhten Annahme von Vortäuschungen[672]. Es gab bei der Einschätzung keinen Unterschied zwischen Männern und Frauen[673]. Auch die von Baurmann befragten Polizeikräfte schätzten den Anteil von Falschanschuldigungen bei Vergewaltigungen auf durchschnittlich 25%[674].

Bei der Interpretation der Ergebnisse der Befragung der Sachbearbeiter/innen ist zu bedenken, dass sich die Schätzung der Höhe der Falschanschuldigungsquote weniger auf Fakten als eher auf die persönliche Beurteilung einer Lage stützt. Seit geraumer Zeit versucht aber auch die Rechtstatsachenforschung den „wahren" Wert der Falschanschuldigungsquote zu ermitteln. Über diesen wird mitunter sehr angeregt diskutiert[675]. Die Diskussion folgt der Tatsache, dass die Höhe der Falschanschuldigungsquote innerhalb der Rechtstatsachenforschung stark variiert.

---

667 Vgl. *Elsner/Steffen*, 2005, S. 174.
668 Vgl. a.a.O., S. 158 ff.
669 A.a.O., S. 162, 163 (Hervorhebung im Original).
670 A.a.O., S. 162 (Hervorhebung im Original).
671 A.a.O., S. 161.
672 Vgl. a.a.O., S. 160.
673 Vgl. a.a.O., S. 161.
674 Vgl. *Baurmann*, 1996, S. 295.
675 *Burgheim/Friese*, 2006, S. 71.

Im Rahmen ihrer groß angelegten Studie zu Sexualdelinquenz und Falschbezichtigungen ermittelten Burgheim/Friese eine Falschanschuldigungsquote von 19,6%[676]. Die Autoren berücksichtigten dafür 280 Vergewaltigungen und sexuelle Nötigungen die zwischen 1999 und 2003 zur Anzeige gebracht wurden und 55 Ermittlungsakten, die sich als Vortäuschungen erwiesen hatten[677]. Einen weitaus geringeren Anteil von Vortäuschungen und falschen Verdächtigungen offenbarten hingegen Elsner/Steffen in ihrer Stichprobe. Das Autorenteam trug insgesamt 140 Fälle von falschen Verdächtigungen sowie Vortäuschungen zusammen[678]. In Addition mit den von den Autoren insgesamt analysierten 1.754 Vergewaltigungen und sexuellen Nötigungen im Jahr 2000 in Bayern ergaben sich 1.894 Vorgänge. Damit sind 7,4% der analysierten Fälle (140 von 1.894) Falschanschuldigungen[679]. Des Weiteren stellte Goedelt in ihrer Untersuchung fest, dass bei den 194 ausgewerteten Datensätzen zu Vergewaltigungen und sexuellen Nötigungen der Staatsanwaltschaften Göttingen und Braunschweig aus dem Jahr 2002[680], gegen 4,8% der Opfer wegen einer Falschanschuldigung ermittelt wurde[681]. Seith/Lovett/Kelly analysierten hingegen insgesamt 100 Vergewaltigungen, die am Stichtag des 1. April 2004 in Stuttgart gemeldet wurden[682]. Von diesen 100 Fällen wurden 2 Fälle in der sogenannten frühen Ermittlungsphase und ein Fall in der sogenannten mittleren Ermittlungsphase als Falschanschuldigung identifiziert. Daraus ergibt sich eine Falschanschuldigungsquote von 3%[683].

Als besonders öffentlichkeitswirksam erweist sich die niedrige Falschanschuldigungsquote, die von Seith/Lovett/Kelly im Rahmen ihrer umfangreichen Europastudie ermittelt wurde[684]. Vielfach wird sie als Beleg für eine problemhafte Behandlung von Strafanzeigen interpretiert[685]. Allerdings attestierte beispielsweise Frommel dem Autorenteam „ein Spiel mit falschen Zahlen“[686] – bei der Aktenanalyse werde eine große Zahl von Akten ignoriert, „in denen der Beweis

---

676 A.a.O., S. 23.
677 A.a.O., S. 23.
678 Vgl. *Elsner/Steffen*, 2005, S. 181.
679 A.a.O., S. 181.
680 *Goedelt*; 2010, S. 21 f.
681 A.a.O., S. 73.
682 Vgl. *Seith/Lovett/Kelly*, 2009, S. 2.
683 A.a.O., S. 8 f.
684 Vgl. a.a.O.
685 Vgl. *Frommel*, 2013, S. 706.
686 A.a.O., S. 705.

für die vorgeworfene Tat nicht erbracht werden konnte“[687]. Diese Kritik verdeutlicht, dass das methodische Vorgehen und das zu Grunde liegende Datenmaterial der empirischen Untersuchungen zu der Bestimmung der Höhe der Falschanschuldigungsquote eine entscheidende Rolle bei der Interpretation der Daten spielen muss.

Ihre vergleichsweise hohe Falschanschuldigungsquote von 19,6% begründen Burgheim/Friese damit, dass sie nur § 177 StGB sowie die §§ 177 und 178 StGB der alten Gesetzesfassung berücksichtigten[688]. Andere Untersuchungen, die weitaus niedrigere Quoten ermittelten, bezögen alle Straftaten gegen die sexuelle Selbstbestimmung mit in ihre Analyse ein[689]. Da Falschanschuldigungen beispielsweise bei Delikten wie der Verbreitung pornografischer Schriften oder auch bei Vergewaltigungen mit Todesfolge eher selten wären, reduziere sich damit automatisch die Falschanschuldigungsquote[690]. Die Ergebnisse anderer empirischer Untersuchungen bestätigen diese These allerdings nicht: sowohl Elsner/Steffen als auch Goedelt beziehen sich bei der Bestimmung der Falschanschuldigungsquote alleinig auf Vergewaltigungen und sexuelle Nötigungen[691]. Dennoch ergeben sich Unterschiede im zu Grunde liegenden Untersuchungsmaterial. Während Elsner/Steffen und Goedelt ihre Falschanschuldigungsquote aus einer Totalerhebung eines Jahres berechnen[692], konzentrieren sich Burgheim/Friese auf den Zeitraum von 1994 bis 2003[693]. Schlussendlich konnten 316 Ermittlungsakten realer Delikte und 55 Akten vorgetäuschter Delikte berücksichtigt werden[694]. Aufmerksamkeit erlangt die relativ kleine Anzahl von analysierten Akten für einen langen Erfassungszeitraum von fast 10 Jahren. Dabei ist zu bedenken, dass die Ermittlungsakten von Burgheim/Friese formale Voraussetzungen für eine Berücksichtigung erfüllen mussten. Für die von dem Autorenteam angestrebte

687 A.a.O., S. 705.

688 Vgl. *Burgheim/Friese*, 2006, S. 71;
Vgl. das Sechste Gesetz zur Reform des Strafrechts BGBl Teil I Nr. 21, S. 704.

689 *Burgheim/Friese*, 2006, S. 71.

690 A.a.O., S. 71.

691 Vgl. *Elsner/Steffen*, 2005, S. 17;
Vgl. *Goedelt*, 2010, S. 18.

692 Vgl. *Elsner/Steffen*, 2005, S. 181 (alle im Jahr 2000 in Bayern von der PKS registrierten Vergewaltigungen und sexuelle Nötigungen) ;
Vgl. *Goedelt*, 2010, S. S. 18 (alle im Jahr 2002 bei der Staatsanwaltschaften Göttingen und Braunschweig bekannte Sachen von Vergewaltigungen, versuchten Vergewaltigungen, sexuellen Nötigungen und versuchten sexuellen Nötigungen).

693 *Burgheim/Friese*, 2006, S. 23.

694 A.a.O., S. 23

vergleichende Analyse von realen und vorgetäuschten Sexualdelikten mussten die Akten inhaltlich über bestimmte Täter,- Opfer- und Tatmerkmale verfügen um Häufigkeitsverteilungen darzustellen und Unterschiede beziehungsweise Gemeinsamkeiten offen zu legen. Wenn die benötigten Merkmale in der Akte aber nicht vermerkt sind, erweist sie sich als unbrauchbar für die vergleichende Analyse. Durch die formalen Voraussetzungen reduziert sich die Grundgesamtheit der berücksichtigten „realen" Akten. Falschanschuldigungen werden hingegen nur aufgrund eines begründeten Verdachts auch als solche klassifiziert und enthalten infolgedessen mit hoher Wahrscheinlichkeit bestimmte Täter,- Opfer- und Tatmerkmale. Die vergleichsweise hohe Falschanschuldigungsquote von 19,6% in der Untersuchung von Burgheim/Friese resultiert infolgedessen aus den forschungsspezifischen Selektionsmechanismen und der dadurch herbeigeführten kleinen Vergleichsgruppe.

Und auch wenn sich die Höhe der Falschanschuldigungsquote von Elsner/Steffen und Goedelt bei unter 10% ansiedelt, ergeben sich ihre Ergebnisse aus unterschiedlichem methodischem Vorgehen. Elsner/Steffen berücksichtigten alle Vortäuschungen und falsche Verdächtigungen, die der PKS im Jahr 2000 gemeldet wurden[695] und setzten diese in Bezug auf die von der PKS erfassten Vergewaltigungen und sexuelle Nötigungen im selben Berichtsjahr[696]. Die PKS dokumentiert allerdings nicht, ob das Delikt, auf welches sich die falsche Verdächtigung bzw. Vortäuschung bezieht, im selben Jahr erfasst wurde in dem es „widerlegt" wurde. Zeitreihenvergleiche sind dadurch nur unter Einschränkungen möglich. Goedelt analysierte hingegen Strafverfahrensakten von den Staatsanwaltschaften Göttingen und Braunschweig[697]. Diese Strafverfahrensakten offenbarten, dass gegen 4,8% der Opfer wegen falscher Verdächtigung ermittelt wurde[698]. Der Ausgang des Verfahrens war der Autorin „meist" nicht bekannt[699]. Zudem berücksichtigt die Autorin lediglich falsche Verdächtigungen, Vortäuschungen werden nicht erwähnt.

Letztendlich gestaltet sich die exakte Bestimmung der Höhe der Falschanschuldigungsquote bei Vergewaltigungsvorwürfen aufgrund von unterschiedlichen Erfassungszeiträumen, Deliktsdefinitionen, Ermittlungsphasen und Datengrundlagen als schwierig. Nur im geringen Maße gelingt eine Annäherung an die Realität. Dennoch, die Ergebnisse der Rechtstatsachenforschung zeichnen

---

695 *Elsner/Steffen*, 2005, S. 18.
696 Vgl. a.a.O., S. 181.
697 *Goedelt*, 2010, 21 f.
698 A.a.O., S. 71.
699 A.a.O., S. 73.

unter Berücksichtigung der empirischen Rahmenbedingungen ein Bild über Erscheinungsformen von Falschanschuldigungen bei Vergewaltigungsvorwürfen. Eine weitere empirische Beleuchtung dieses Themenfelds ist aufgrund der öffentlichen Wirksamkeit die durch Fehlinterpretationen von Ergebnissen getrübt werden kann, von besonderer Bedeutung.

Doch welche Faktoren veranlassen die Polizeikräfte, die Zahl von falschen Verdächtigungen und Falschbeschuldigungen zu überschätzen? Die von Elsner/Steffen befragten Sachbearbeiter/innen von Sexualdelikten hegten insbesondere dann Zweifel am Vorliegen einer Vergewaltigung oder sexuellen Nötigung, wenn die Aussage des möglichen Opfers widersprüchlich war oder dieses keine detaillierten Angaben machen konnte[700]. Des Weiteren hielten sie bei einer schlüssigen Einlassung des Tatverdächtigen zum Sachverhalt eine Einstellung nach § 170 Abs. 2 StPO für wahrscheinlicher[701]. Zudem beeinflusste das Nachtat- sowie Vortatverhalten des möglichen Opfers die Einschätzung der Ermittlungsbeamten. Sofern der Kontakt zwischen Tatverdächtigem und möglichem Opfer initiiert wurde, das mögliche Opfer den Anschein machte, eine Beziehung zum Tatverdächtigen aufbauen zu wollen – durch den Austausch von Zärtlichkeit vor der Tat oder eine vorherige länger andauernde sexuelle Beziehung zwischen Tatverdächtigem und möglichem Opfer – erwarteten die Sachbearbeiter/innen eine Einstellung nach § 170 Abs. 2 StPO[702]. Folgendes Nachtatverhalten des möglichen Opfers veranlasste die befragten Sachbearbeiter, von einer Einstellung nach § 170 Abs. 2 StPO auszugehen: Das Opfer hielt den Kontakt zum Tatverdächtigen auch nach der Tat aufrecht, machte widersprüchliche Aussagen oder vermittelte ein mangelndes Interesse an der Strafverfolgung[703]. In den von Elsner/Steffen analysierten Einstellungsverfügungen wurde die Unglaubwürdigkeit des Opfers beispielsweise damit begründet, dass es mehrere Fluchtgelegenheiten nicht genutzt habe[704], der Tatverdächtige ein Alibi habe oder beim möglichen Opfer eine psychische Erkrankung und/oder eine alkohol- und/oder Betäubungsmittelabhängigkeit festgestellt wurde[705]. Des Weiteren nimmt auch das Verhalten beziehungsweise das Auftreten des möglichen Opfers einen Einfluss auf die Beurteilung der Anzeige. Von 51 befragten Polizeikräften aus Nordrhein-Westfalen gaben 51% an, dass ein nervöses oder „zappeliges" Auftreten des

---

700 Vgl. *Elsner/Steffen*, 2005, S. 165.
701 Vgl. a.a.O., S. 167.
702 Vgl. a.a.O., S. 170.
703 Vgl. a.a.O., S. 171 ff.
704 Vgl. a.a.O., S. 150.
705 Vgl. a.a.O., S. 150.

möglichen Opfers einen Verdacht bezüglich einer Falschanschuldigung hervorrufen würde[706]. Krahé/Kundrotas überprüften in ihrem Feldexperiment, welche Kriterien eines bewährten Katalogs von Glaubhaftigkeitskriterien die Beurteilung nachweislich realer und vorgetäuschter Vergewaltigungen beeinflussen[707]. Dabei stellte sich heraus, dass insbesondere die „phänomengemäße Schilderung unverstandener Handlungselemente" sowie die „spontane Verbesserung der eignen Aussage" die insgesamt 30 befragten Polizeikräfte aus Berlin dazu veranlassten, eine Falschanschuldigung anzunehmen[708].

Unabhängig von ihrer eigenen Einschätzung zum möglichen Ausgang des Verfahrens tragen die Sachbearbeiter/innen eine große Verantwortung bei Ermittlungen wegen Vergewaltigungsvorwürfen. Zum einen kann eine weniger intensive Ermittlung die Wahrscheinlichkeit einer Verurteilung reduzieren und ein reales Opfer einer Vergewaltigung sekundär viktimisieren, zum anderen kann aber eine vorgetäuschte Vergewaltigung sogar zu einer Haftstrafe für den unschuldigen Tatverdächtigen führen[709]. Die Sachbearbeiter/innen werden dabei durch ihre langjährige Tätigkeit in ihren Ansichten beeinflusst[710]. Vorstellungen über Täter, Opfer und Delikte verfestigen sich. Doch nicht nur der berufliche Erfahrungshintergrund bestimmt die Art und Weise der Ermittlung, auch individuelle Einstellungen beeinflussen seinen Blick auf bestimmte Straftaten[711]. Diese Ansichten werden sind Teil des polizeilichen Alltags und können einen Einfluss auf das mögliche Opfer haben. Wenn der Schutzpolizist das mögliche Opfer an den Kriminalbeamten übergibt, kann es bereits zu nicht immer vorurteilsfreien Randbemerkungen über das mögliche Opfer und/oder die Tatumstände kommen[712]. Diese organisatorisch bedingte Form des Verfahrens verstärkt ein mögliches Misstrauen gegenüber möglichen Opfern[713]. Auch die daraus resultierenden Mehrfachbefragungen verstärken das Misstrauen gegenüber dem Opfer. Organisationsbedingt sind diese aber kaum zu vermeiden[714]. Dabei sollten sich auch erfahrene Ermittlungsbeamte/-beamtinnen vor Augen

---

706 Vgl. *Greuel*, 1992, S. 236; ebenso *Litzcke/Klossek*, 2009, S. 203.

707 *Krahé/Kundrotas*, 1992, S. 598.

708 A.a.O., S. 615.

709 Vgl. *Burgheim/Friese*, 2006, S. 86.

710 Vgl. *Elsner/Steffen*, 2005, S. 160.

711 Vgl. a.a.O., S. 160.

712 Vgl. *Fehrmann*, 1986, S. 64.

713 Vgl. a.a.O., S. 64.

714 Vgl. *Dätwyler*, 1993, S. 740; mitunter werden sie gar aus gutem Grund absichtlich vorgenommen: „Häufig beschränke ich mich in dieser ersten Befragung nur auf

führen, dass das Motiv für eine Vortäuschung keinesfalls die Irreführung der Strafverfolgungsbehörden ist. Vielmehr ist eine Falschbezichtigung ein Indiz für die Unfähigkeit des möglichen Opfers, mit einer Konfliktsituation umzugehen. Sowohl Burgheim/Friese als auch Elsner/Steffen belegen, dass in einer Vielzahl der untersuchten Fälle die Vortäuschung als Ausrede für eine verspätete Heimkehr oder ein nicht erlaubtes Liebesverhältnis gebraucht wurde[715]. Des Weiteren führen Motive wie das Erregen von Aufmerksamkeit oder das Vorliegen psychischer Auffälligkeiten zur Vortäuschung einer Straftat. Aber auch wenn die Vortäuschungsquote gering ist, sollten die Strafverfolgungsbehörden ihre Aufgabe der Wahrheitsfindung nicht vernachlässigen[716]. Ein „angemessenes Maß an professionellem Misstrauen"[717] ist unverzichtbar.

Letztendlich gestaltet sich die Feststellung vorgetäuschter Straftaten (§ 145d StGB) oder falscher Verdächtigungen (§164 StGB) als schwierig, da dafür letztendlich ein Eingeständnis des Opfers erforderlich ist. Und obwohl die tatsächliche Anzahl falscher Verdächtigungen und Vortäuschungen geringer ist, als viele Beamten annehmen[718], wird den vorgetäuschten Sexualdelikten große Bedeutung in der Polizeiwissenschaft zugemessen. Sie bemüht sich darum, Merkmale zu ihrer Identifikation zu ermitteln[719]. So verglichen Burgheim/Friese reale und vorgetäuschte Vergewaltigungsdelikte, um festzustellen, was frei erfundene und tatsächlich erlebte Vergewaltigungen unterscheidet[720]. Denn auch wenn Falschbezichtigungen statistisch kaum von Bedeutung sind, verfestigen sie Vorurteile und begünstigten die Mythenbildung[721]. Die Autoren erhoben Daten zu den allgemeinen Tatmerkmalen, zum zeitlichen Muster, zu Täter- und soziodemographischen Opfermerkmalen sowie zum Vor- und Nachtatverhalten[722]. Mitunter unterschieden sich die beiden Gruppen (vorgetäuschte und reale Delikte)

den eigentlichen Tatablauf und Anhaltspunkte für die Fahndung und setzte die Befragung z.B. am nächsten Nachmittag fort, wenn die Frau geschlafen hat".

715 Vgl. *Burgheim/Friese*, 2009, http://www.kriminalpolizei.de/ausgaben/2009/maerz/detailansicht-maerz/artikel/merkmale-vorgetaeuschter-sexualdelikte.html (letzter Aufruf 16.12.2016); vgl. *Elsner/Steffen*, 2005, S. 187.

716 Vgl. *Paulus*, 2012, http://www.kriminalpolizei.de/ausgaben/2012/detailansicht-2012/artikel/vergewaltigt-oder-vorgetaeuscht.html (Aufruf 28.06.2016).

717 A.a.O.

718 Vgl. Elsner/Steffen, 2005, S. 161 f.: teilweise auf bis zu 80%.

719 Vgl. *Burgheim/Friese*, 2006, S. 13 ff.; *Frauen*, 2008, S. 5 ff.

720 Vgl. a.a.O., S. 19.

721 Vgl. a.a.O., S. 19.

722 Vgl. a.a.O., S. 75 f.

nicht wesentlich voneinander[723]. Auch bei dem Merkmal der Alkoholisierung des Opfers bzw. Täters ergaben sich keine signifikanten Unterschiede zwischen realen und vorgetäuschten Vergewaltigungen. Für die Autoren war diese Tatsache überraschend, da die Alkoholisierung des Opfers zur Tatzeit zu jenen Kriterien gehöre, die zu Misstrauen der Polizeibeamten führe[724]. Die Alkoholisierung des angeblichen Täters scheint für fiktive Opfer allerdings eine Art „Hilfskonstruktion zur Begründung der Situation zu sein"[725]. Letztendlich sei die Aussagekraft der erfassten Merkmale „gleich Null"[726]. Dennoch sei auch in Zukunft die Analyse von Falschbezichtigungen von größter Bedeutung, um die weitreichenden Konsequenzen für die Betroffenen einzudämmen[727].

2. Polizei und die Sicht der Opfer

Ermittlungstechnische Bedingungen führen häufig dazu, dass die hohen Erwartungen der Opfer an die Polizei nicht erfüllt werden, weil sie schlicht nicht erfüllt werden können[728]. Somit kann auch das mögliche Opfer ein Misstrauen gegenüber den Strafverfolgungsbehörden entwickeln. Ein großes Problemfeld umfasst „die mangelnde Transparenz und die Nachvollziehbarkeit juristischer Zusammenhänge[729]. Dazu zählen insbesondere Unverständnisse über Mehrfachbefragungen oder die lange Verfahrensdauer: „Ich würde nicht noch einmal Anzeige erstatten! Das ist alles eine Retraumatisierung und die Lebenszeit geht bei der langen Verfahrensdauer verloren. Alles, was ich an Stabilität gewonnen habe, wird vor Gericht gegen mich verwendet"[730] oder „Der gesamte Prozess der Anzeige bis zur Verurteilung hat sich über einen viel zu langen Zeitraum hingezogen"[731]. Auch die mitunter als sehr detailliert empfundenen Befragungen werden von möglichen Opfern von Vergewaltigungen kritisiert: „Die vielen Verhöre waren eine Zumutung, erfragt wurden Details, auf die in einem ‚Ausnahmenzustand' nicht geachtet werden können, zB mit welcher Hand er mich berührt hat"[732] oder „Der nüchterne, unmenschliche Stil der Justiz (…) waren

---

723 Vgl. a.a.O., S. 75 ff.
724 Vgl. a.a.O., S. 76.
725 A.a.O., S. 76.
726 *Burgheim/Friese*, 2009, S. 5.
727 Vgl. *Burgheim/Friese*, 2006, S. 86.
728 Vgl. *Warnke*, 1986, S. 48; Vgl. *De la Fontaine*, 2009, S. 5 ff.
729 Vgl. *König/Sproeber/Seitz/Fegert*, 2010, S. 535.
730 A.a.O., S. 534.
731 A.a.O., S. 534.
732 A.a.O., S. 534.

schwer ertragbar, Erfragung im Schubladensystem ohne Anteilnahme und Würde"[733]. Misstrauen entsteht vor allem durch schlechte Erfahrungen mit der Polizei oder mangelnde Kenntnisse über polizeiliche Ermittlungstätigkeit aber auch durch einen „Mangel an Vertrauen in die Wirksamkeit der Polizei"[734]. In einer Untersuchung von Cajner-Mraovic/Cerjak/Ivanusec glaubten nur 20% der befragten Frauen, dass sie auch tatsächlich Hilfe von der Polizei bekommen würden[735]. Des Weiteren raten viele Polizeikräfte möglichen Opfern von Vergewaltigungen sogar von einer Anzeige ab, da sich das mögliche Opfer auf eine lange und intensive Ermittlungsarbeit einzustellen habe[736]. Aber auch viele Vergewaltigungsopfer raten anderen Opfern rückblickend von einer Anzeigeerstattung ab: „*Weil mir sowieso kein Glauben geschenkt wird. Deswegen würde ich das gar nicht mehr versuchen. Ich habe gedacht, die Polizei würde einem helfen und die Kripo noch mehr*"[737] oder „Ja, also ich würde im Endeffekt nie wieder zur Polizei gehen. Das kommt denn dabei raus. Ich finde das war schlimmer als die Vergewaltigung selber, war eigentlich schlimmer"[738]. Copic belegte zudem, dass Frauen mit vorherigem Polizeikontakt eine schlechtere Einstellung zur Polizei haben – 59,5% waren unzufrieden mit der Arbeit der Polizei[739]. Einerseits verdeutlichen diese Äußerungen, dass eine fehlgeschlagene erste Kontaktaufnahme zwischen Polizei und möglichem Opfer weitreichende Folgen haben kann und negative und unüberlegte Äußerungen der Sachbearbeiter/innen mitunter intensiv beim möglichen Opfer nachwirken. Andererseits können beruhigende und sensible Polizeikräfte Vergewaltigungsopfer psychisch unterstützen[740].

Vergewaltigungsopfer können das ihnen häufig entgegengebrachte Misstrauen der Polizeibeamten verringern, wenn sie sichtbare Verletzungen von der Vergewaltigung aufweisen[741]. Dazu ein Vergewaltigungsopfer aus der Studie Steffens: *„Ich hatte den Eindruck, daß man mir indirekt den Vorwurf machte,*

---

733 A.a.O., S. 534.

734 *Sczesny/Krauel*, 1996, S. 338; Vgl. *Fehrmann*, 1986, S. 62.

735 *Cajner-Mraovic/Cerjak/Ivanusec*, 2002, S. 247; hier zitiert nach *Kury/Pagon/Lobnikar*, 2002, S. 736. 21,6% von 39,2% von Frauen, die Hilfe und Verständnis erwarteten.

736 Vgl. *Schlötterer*, 1982, S. 83 ff.

737 *Warnke*, 1986, S. 46 (Hervorhebung im Original).

738 *Steffen*, 1987, S. 93.

739 *Copic*, 2002, S. 499; hier zitiert nach *Kury/Pagon/Lobnikar*, 2002, S. 736. Allerdings wurde die Stichprobe in Serbien erhoben, eine generalisierende Übertragbarkeit auf Deutschland ist zu hinterfragen.

740 Siehe *Fehrmann*, 1986, S. 65.

741 Vgl. *Schlötterer*, 1982, S. 89.

nicht abgeneigt gewesen zu sein, da ich mich nicht körperlich gewehrt hatte...Mir erschien es so, als hätten sie mich lieber halbtot gesehen, um tatkräftige Beweise zu haben"[742]. Mehrfachbefragungen durch die Beamten erhöhen das Misstrauen der Opfer: „*(...) und ich habe ihr sooft gesagt, ich sag: ‚Nein, das war nicht so!' Die hat mir das jedenfalls nicht geglaubt, so kam mir das vor, als wenn sie gedacht hätte, ich würde der jetzt irgendwelche Lügen auftischen*"[743]. Des Weiteren fühlen sich Vergewaltigungsopfer bei der Aussage unwohl: *„Ich kriegte halt lauter so komische Fragen gestellt"* oder *„die Polizei war sehr unverschämt, sehr anzüglich"*[744] sowie *„Der hat natürlich alles auseinandergepult. Er hat hundertausendmal das Gleiche gefragt. Ich wollte am liebsten gar nichts mehr davon wissen und gar nichts mehr davon hören"* oder *„Die Art wie sie mich behandelt haben, störte mich, nicht die Umgebung, nur ihre Art"*[745]. Fehrmann unterlegte die Aussagen der Opfer mit absoluten Zahlen: Von den insgesamt 31 befragten Vergewaltigungsopfern bewertete der Großteil der Befragten (32,2%) die Behandlung durch die Schutzpolizei als befriedigend, 9,7% allerdings als mangelhaft. Von 44 befragten Vergewaltigungsopfern bewerteten 18,2% die Behandlung durch die Kriminalpolizei als sehr gut, 6,8% allerdings als mangelhaft[746].

3. Zusammenfassung

Sowohl die überschätzte Annahme von Falschbeschuldigungen durch polizeiliche Sachbearbeiter/innen als auch die Argumente, die zu deren Begründung herangezogen werden, bereiten Sorge. Im Durchschnitt schätzten die von Elsner/Steffen befragten Sachbearbeiter/innen von Vergewaltigungsvorwürfen den Anteil von Vortäuschungen unter allen Vorwürfen auf 33,4%[747]. Rund 12,8% der befragten Sachbearbeiter/innen sogar auf über 80%[748]. Die von Baurmann befragten Polizisten taxierten den Anteil von Vortäuschungen auf rund 25%[749]. Die befragten Sachbearbeiter/innen und Polizeikräfte bezweifelten besonders dann den Wahrheitsgehalt des Vergewaltigungsvorwurfs, wenn die Aussage des möglichen Opfers Widersprüche enthielt[750]. Daneben spielte das Verhalten des

742 *Steffen*, 1987, S. 92.
743 *Fehrmann*, 1986, S. 79 (Hervorhebung im Original).
744 *Laubach*, 1985, S. 105.
745 *Warnke*, 1986, S. 45, 46 (Hervorhebung im Original).
746 Vgl. *Fehrmann*, 1986, S. 65.
747 Vgl. *Elsner/Steffen*, 2005, S. 174.
748 Vgl. a.a.O., S. 161.
749 Vgl. *Baurmann*, 1996, S. 295.
750 Vgl. *Elsner/Steffen*, 2005, S. 165.

möglichen Opfers vor und nach der Tat eine große Rolle bei der Beurteilung des Vergewaltigungsvorwurfs. Sofern das mögliche Opfer sowohl den Kontakt zum Beschuldigten gesucht als auch ein offenes Interesse an seiner Aufrechterhaltung pflegte und schließlich vor der Tat auch eine sexuelle Beziehung bestand, hielten die befragten Sachbearbeiter/innen eine Einstellung nach § 170 Abs. 2 StPO für wahrscheinlich[751]. Es ist schwer den Anteil von Vortäuschungen und falschen Verdächtigungen tatsächlich zu bestimmen. Auch die Rechtstatsachenforschung tut sich schwer, über den „wahren" Wert wird noch diskutiert[752]. Allerdings kann davon ausgegangen werden, dass ihr Anteil nicht so hoch ist wie es einige Sachbearbeiter/innen bezüglich der Studie Elsner/Steffen behaupten[753].

Welchen Einfluss die Überschätzung von Vortäuschungen und Falschbeschuldigungen auf den Verlauf des Verfahrens hat, bleibt fraglich. Jedenfalls führt sie dazu, dass die Sachbearbeiter/innen dem möglichen Opfer mit Misstrauen begegnen. Dieses Misstrauen ist gespeist vom „Mythos von weiblicher Raffinesse und Boshaftigkeit"[754]. Die polizeiliche Ermittlungstätigkeit hat aber der Wahrheitsfindung zu dienen – gerade auch bei einem Vergewaltigungsvorwurf. Ein „angemessenes Maß an professionellem Misstrauen"[755] ist bei der Ermittlungstätigkeit unverzichtbar. Doch sobald das professionelle Misstrauen einer übertriebenen professionellen Skepsis[756] weicht, kann es zu Mutmaßungen kommen. Infolgedessen kann die Aufnahme der Aussage Sekundärschäden beim möglichen Opfer verursachen oder die Anzeigeerstattung bereut werden. Letztendlich besteht zwischen dem Misstrauen der Sachbearbeiter/innen gegenüber den möglichen Opfern und dem Misstrauen der möglichen Opfer gegenüber der Polizei eine Wechselwirkung. Ebenso tragen organisationsbedingte Strukturen dazu bei, dass sich die möglichen Opfer missverstanden und oft auch unwohl fühlen. Zu jeder Tages- und Nachtzeit ist es möglichen Vergewaltigungsopfern möglich, eine Anzeige bei der Polizei zu erstatten. Jeder Polizeibeamte/Polizeibeamtin ist vertraut mit dem Verfahren der Anzeigenaufnahme und geschult in dessen erster Bearbeitung. Außerhalb der Geschäftszeiten der Polizeireviere erfolgt die Anzeigenerstattung über den kontaktierten Kriminaldauerdienst des jeweiligen Zuständigkeitsbereichs, innerhalb der Geschäftszeiten wird das

---

751 Vgl. a.a.O., S. 181.
752 Vgl. *Burgheim/Friese*, 2006, S. 71.
753 *Elsner/Steffen*, 2005, S. 181;
Goedelt, 2010, S. 73.
754 Vgl. *Paulus*, 2012.
755 A.a.O.
756 Vgl. *Elsner/Steffen*, 2005, S. 178.

mögliche Opfer von dem/der erstaufnehmenden Polizeibeamten/-beamtin zu dem entsprechend spezialisierten Fachkommissariat begleitet. Da das mögliche Opfer in den seltensten Fällen weiß, welche Fachkommissariate beziehungsweise Dienste für eine Anzeigenerstattung zuständig sind, findet der erste Kontakt in den meisten Fällen mit einem/einer Schutzpolizisten/Schutzpolizistin auf dem Revier statt[757]. Dieser/Diese nimmt sodann zunächst die Anzeige und die Tatumstände auf, bevor er/sie das mögliche Opfer an das zuständige Kommissariat verweist. Wenn der/die Schutzpolizist/-polizistin das mögliche Opfer an den Kriminalbeamten übergibt, kann es bereits zu nicht immer vorurteilsfreien Randbemerkungen über das mögliche Opfer und/oder die Tatumstände kommen[758]. Diese Form des Verfahrens verstärkt bereits ein mögliches Misstrauen gegenüber dem möglichen Opfer[759]. Auch die daraus resultierenden Mehrfachbefragungen verstärken das Misstrauen. Organisationsbedingt sind diese aber nur selten zu vermeiden[760]. Beispielsweise könnte ein von den Sachbearbeitern/-innen des zuständigen Fachkommissariats zu bildender Dauerdienst[761] Mehrfachbefragungen verhindern, dies würde allerdings zu einem enormen personellen Kostenaufwand führen. Andere Maßnahmen, wie psychologische Schulungen für Schutzpolizisten/-polizistinnen, ein befähigungs- und eignungsspezifisches Einstellungsverfahren der Sachbearbeiter/innen der Fachkommissariate sowie eine regelmäßige Supervision der Sachbearbeiter/innen, würden eine bessere Einflussnahme auf das mögliche Opfer versprechen[762].

757 *Elsner/Steffen*, 2005, S. 84, belegen dies mit Zahlen: 68,5% der in Bayern im Jahr 2000 untersuchten Vergewaltigungen und sexuellen Nötigungen wurden bei der Schutzpolizei aufgenommen, noch 30,2% bei Fachdienststellen. Sie verweisen allerdings darauf, dass bei der Aktenanalyse nicht herausgefiltert werden konnte, ob die 30,2% nicht wegen einer direkten Überweisung durch einen Schutzpolizisten verzerrt sein könnten.

758 Vgl. *Fehrmann*, 1986, S. 64.

759 Vgl. a.a.O., S. 64.

760 Vgl. *Dätwyler*, 1993, S. 740; mitunter werden sie gar aus gutem Grund absichtlich vorgenommen: „Häufig beschränke ich mich in dieser ersten Befragung nur auf den eigentlichen Tatablauf und Anhaltspunkte für die Fahndung und setzte die Befragung z.B. am nächsten Nachmittag fort, wenn die Frau geschlafen hat".

761 *Fehrmann*, 1986, S. 83.

762 Vgl. a.a.O., S. 84 f.; *Steffen*, Gewalt von Männern gegenüber Frauen, 1987, S. S. 122, 126 ff.: „ … sollte sich die Polizei darauf konzentrieren, ihr eigenes (Einsatz- und Ermittlungs) Verhalten zu ändern, umso diese Gewalttaten wirksamer als bisher zu bekämpfen".

Steffen/Gründler klärten bereits im Jahr 1990 in ihrem Heft zur Reihe „Psychologie für Polizeibeamte" über Fehlvorstellungen bei Vergewaltigungen auf, indem sie durch die „Ratschläge für den Umgang mit Opfern sexueller Gewalttaten" mit Vorurteilen aufzuräumen versuchten und den Polizeibeamten/-beamtinnen vermittelten, sie müssten nicht immer mit aufgelösten und hilflos erscheinenden, gezwungenermaßen verletzten Vergewaltigungsopfern rechnen. Dennoch bestehen weiterhin Vorurteile zu einer stereotypischen Vergewaltigung[763]. Der/Die Ermittlungsbeamte/-beamtin hat tagtäglich den schmalen Grat zwischen professionellem Misstrauen und übertriebener professioneller Skepsis zu meistern. Dabei wird er/sie nicht nur durch seine/ihre berufliche Erfahrung beeinflusst, sondern auch durch seine/ihre persönliche Einstellung. Letztendlich ist die Qualität der polizeilichen Ermittlungstätigkeit für die justizielle und opfergerechte Aufarbeitung von besonderer Bedeutung. Umso bedenklicher ist es, dass offensichtlich Vorurteile bei der Beurteilung der Glaubwürdigkeit eine Rolle spielen.

Allerdings können die bisherigen Erkenntnisse zum einen nicht belegen, wie das Misstrauen entsteht, wo es seinen Ursprung hat, das heißt, ob die Überschätzung auf individuellen oder kollektiven beruflichen Erfahrungen beruht, oder doch persönliche Einstellungen einen ungeahnten Einfluss auf das Misstrauen haben. Zum anderen steht nicht fest, inwiefern das Misstrauen einen Einfluss auf die Abwicklung der Verfahren hat. Seit ihrer Professionalisierungsdebatte in den 90iger Jahren ist die Polizei sehr darauf bedacht, den neuen gesellschaftlichen Anforderungen an Polizeikräfte bürgernah und dienstleistungsorientiert gerecht zu werden. Umso mehr verwundert es, dass die Polizei dem vorurteilsfreien Umgang mit möglichen Vergewaltigungsopfern nur wenig Aufmerksamkeit schenkt, obwohl empirische Ergebnisse nicht nur ein Misstrauen gegenüber möglichen Vergewaltigungsopfern belegen, sondern auch zeigen, dass die Opfer die Ermittlungstätigkeit als wenig zufriedenstellend empfinden. Daher ist es besonders wichtig, anhand der bisherigen Erkenntnisse weitere Forschungen anzustellen. Da die Polizeibeamten/-beamtinnen den möglichen Vergewaltigungsopfern mit hohem Misstrauen begegnen und sich dies schließlich auf die Sicht der Opfer und ihr Empfinden bei der Anzeigenerstattung auswirkt, müsste sich die Polizeiforschung bemühen, diesem Problem durch Interventions- und Supervisionsmaßnahmen entgegenzuwirken.

---

763 Vgl. *Steffen/Gründler*, 1990, S. 24 ff.

E. Fazit und Ausblick

Ziel der Arbeit war es, Zusammenhänge zwischen dem Fallschwund bei Vergewaltigungsvorwürfen, den Vergewaltigungsmythen sowie dem theoretischen und praktischen polizeilichen Handeln bei Vergewaltigungsvorwürfen offenzulegen. Im Folgenden werden zunächst die Schwerpunkte dieser Arbeit in Beziehung gesetzt, bevor im Ausblick Ansätze für zukünftige Forschungen dargestellt werden.

I. Fazit

1. Erklärungen für den Fallschwund bei Vergewaltigungsvorwürfen

In der Bundesrepublik Deutschland werden jährlich rund 7.500 Vergewaltigungen gemäß § 177 Abs. 2, 3, 4 und § 178 StGB von der Polizeilichen Kriminalstatistik erfasst. Von den erfassten Vergewaltigungen enden allerdings nur rund 10 % in einer Verurteilung[764]. Zudem werden rund 50 % der erfassten Vergewaltigungsverfahren bereits vor Eröffnung des Hauptverfahrens nach § 170 Abs. 2 StPO eingestellt[765]. Damit belegen die offiziell geführten Statistiken einen Fallschwund bei Vergewaltigungsvorwürfen in Deutschland.

Die bisherige Rechtstatsachenforschung zum Fallschwund bei Vergewaltigungsvorwürfen bestätigt unter anderem die hohen Einstellungsquoten von Vergewaltigungsvorwürfen in Deutschland[766]. Beweisschwierigkeiten bestimmen häufig den Verfahrensverlauf. Die Aussage des möglichen Opfers ist oftmals das einzige Beweismaterial[767]. Widersprüchliche Aussagen[768] sowie die beweisschwierige Aussage-gegen-Aussage-Situation erschweren die strafrechtliche Vorgehensweise[769].

---

764 Die 10 % beziehen sich auf eigene Berechnungen. Grundgesamtheit ist N = PKS erfasste Fälle eines Jahres. Die Verurteilungen pro Jahr werden vom Statistischen Bundesamt, Rechtspflege, Strafverfolgung, Fachserie 10 erfasst. Die unterschiedlichen Erfassungsräume der Statistiken mahnen zur Vorsicht bei der Interpretation der Ergebnisse. Dennoch existiert keine Verlaufsstatistik (siehe auch B. I. in dieser Arbeit).

765 Statistisches Bundesamt, Rechtspflege, Staatsanwaltschaften, Fachserie 10, Reihe 2.6, jeweiliges Berichtsjahr.

766 Die Einstellungsquoten der Rechtstatsachenforschung liegen sich zwischen 58,4 % und 68,8 %; vgl. *Elsner/Steffen*, 2005, S. 111;
Oberlies, 2002, S. 30;
Goedelt, 2010, S. 118.

767 Siehe unter B.II. in dieser Arbeit.

768 Vgl. *Elsner/Steffen*, 2005, S. 149.

769 Vgl. a.a.O., S. 149.

Feministisch geprägte Publikationen meinen, insbesondere die Aussage-gegen-Aussage-Situation werde regelmäßig zu Lasten des Vergewaltigungsopfers ausgelegt[770]. Geschlechtsspezifische Rollenvorstellungen hätten damit einen unmittelbaren Einfluss auf den Ausgang des Verfahrens. Allerdings widerlegte Menzel diese These bereits im Jahr 2003[771], indem er der Variablen „Opferbeschuldigung" keinen Einfluss auf die Sanktionshärte nachweisen konnte[772]. Und auch Barton findet im Rahmen seiner Analyse keine Hinweise auf eine „‚menschenrechtswidrige' Gerechtigkeitslücke"[773] bei sogenannten beweisschwierigen Verfahren.

Die hier dargestellten widersprüchlichen Erklärungen für den Fallschwund verdeutlichen, dass die Rechtstatsachenforschung mit ihren Ergebnissen einen hohen Anteil an der Analyse des Fallschwunds hat. Nur durch die wissenschaftliche Analyse der Verfahrenswirklichkeit können interdisziplinäre Thesen zu den Ursachen für den Fallschwund überprüft werden. Allerdings kämpft die Rechtstatsachenforschung häufig mit kleinen Stichproben, die sich zum einen aus dem erschwerten Datenzugang, zum anderen aber auch aus den zum Teil langen Verfahrensabläufen ergeben. Des Weiteren bezieht sich das benutzte Datenmaterial der Rechtstatsachenforschung auf die nach örtlichen Zuständigkeiten organisierten und für das Forschungsvorhaben zugänglichen Staatsanwaltschaften. Damit stammt das Datenmaterial oftmals aus einem Gerichtsbezirk, einer Region bzw. einem Bundesland. Darunter leidet insbesondere die Repräsentativität sowohl der berücksichtigten Verfahren als auch der Arbeitsbedingungen der Entscheidungsträger.

Die Ergebnisse der bisherigen Rechtstatsachenforschung gewinnen durch die erschwerte statistische Darstellung des Fallschwunds aufgrund einer fehlenden Verlaufsstatistik an Bedeutung[774]. Sofern bei der Darlegung des Fallschwunds die statistischen Daten berücksichtigt werden, beruhen die Ergebnisse auf individuellen Berechnungen und Interpretationen des vorhandenen Materials und können daher nicht generalisiert werden[775]. Eine Installation einer Verlaufsstatistik gestaltet sich aber beispielsweise aufgrund der oft langen Verfahrensverläufe – ein Verfahren wird selten im gleichen Jahr abgeschlossen, in dem es eröffnet wird – als schwierig. Inwiefern eigene Berechnungen und Interpretationen zu Missverständnissen führen, zeigt die Darstellung des Fallschwunds bei einer Publikation Krahés[776]. Mit

---

770 Vgl. *Abel*, 1988, S. 59; *Gerstendörfer*, 1994, S. 54.
771 Vgl. *Menzel*, 2003, 205 ff.
772 Vgl. a.a.O., S. 211.
773 *Barton*, 2015, S. 54.
774 Vgl. *Jehle*, 2013, S. 712.
775 Vgl. a.a.O., S. 712.
776 Vgl. *Krahé*, 2012, S. 159 ff.

hoher Wahrscheinlichkeit ist der starke Rückgang der handwerklich berechneten Verurteilungsquote auf eine Erweiterung der Erhebungsinhalte zurückzuführen. Und nicht, wie interpretiert, auf eine höhere Vergewaltigungsmythenakzeptanz bei den Strafverfolgungsbehörden. Doch die Änderung der Erhebungsinhalte wurde weder in der Originalpublikation[777] noch in der Interpretation Krahés erwähnt[778].

Die Erklärungen für den Fallschwund bei Vergewaltigungsvorwürfen in Deutschland sind vielfältig. Die bisher verwirklichten (empirischen) Untersuchungen zeichnen ein uneinheitliches Bild. Dies beruht zum Teil auf der erschwerten Darstellung des Fallschwunds mit Hilfe der offiziellen Statistiken, zum Teil aber auch auf der noch wenig betriebenen Rechtstatsachenforschung zu diesem Thema. Während die sozialpsychologische Forschung den Fallschwund bei Vergewaltigungsvorwürfen schon seit geraumer Zeit analysiert, widmen sich bisher nur wenige rechtstatsächliche Forschungen der Verfahrenswirklichkeit bei Vergewaltigungsvorwürfen.

2. Vergewaltigungsmythen als Erklärung für den Fallschwund

Ein Forschungszweig der Sozialpsychologie erklärt den Fallschwund bei Vergewaltigungsvorwürfen mit der Akzeptanz von Vergewaltigungsmythen. Die durch den Feminismus geprägte Theorie behauptet, die Entscheidung über den Wahrheitsgehalt einer Aussage werde durch starre gesellschaftliche Geschlechtsrollenbilder beeinflusst[779]. Die Akzeptanz von Vergewaltigungsmythen begünstige die sogenannte schematische Informationsverarbeitung bei der Urteilsfindung[780]. Die Entscheidungsträger/innen ließen sich von bestimmten Opfer- und Beschuldigtenmerkmalen bzw. Tatumständen in ihrem Urteil beeinflussen[781]. Die urteilsrelevanten Merkmale seien dabei rechtlich nicht von Bedeutung, deckten sich aber mit stereotypischen Vorstellungen über Vergewaltigungen[782]. Diese These

777 Siehe http://www3.unil.ch/wpmu/europeansourcebook/printed-editions-2/ (letzter Aufruf 17.02.15), dort sind alle Editionen frei verfügbar.

778 Siehe unter B.I. in dieser Arbeit.

779 Vgl. *Abel*, 1988, S. 59; *Gerstendörfer*, 1994, S. 54.

780 Vgl. a.a.O., S. 163.

781 Vgl. *Temkin/Krahé*, 2008, S. 41 ff.: Opfermerkmale sind bspw. die sexuelle Vorerfahrung des Opfers oder auch, ob es als anständige Person betrachtet wird. Tätermerkmale sind die Attraktivität des Beschuldigten oder der soziale Status. Als Tatmerkmal gilt die Täter-Opfer-Beziehung; siehe auch *Krahé/Temkin/Bieneck*, 2007, S. 601 ff. Vgl. *Temkin/Krahé*, 2008. Vgl. *Krahé*, 2012, S. 159 ff.

782 Vgl. *Krahé/Temkin/Bieneck*, 2007, S. 616; *Süssenbach*, 2016, S. 39:
Süssenbach erkennt mit Hilfe einer Metaanalyse einen substanziellen Einfluss der Vergewaltigungsmythenakzeptanz auf die Entscheidungen von Personen in

wird allerdings von der kriminologischen Rechtstatsachenforschung widerlegt: Weder konnte eine Beeinflussung stereotypischer Vorstellungen auf die Urteilsfindung und Sanktionshärte nachgewiesen werden[783] noch Vergewaltigungsmythen bei untersuchten Verfahren festgestellt werden[784].

Die kontroversen Ergebnisse sind u.a. auf die verschiedenen Datenmaterialien der Untersuchungen zurückzuführen. Während die Vergewaltigungsmythenforschung ihre Erkenntnisse aus der Bewertung von fiktiven Vergewaltigungsszenarien gewinnt, beziehen sich die Ergebnisse der Rechtstatsachenforschungen auf die Analyse von Akten realer Fälle. Fallgeschichten haben den Vorteil, dass Ausprägungen von Merkmalen variiert werden können. Außerdem erhöht sich durch die Anwendung von Vergewaltigungsszenarien die Validität der Variablen – die Merkmalausprägungen decken sich mit stereotypischen Vorstellungen über Vergewaltigungen und erfassen gut operationalisiert die Akzeptanz von Vergewaltigungsmythen. Allerdings stellt sich immer die Frage, wie realitätsnah die Vergewaltigungsszenarien sind. Es ist eher unwahrscheinlich, dass jeder realer Vergewaltigungsvorwurf eine derartige Variabilität von Merkmalsausprägungen enthält oder eine umfangreiche Darbietung von Informationen. Dabei sind insbesondere jene realen Fälle für die Analyse des Fallschwunds interessant, die aufgrund von Beweisschwierigkeiten vor Eröffnung des Hauptverfahrens nach § 170 Abs. 2 StPO eingestellt werden. Dennoch, Aktenanalysen erfassen letztendlich nur jene Merkmale, die auch in der Akte vermerkt sind. Daraus ergibt sich, dass bei wenigen Informationen auch nur wenige Merkmale erfasst werden können, was die Stichprobengröße erheblich reduzieren und damit den Aussagewert der Ergebnisse einschränken kann[785].

Des Weiteren kann die sozialpsychologische Vergewaltigungsmythenforschung auf umfangreiches Datenmaterial zur Bestätigung ihrer These zurückgreifen: Sie

---

Vergewaltigungsfällen. In die Metaanalyse flossen in erster Linie solche Studien ein, die einer ausgewählten Stichprobe fiktive Fallgeschichten vorlegten. Die Fallgeschichten beinhalteten wiederum bestimmte Opfer-, Täter- oder Tatmerkmale, die stereotypische Vorstellungen über Vergewaltigungen abdeckten. Insgesamt konnte der Autor 40 Studien berücksichtigen, in denen folgende Kriterien erfüllt wurden: die Vergewaltigungsmythenakzeptanz wurde erfasst, Fallgeschichten wurden den Probanden vorgelegt, entweder die Schuldzuweisung an das Opfer, die Schuldzuweisung an den Täter oder Informationen zum Urteil wurden erhoben.

783 Vgl. *Menzel*, 2003, 205 ff.; siehe C. II. in dieser Arbeit.

784 *Barton*, 2015, S. 51.

785 Siehe unter C.IV.1. in dieser Arbeit und dort die Analyse der Berechnung der Falschanschuldigungsquote von *Burgheim/Friese*, 2006, S. 23

befragt in ihren Untersuchungen Studierende und/oder die allgemeine Bevölkerung. Dieses Vorgehen führt zu hohen Stichprobenumfängen, berücksichtigt aber nicht das Expertenwissen der Fachkräfte der Strafverfolgungsbehörden. Bei der Interpretation der Ergebnisse ist demnach stets zu bedenken, dass die Urteilsfindung der Testpersonen auf persönlichen Einstellungen ohne Expertise beruht. Zudem sind sich die Testpersonen aus der Studentenschaft bzw. der allgemeinen Bevölkerung im Klaren darüber, einen fiktiven Fall zu beurteilen. Die Beurteilung eines Vergewaltigungsverfahrens von Fachkräften der Strafverfolgungsbehörden hat hingegen weitreichende Folgen sowohl für das mögliche Opfer als auch für den Beschuldigten.

Zum jetzigen Stand kann nicht mit Sicherheit davon ausgegangen werden, dass die Vergewaltigungsmythenakzeptanz den Fallschwund bei Vergewaltigungsvorwürfen erklärt. Zwar ist die Vergewaltigungsmythenforschung umfangreich, dennoch lassen sich ihre Ergebnisse nur schwer auf die handelnde Ebene übertragen. Die Personengruppe der Fachkräfte wurde bisher von der Vergewaltigungsmythenforschung in Deutschland nur selten berücksichtigt. Zudem steckt die kriminologische Rechtstatsachenforschung zum Einfluss der Vergewaltigungsmythenakzeptanz auf den Ausgang von Vergewaltigungsstrafverfahren noch in den Kinderschuhen. Nur wenige empirische Untersuchungen widmen sich momentan der Darlegung und Analyse der Verfahrenswirklichkeit bei Vergewaltigungsvorwürfen in Deutschland. Dabei könnten weitere Ergebnisse erheblich zur Beantwortung der Frage beitragen, in welchem Maße Vergewaltigungsmythen den Falschwund beeinflussen.

3. Beeinflussen Vergewaltigungsmythen die Polizei?

Die empirische Polizeiforschung belegt, dass polizeiliche Sachbearbeiter/innen häufig Zweifel am Wahrheitsgehalt der Aussage des möglichen Opfers hegen[786]. Folgende Aussage eines Kommissariatsleiters verdeutlicht dies: *„Alle Sachbearbeiter von Sexualdelikten sind sich einig, dass deutlich mehr als die Hälfte der angezeigten Sexualstraftaten vorgetäuscht werden“*[787]. Insbesondere das Vor- und Nachtatverhalten des möglichen Opfers wurde gehäuft als Grund für den Zweifel am Wahrheitsgehalt der Aussage genannt[788]. Wenn das mögliche Opfer den Tatverdächtigen im Auge der polizeilichen Sachbearbeiterin/des

786 Vgl. *Elsner/Steffen*, 2005, S. 157 ff.

787 A.a.O., S. 177 (Hervorhebung im Original).

788 Vgl. E.IV.1. in dieser Arbeit sowie *Elsner/Steffen*, 2005, S. 175.

polizeilichen Sachbearbeiters „massiv angemacht“[789] oder „angebaggert“[790] hat, nach einer Möglichkeit suchte, alleine mit dem Tatverdächtigen zu sein oder schließlich auch von einer Gegenwehr absah, obwohl „dies problemlos möglich und Erfolg versprechend gewesen wäre“[791], wird seine Glaubwürdigkeit geringer eingeschätzt. Damit decken sich die Gründe für die Zweifel an dem Wahrheitsgehalt der Aussage mit stereotypischen Vorstellungen über Vergewaltigungen, also Vergewaltigungsmythen[792].

Das hier aufgeführte Zitat verdeutlicht nicht nur den Zweifel der Sachbearbeiter/innen, sondern ebenfalls, dass sich „*Alle Sachbearbeiter (…) einig*“ sind. Damit betten sich die Zweifel am Wahrheitsgehalt in ein System der Geschlossenheit und Eintracht ein, was wiederum dazu führt, dass sich diese innerhalb einer Subgruppe erhärten und infolgedessen nicht in Frage gestellt werden. Die Zweifel sind vergleichbar mit spezialisierten Handlungsmustern von Subgruppen innerhalb der Polizei, markieren aber weniger eine Handlung als eher eine internalisierte, kollektiv akzeptierte Überzeugung. Die Akzeptanz von Vergewaltigungsmythen reduziert die Komplexität des vorliegenden Sachverhalts. Anhand von einzelnen Opfer-, Beschuldigten- und Tatmerkmalen wird binnen kurzer Zeit darüber entschieden, ob eine Vortäuschung vorliegt. Dadurch erhalten die Sachbearbeiter/innen für ihre Einschätzung Halt und Sicherheit. Die Akzeptanz der stereotypischen Vorstellungen erleichtert damit auch die tägliche Arbeit, indem sie den Ausgang eines Verfahrens für die Sachbearbeiter/innen vorhersehbar macht. Die Gültigkeit und Existenz der stereotypischen Vorstellungen über Vergewaltigungen wird durch die kollektive Anpassung ihrer Mitglieder gewährleistet[793]. Das bedeutet: Zum einen wird der Einfluss individueller Einstellungen gedämpft, zum anderen ist eine Änderung der Stereotype nur durch eine kollektive Resonanz über einen längeren Zeitraum möglich[794].

Akzeptieren die Sachbearbeiter/innen Vergewaltigungsmythen, unterstützen sie zugleich die These, es gebe ein ideales, perfektes Opfer[795]. Im Umkehrschluss existieren auch untypische Opfer. Diesen begegnen die Sachbearbeiter/innen mit Ablehnung[796]. Dadurch kommt es zu Schuldzuweisungen zu Lasten

---

789 *Elsner/Steffen*, 2005, S. 170.
790 A.a.O., S. 170.
791 A.a.O., S. 171.
792 Siehe C.III. in dieser Arbeit.
793 Vgl. *Behr*, 2000.
794 Vgl. *Behr*, 2002b, S. 187.
795 Siehe unter C.V.4. in dieser Arbeit.
796 Vgl. *Greuel*, 1992, S. 236.

des möglichen Opfers. Des Weiteren beeinflusst der sogenannte Inbegriff der polizeilichen Arbeit, die „Kriegermännlichkeit“[797], die Akzeptanz von Vergewaltigungsmythen. Das *„kulturelle Leitbild“*[798] der Polizei geht einher mit Eigenschaften wie Mut, Tapferkeit, Dominanz sowie Führungsanspruch und resultiert aus den elementaren Arbeitsauftrag der Polizeikraft – dem Schutz des Guten vor dem Bösen. Die Kriegermännlichkeit impliziert Vorstellungen über Geschlechterrollen und beinhaltet Geschlechtsrollenerwartungen. In diesem Zusammenhang belegt die Forschung zur Vergewaltigungsmythenakzeptanz im Rahmen einer Vielzahl von empirischen Untersuchungen, dass feministisch geprägte Vorstellungen über Vergewaltigungen die Akzeptanz von Vergewaltigungsmythen erhöhen[799]. Neben der Billigung zwischenmenschlicher Gewalt[800] und der persönlichen Haltung gegenüber Frauen[801] nimmt die Akzeptanz stereotypischer Geschlechtsrollenbilder[802] signifikanten Einfluss auf die Ausprägung der Vergewaltigungsmythenakzeptanz.

Demnach gibt es also Hinweise für eine Existenz von Vergewaltigungsmythen bei der Polizei. In erster Linie stehen sie in einem engen Zusammenhang mit der von der Polizeiforschung belegten Tatsache, dass polizeiliche Sachbearbeiter/innen die Zahl der Vortäuschungen überschätzen. Gründe für einen Zweifel am Wahrheitsgehalt einer Aussage decken sich mit stereotypischen Vorstellungen über Vergewaltigungen. Zudem ist die Kultur der Polizeikräfte anfällig für ihre kollektive Akzeptanz und Weitergabe. Die Analyse von Falschbeschuldigungen und Vortäuschungen von Vergewaltigungsvorwürfen beziehungsweise von Sexualdelikten erhält besonders in jüngster Zeit Aufmerksamkeit von der (empirischen) Polizeiforschung[803]. Sie legt Faktoren offen, anhand derer sich Vortäuschungen von realen Fällen unterscheiden lassen sollen. Der Zusammenhang von überschätzten Vortäuschungen und der Akzeptanz von Vergewaltigungsmythen bekommt hingegen nur wenig Beachtung: Weder die Person des Sachbearbeiters/der Sachbearbeiterin noch der Ermittlungskontext bei Vergewaltigungsvorwürfen fand bisher Berücksichtigung. Dadurch existieren bis dato keine wissenschaftlich basierten Analysen über mögliche Einflussfaktoren auf die Überschätzung von Vortäuschungen durch polizeiliche Sachbearbeiter/

797 Vgl. *Behr*, 2008, S. 120; siehe unter C.III.2.a. in dieser Arbeit.
798 Vgl. *Behr*, 2008, S. 120 (Hervorhebung im Original).
799 Siehe unter C.VI.2. in dieser Arbeit.
800 Vgl. *Burt*, 1980, S. 218.
801 Vgl. *Spence/Helmreich*, 1978.
802 Vgl. *Lonsway/Cortina/Magley*, 2008, S. 605 f., 609.
803 Vgl. *Frauen*, 2008; *Burgheim/Friese*, 2006.

innen. Auch kann bis dato nicht geklärt werden, in welchem Maße die Polizistenkultur diese Überschätzung beeinflusst.

4. Vergewaltigungsmythen bei der Polizei als Erklärung für den Fallschwund?

Es gibt somit Hinweise, dass Vergewaltigungsmythen Teil der Polizei sind und die Kultur der Polizeikräfte anfällig für ihre kollektive Akzeptanz ist. Allerdings bleibt unklar, welche Auswirkungen dies hat. Die Vergewaltigungsmythenforschung sieht einen Zusammenhang zwischen der Vergewaltigungsmythenakzeptanz und dem Fallschwund bei Vergewaltigungsvorwürfen. Demnach müsste auch die Vergewaltigungsmythenakzeptanz der Sachbearbeiter/innen den Fallschwund bei Vergewaltigungsvorwürfen beeinflussen. Doch Barton belegt in seiner empirischen Untersuchung, die aber nur einen Stichprobenumfang von 15 Verfahren umfasste, dass Vergewaltigungsmythen nicht Inhalt der untersuchten Akten waren[804]. Eher ermittelten die Sachbearbeiter/innen konsequent professionell. Dafür, dass dies keine Ausnahme ist, die polizeilichen Sachbearbeiter/innen also grundsätzlich professionell ermitteln, spricht neben der professionalisierten Aus- und Weiterbildung der Sachbearbeiter/innen ebenfalls die Kultur der Polizei. Durch politisch korrekte Wertbezüge wird Auskunft darüber geben, „in welchen Situationen welche Werte und Tugenden in welchem Ausmaß Geltung erlangen“[805]. Die Akzeptanz von Vergewaltigungsmythen ist zwar Teil des polizeilichen Alltags, aufgrund der internalisierten Professionalität ist es allerdings unwahrscheinlich, dass sich diese auf die Ermittlungsqualität und damit auf den Fallschwund auswirkt.

Um die alltäglichen beruflichen Handlungsanforderungen bewältigen zu können, müssen Polizeikräfte über professionelle Anschauungsweisen verfügen. Dabei basiert das professionelle Handeln der Sachbearbeiter/innen auf Wissenschaftlichkeit und den damit verbundenen Methoden und Arbeitsweisen. Seit den 90er Jahren hat die Polizei ihre (akademischen) Ausbildungsinhalte einschneidend überarbeitet[806]. Besonderer Wert wird auf die Kommunikations- und Dialogfähigkeit der Polizeianwärter/innen sowie auf den Ausbau der sozialen Kompetenz gelegt[807]. Die polizeilichen Sachbearbeiter/innen von Vergewaltigungsvorwürfen erlangen während ihrer Aus- und Fortbildung Kenntnisse

---

804 Vgl. *Barton*, 2015, S. 51.
805 *Behr*, 2006, S. 48.
806 Vgl. *Kirchhof*, 2012, S. 53 ff. siehe unter D.I.2. in dieser Arbeit.
807 Vgl. *Ahlf*, 2001, S. 620.

über die theoretischen Anforderungen und die alltäglichen Konfrontationen ihrer besonderen Ermittlungstätigkeit. Dazu gehört auch die Kenntnis über die tatsächlichen Erscheinungsformen von Vergewaltigungen, aber auch ihrer rechtlichen Definition. Neben dem theoretischen Wissen lernen Polizeianwärter/innen während ihrer Ausbildung durch Berufspraktika auch die Praxis kennen. Dadurch internalisieren die Polizeikräfte im Laufe ihrer Ausbildung spezifische Handlungsabläufe eines Aufgabenbereichs innerhalb der Polizei. Dazu zählt auch die Ermittlungstätigkeit bei Vergewaltigungsvorwürfen. Nach ihrer Ausbildung greifen sie im Polizeialltag schließlich auf diese zurück.

Professionelles polizeiliches Handeln ist zudem ethisch fundiert[808]. Aufgrund dessen basiert es nicht einzig auf Wissenschaftlichkeit. Die professionellen Anschauungsweisen müssen sich über ein professionelles Selbstverständnis hin zu einer Übernahme einer professionellen Berufsrolle bzw. einer beruflichen Identität entwickeln. Bei der Polizei legt insbesondere die Polizeikultur die Grenzen des moralischen Handelns dar, indem sie die Berufsethik determiniert und damit den offiziell geltenden Rahmen für das Alltagshandeln der Polizeikräfte bestimmt[809]. In Form von Leitbildern werden gemeinsame Ziele formuliert, die letztendlich als Orientierung und Identifikationsmittel dienen. Hauptsächlich wirken Leitbilder motivierend, weil sie zum einen den Sinnzusammenhang aller Tätigkeiten verdeutlichen, zum anderen aber auch den Mitgliedern Erfolge präsentieren[810]. Die Leitbilder orientieren sich wiederum an der politischen Korrektheit und geben ethisch fehlerfreie Ziele vor.

Das Zusammenspiel von akademisierter, theorie- und praxisbasierter Ausbildung und der dokumentierten Kultur der Polizei hilft der Polizeikraft, eine berufliche Identität herauszubilden. Diese berufliche Identität führt wiederum zu einem professionalisierten Handeln im Polizeialltag. Diese Professionalität verhindert infolgedessen, dass vorherrschende Zweifel über den Wahrheitsgehalt einer Aussage bei Vergewaltigungsvorwürfen die Ermittlungsqualität beeinflussen. Deswegen ist es auf Basis der Erkenntnisse dieser Arbeit unwahrscheinlich, dass die Vergewaltigungsmythenakzeptanz der Sachbearbeiter/innen den Fallschwund bei Vergewaltigungsvorwürfen beeinflusst. Allerdings lässt sich dies nicht mit empirischen Forschungsergebnissen untermauern. Weder existieren empirische Analysen zu der Wirksamkeit bzw. dem Output der

808 Vgl. *Behr*, 2002b, S. 177 ff.; *Ahlf*, 1997.
809 Vgl. *Behr*, 2006, S. 48.
810 Vgl. *Behr*, 2000, S. 230 f.; *Behr*, 2002b, S. 185.

Aus- und Fortbildungen noch über die Effektivität bzw. den Einfluss der Polizeikultur auf die handelnde Ebene der Polizeiarbeit.

Folgenlos bleiben die Zweifel und die Akzeptanz von Vergewaltigungsmythen durch die Sachbearbeiter/innen aber nicht. Dies bestätigt folgende Aussage eines möglichen Vergewaltigungsopfers: „Ich hatte den Eindruck, daß man mir indirekt den Vorwurf machte, nicht abgeneigt gewesen zu sein, da ich mich nicht körperlich gewehrt hatte... Mir erschien es so, als hätten sie mich lieber halbtot gesehen, um tatkräftige Beweise zu haben“[811]. Vornehmlich die möglichen Opfer, die eine Anzeige bei der Polizei erstattet haben, spüren die Zweifel am Wahrheitsgehalt ihrer Aussage. Dies Umstand wird dann problematisch, wenn dadurch nicht nur die Anzeigebereitschaft beeinflusst wird[812], sondern auch die Aussagebereitschaft. Nach den Zahlen der empirischen Polizeiforschung wird ein Großteil der Verfahren auch deswegen eingestellt, weil die möglichen Opfer nicht zu weiteren Befragungen erscheinen[813]. Inwiefern diese Sachlage den Fallschwund beeinflusst, kann im Rahmen dieser Arbeit nicht geklärt werden. Auch hier fehlt es an empirischen Ergebnissen.

II. Ausblick

Insbesondere folgende Forschungsfelder lassen zukünftig neue Erkenntnisse erwarten: Forschungen zum Fallschwund bei Vergewaltigungsvorwürfen und Untersuchungen zu Vergewaltigungsmythen und deren Einfluss auf den Fallschwund sowie zum Zusammenhang zwischen dem theoretischen und praktischen Handeln der Polizei und den Vergewaltigungsmythen.

1. Zukünftige Forschungen zum Fallschwund bei Vergewaltigungsvorwürfen

Da in Deutschland keine Verfahrensverlaufsstatistik zu Strafverfahren existiert, gestaltet sich die statistische Darstellung des Fallschwunds schwierig[814]. Daher hat die zukünftige Rechtstatsachenforschung zum Fallschwund große Bedeutung. Diese sieht sich aber mit einem erschwerten Zugang zu geeignetem Datenmaterial konfrontiert. Neben einer Förderung der Zusammenarbeit von

---

811 *Steffen*, 1987, S. 92.

812 *Steffen*, 1987, S. 93: „Ja, also ich würde im Endeffekt nie wieder zur Polizei gehen. Das kommt denn dabei raus. Ich finde das war schlimmer als die Vergewaltigung selber, war eigentlich schlimmer“.

813 Vgl. *Elsner/Steffen*, 2005, S. 149.

814 Vgl. *Jehle*, 2013, S. 712.

verantwortlichen Ministerien, Landesämtern, Gerichten und Staatsanwaltschaften und der wissenschaftlichen Forschung, kann eine Absprache über einheitliche Erfassungsmethoden und eine vereinheitlichte Verwendung von Straftatenschlüsseln bei den Strafverfolgungsbehörden zu einer verbesserten Datenerhebung führen. Durch diese Maßnahmen könnte die Rechtstatsachenforschung nicht nur ihren Stichprobenumfang erhöhen, sondern zudem bundeslandübergreifend Verfahrenseinstellungen analysieren.

Einen bedeutenden Stellenwert bei der zukünftigen Forschung zum Fallschwund von Vergewaltigungsvorwürfen nehmen die Einstellungen nach § 170 Abs. 2 StPO ein. Der Zugewinn an quantitativen Datenanalysen in Form von Aktenanalysen könnte eine Übersicht über Gründe für die Verfahrenseinstellungen geben und Gemeinsamkeiten und Schwerpunkte aufdecken. Wie viele Verfahren unter den Einstellungen sind tatsächlich beweisschwierig, weil Aussage gegen Aussage steht? Wie ist in diesen Fällen die Täter-Opfer-Konstellation? Wie oft wurde das Opfer befragt, von wie vielen Sachbearbeitern welchen Geschlechts? Zu welchen Tageszeiten, in welchen Räumlichkeiten? Wie oft hat das mögliche Opfer eine weitere Aussage verweigert? Anschließend könnten Datenanalysen, beispielsweise durch Korrelationen, durchgeführt werden. Diese könnten statistische Zusammenhänge offenlegen, welche die Rechtspolitik beeinflussen. Dies könnte in der Folge wiederum Auswirkungen auf die Rechtspraxis haben.

Letztendlich versprechen interdisziplinäre Forschungen zum Fallschwund bei Vergewaltigungsvorwürfen einen hohen Erkenntnisgewinn. Neben der Rechtswissenschaft lässt insbesondere die Berücksichtigung der Rechtspsychologie, der Polizeiwissenschaft, aber auch der Sozialpsychologie neues Wissen erwarten. Dadurch werden nicht nur Fakten der Verfahrenswirklichkeit sichtbar, sondern auch die Vernehmungssituation mit Kommunikations- und Interaktionsmerkmalen sowie persönliche Attitüde und Meinungen berücksichtigt. Diese Kernpunkte bestimmen den Umgang mit Vergewaltigungsvorwürfen und schließlich auch den Ausgang der Strafverfahren.

2. Zukünftige Forschungen zu Vergewaltigungsmythen und Fallschwund

Wie bereits dargelegt, ist die Vergewaltigungsmythenforschung sehr umfangreich. Infolgedessen wird der Akzeptanz von Vergewaltigungsmythen von der Vergewaltigungsmythenforschung ein Einfluss auf den Fallschwund bei Vergewaltigungen nachgewiesen. Die kriminologische Rechtstatsachenforschung widerlegt mit ihren Ergebnissen allerdings diese These. Um den Zusammenhang zwischen der

Vergewaltigungsmythenakzeptanz und dem Fallschwund weiter zu dokumentieren, muss die zukünftige Vergewaltigungsmythenforschung ihr Forschungsdesign ausweiten. Der Fallschwund muss dort analysiert werden, wo er beeinflussbar ist: bei den Akteuren der Strafverfolgungsbehörden. Von großem Forschungsinteresse sind dabei die Faktoren, die nach Meinung der Testpersonen zu einer Einstellung bzw. einer Anklage führen, wie die Aussageverweigerung des möglichen Opfers oder das Fehlen weiterer Beweise. Einhergehend mit der Befragung der Sachbearbeiter/innen, geben Aktenanalysen Hinweise auf die realen Umstände von Vergewaltigungsverfahren. Darauf aufbauend kann die Vergewaltigungsmythenforschung ihre Vergewaltigungsszenarien konkretisieren und variieren und damit einen Bezug zu realen Fällen herstellen. Dadurch wird nicht nur die Aktualität berücksichtigt, sondern auch die Validität der Erhebungsinstrumente erhöht.

Weiterführend liefern anonymisierte Befragungen der Entscheidungsträger/innen, also von Staatsanwält/en/innen und Richter/innen, Erkenntnisse über ihr berufliches Alltagshandeln. Für die Gruppe der polizeilichen Sachbearbeiter/innen geben Beobachtungen beispielsweise Aufschlüsse über Kommunikationsarten- und gewohnheiten, sowohl zwischen den Kollegen als auch gegenüber den möglichen Opfern. Ist die Kommunikation mit einem idealen Opfer wohlwollender als mit einem nicht typischen Opfer? Wird unter den Kollegen in Anwesenheit von möglichen Opfern unangebrachtes Verhalten, wie Scherzen oder Verharmlosen an den Tag gelegt? Daraus ergeben sich schließlich neue Ansätze für fortlaufende Analysen des Zusammenhangs zwischen Vergewaltigungsmythen und dem Fallschwund bei Vergewaltigungsvorwürfen.

Zudem verspricht eine Ausweitung der empirischen kriminologischen Rechtstatsachenforschung große Vorteile für die zukünftige Darlegung des Zusammenhangs zwischen Vergewaltigungsmythen und dem Fallschwund bei Vergewaltigungsvorwürfen. Diese Rechtstatsachenforschung ist von Nöten, da sie den Fallschwund aus Sicht der rechtswissenschaftlichen Praxis betrachtet. Was sind die rechtlichen Rahmenbedingungen für eine Einstellung? Welche Bedingungen müssen für eine Anklageerhebung erfüllt sein? In wie vielen Fällen werden diese Bedingungen erfüllt, in wie vielen nicht? Diese Perspektive darf auch zukünftig nicht vernachlässigt werden.

3. Zukünftige Forschungen zu Polizei, Vergewaltigungsmythen und Fallschwund

Zukünftige Forschungen zum Themenkomplex Polizei, Vergewaltigungsmythen und Fallschwund sollten vielschichtig angelegt sein. Zwar ist es beruhend aus den Erkenntnissen dieser Arbeit unwahrscheinlich, dass sich Vergewaltigungsmythen bei der Polizei auf den Fallschwund auswirken, allerdings gibt es Hinweise, dass die möglichen Opfer ein Misstrauen auf Seiten der Polizeikräfte spüren. Das beeinflusst wiederum die Aussagebereitschaft und damit die Verfahrenswirklichkeit bei Vergewaltigungsvorwürfen. Daher muss die zukünftige (Polizei-) Forschung mehrere Schwerpunkte berücksichtigen: Zum einen müssen die Hintergründe der Überschätzung und des Misstrauens analysiert werden, zum anderen deren Auswirkungen.

Bei der Analyse der Hintergründe müssen zunächst die Sachbearbeiter/innen im Vordergrund stehen. Durch qualitative Forschungsdesigns sollte insbesondere der Frage nachgegangen werden, womit die Sachbearbeiter/innen ihre überhöhte Einschätzung von Falschbeschuldigungen begründen. Aufgrund der eigenen Erfahrung? Weil es einfach so ist? Weil es unter den Kollegen so artikuliert wird? Dabei sollte die Anonymisierung der Sachbearbeiter/innen höchste Priorität genießen. Schließlich muss auch die Frage geklärt werden, was die Überschätzung beeinflusst. Welche Personengruppe begründet wie ihre Zweifel? Begründen weibliche/junge Sachbearbeiter die Zweifel anders als männliche/routinierte Sachbearbeiter? Durch die Beantwortung dieser Fragen wird schlussendlich auch der Handlungsrahmen der praktischen Polizeiarbeit bei Vergewaltigungsvorwürfen sichtbar. Diese Erkenntnis zeigt wiederum der Polizeiführung Interventionsmöglichkeiten auf. Sofern Sachbearbeiter/innen ihre Zweifel mit jahrelanger Erfahrung begründen, ist es Aufgabe der Polizeiführung, im Rahmen von Weiterbildungsmaßnahmen über die realen Zahlen der Falschbeschuldigungen aufzuklären. Werden Missstände bei der Kommunikationsart erkennbar, sollten auch dort Maßnahmen ergriffen werden. Des Weiteren werden durch die Berücksichtigung dieser Kernpunkte auch die inoffiziellen Gesetzmäßigkeiten der Gruppen sichtbar.

Eine wichtige Rolle bei der zukünftigen Forschung nehmen zudem die Auswirkungen der Überschätzung von falschen Verdächtigungen und Vortäuschungen ein. In diesem Zusammenhang sollte das mögliche Vergewaltigungsopfer erhöhte Aufmerksamkeit erlangen. Künftige Forschung muss sich fragen, ob das mögliche Vergewaltigungsopfer aufgrund des entgegengebrachten Misstrauens auf weitere Aussagen verzichtet und damit der Fallschwund beeinflusst wird. Dafür muss zunächst mit Hilfe von quantitativen Forschungsmethoden die Verfahrenswirklichkeit dargestellt werden. Wie oft verweigern mögliche Vergewaltigungsopfer tatsächlich eine Aussage, und in wie vielen Fällen endet das Verfahren dann mit einer Einstellung? Diese Beobachtungen produzieren schließlich weitere quantitative Daten zur Überprüfung des Zusammenhangs.

Die zukünftige (empirische) Polizeiforschung muss sich stark an der Praxis orientieren. Das bedeutet, der Blick muss sich auf die Prozesse innerhalb der Polizei richten, denn diese beeinflussen letztlich auch das Output der Polizeiarbeit. Durch zielgerichtete Forschungen erhöht sich zudem die Transparenz der polizeilichen Arbeit – und das nicht nur für den Bürger, sondern auch für die Polizeiführung.

Verzeichnis der Literatur

Abel, M-H. Vergewaltigung. Stereotypen in der Rechtsprechung und empirische Befunde, 1988.

Ahlf, E.-H. Ethik im Polizeimanagement. Polizeiethik mit Bezügen zu Total Quality Management (TQM), 1997.

Ahlf, E.-H. Polizeiforschung am Scheideweg, Kriminalistik 2001, S. 618–628.

Altemeyer, R. Right-Wing Authoritarianism, 1981.

Asmus, H.-J. Wie viel Wissenschaft braucht – wie viel verträgt die polizeiliche Praxis? in: Enke, T./Kirchhof, S. (Hrsg.), Theorie und Praxis polizeilichen Handelns, wie viel Wissenschaft braucht die Polizei? 2012, S. 41–52.

Barthel, C. Fallbearbeitung. Schlüsselmethode für eine polizeiliche Handlungslehre, in: Enke, T./Kirchhof, S. (Hrsg.), Theorie und Praxis polizeilichen Handelns, wie viel Wissenschaft braucht die Polizei? 2012, S. 113–140, S. 115.

Barton, S. Wenn Aussage gegen Aussage steht. Die justizielle Bewältigung von Vergewaltigungsvorwürfen, in: Rotsch, T./Brüning, J./ Schady, J. (Hrsg.), Strafrecht, Jugendstrafrecht, Kriminalprävention in Wissenschaft und Praxis. Festschrift für Heribert Ostendorf zum 70. Geburtstag am 7. Dezember 2015. 2015, S. 41–56 .

Baugher, S./Elhai, J./Monroe, J./ Gray, M. Rape Myth Acceptance, Sexual Trauma History, and Posttraumatic Stress Disorder, Journal of Interpersonal Violence 2010, S. 2036–2053.

Baurmann, M. Sexualität, Gewalt und psychische Folgen. Eine Längsschnittuntersuchung bei Opfern sexueller Gewalt und sexueller Normverletzung anhand von angezeigten Sexualkontakten, 2. Aufl., 1996.

Behr, R. Cop Culture. Der Alltag des Gewaltmonopols, 2000.

Behr, R. Lebenswelt Polizei. Ein ethnografischer Zugang zur Berufsidentität von Polizeibeamten, Forum: Qualitative Sozial Forschung 2002a, S. 1–28.

Behr, R. Polizeikultur als institutioneller Konflikt des Gewaltmonopols, in: Lange, H.-J. (Hrsg.), Die Polizei der Gesellschaft. Zur Soziologie der Inneren Sicherheit. Band 4. 2002b, S. 177–194.

Behr, R. Polizeiforschung als Kontrolle der Kontrolleure? in: Herrnkind, M./ Scheerer, S. (Hrsg.), Die Polizei als Organisation mit Gewaltlizenz. Möglichkeiten und Grenzen der Kontrolle. 2003, S. 221–259.

Behr, R. Polizeikultur. Routinen-Rituale-Reflexionen, 2006.

Behr, R. Polizeiarbeit-immer noch Männersache? Tradition, Hegemonie und die Folgen der Geschlechterdebatte in der Polizei, in: Leßmann-Faust, P. (Hrsg.), Polizei und Politische Bildung, 2008, S. 117–147.

Behr, R. Warum Polizisten schweigen, wenn sie reden sollten. Ein Essay zur Frage des Korpsgeistes in der deutschen Polizei, in: Feltes, T. (Hrsg.), Neue Wege, neue Ziele. Polizieren und Polizeiwissenschaft, 2009, S. 25–43.

Behr, R. Risiken und Nebenwirkungen von Gefahrengemeinschaften. Ein Beitrag der Polizeikulturforschung zur Theorie der Praxis der Polizei, in, Enke/Kirchhof (Hrsg.), Theorie und Praxis polizeilichen Handelns. Wie viel Wissenschaft raucht die Polizei?, 2012, S. 87–112.

Behrendt, R. Qualitätsoffensive in der Kriminalitätsbekämpfung, Kriminalistik 2006, S. 452–460.

Berthel, R. Kriminalistikausbildung? Quo vadis?, Kriminalistik 2006, S. 609–614.

Becker, H.-S. Außenseiter. Zur Soziologie abweichenden Verhaltens, 1973.

Beier, K./Bosinski, H./Loewit, K. Sexualmedizin, 2001.

Bewley, S. Against Our Will, British Medical Journal 2011, S. 343.

Bieneck, S./Krahé, B. Blaming the Victim and Exonerating the Perpetrator in Cases of Rape and Robbery. Is There a Double Standard? Journal of Interpersonal Violence 2011, S. 1785–1797.

Boakye, K. Attitudes Toward Rape and Victims of Rape. A Test of the Feminist Theory in Ghana, Journal of Interpersonal Violence 2009, S. 1622–1651.

Bohner, G. Vergewaltigungsmythen, 1998.

Bohner, G./ Lampridis, E. Expecting to meet a rape victim affects women's self-esteem. The moderating role of rape myth acceptance, Group Processes Intergroup Relations 2004, S. 77–87.

Bohner, G./Reinhard, M.-A./Rutz, S./Sturm, S./Kerschbaum, B./Effler, D. Rape myth as neutralizzing cognitions. Evidence for a causal impact of anti-victim attitudes on men's self-reported likelihood of raping, European Journal of Social Psychology 1998, S. 257–268.

Boldt, H. Geschichte der Polizei in Deutschland, in: Lisken, H./Denniger, E. (Hrsg), Handbuch des Polizeirechts, 2. Aufl., 1996, S. 1–39.

Brosi, N. Untersuchung zur Akzeptanz von Vergewaltigungsmythen in verschiedenen Bevölkerungsgruppen, 2004.

Brown, J./King, J. Gender Differences in Police Officers Attitudes towards Rape. Results of an Exploratory Study, Psychology, Crime & Law 1998, S. 265–279.

Brownmiller, S. Against our Will. Men, Women and Rape, 1975.

Brownmiller, S. Gegen unseren Willen. Vergewaltigung und Männerherrschaft, 1978, übersetzt aus dem Englischen von Carrox, I.

Brusten, M. Determinanten selektiver Sanktionierung durch die Polizei, in: Feest, J./Lautmann, R. (Hrsg.), Die Polizei. Soziologische Studien und Forschungsberichte, 1971, S. 31–70.

Burgheim, J./Friese, H. Sexualdelinquenz und Falschbezichtigung. Ein empirischer Vergleich realer und vorgetäuschter Sexualdelikte, 2006.

Burgheim, J./Friese, H. Reale und vorgetäuschte Sexualdelikte, in: Lorei, C. (Hrsg.), Polizei und Psychologie, 2007, S. 431–450.

Burgheim, J. /Friese, H. Merkmale vorgetäuschter Sexualdelikte. Ergebnisse einer Replikationsstudie, Die Kriminalpolizei 2009, http://www.kriminalpolizei.de/ausgaben/2009/maerz/detailansicht-maerz/artikel/merkmale-vorgetaeuschter-sexualdelikte.html (letzter Aufruf 16.12.2016).

Burt, M. Cultural Myths and Supports for Rape, Journal of Personality and Social Psychology 1980, S. 217–230.

Burt, M. Rape Myth and Acquaintance Rape, in: Parrot, A./Bechhofer, L. (Hrsg.), Acquaintance rape. The hidden crime, 1991, S. 26–40.

Burt, M./Albin, R. Rape Myths, Rape Definition, and Probability of Conviction, Journal of Applied Social Psychology 1981, S. 212–230.

Cajner-Mraovic, I./Cerjak, A./Ivanusec, D. Policing sexual assault. The woman's point of view. in: Pagon, M. (Hrsg.), Policing in Central and Eastern Europe. Deviance, violence and victimization, 2002, S. 239–251.

Christie, N. The Ideal Victim, in: Fattah, E. (Hg.), From Crime Policy to Victim Policy. Reorienting the Justice System, 1986, S. 17–30.

Copic, S. Police response to domestic violence in Servia, in: Pagon, M. (Hrsg.), Policing in Central and Eastern Europe. Deviance, violence and victimization, 2002, S. 253–262.

Costin, F./ Schwarz, N. Beliefs about Rape and Women's Social Roles. A Four-Nation Study, Journal of Interpersonal Violence 1987, S. 46–56.

Dätwyler, L. Befragung und Betreuung der Opfer von Sexualdelikten, Kriminalistik 1993, S. 735–742.

Davies, N. Correlates of Negative Attitudes Toward Gay Men. Sexism, Male Role Norms, and Male Sexuality, The Journal of Sex Research 2004, S. 259–266.

Davies, M./Gilston, J./Rogers, P. Examining the Relationship Between Male Rape Myth Acceptance, Female Rape Myth Acceptance, Victim Blame, Homophobia, Gender Roles, and Ambivalent Sexism, Journal of Interpersonal Violence, 2012, S. 2807–2823.

De la Fontaine, D. Sexualdelikte und sexuelle Gewalt im Kontext von Viktimisierungsstudien, 2009.

Dieckmann, A. Empirische Sozialforschung. Grundlagen, Methoden, Anwendungen, 20. Auflage, 2009.

Dölling, D. Polizeiliche Ermittlungstätigkeit und Legalitätsprinzip. Eine empirische und juristische Analyse des Ermittlungsverfahrens unter besonderer Berücksichtigung der Aufklärungs- und Verurteilungswahrscheinlichkeit, 1987.

Dölling, D. Polizei und Legalitätsprinzip. Empirische Befunde zur polizeilichen Ermittlungstätigkeit bei Anzeigedelikten, in: Geisler, C. (Hrsg.), Das Ermittlungsverhalten der Polizei und die Einstellungspraxis der Staatsanwaltschaften, 1999, S. 39–60.

Donk, U./Reichertz, J./Schröer, N. Polizeiforschung ohne Grabenkämpfe, Kriminalistik 1996, S. 263–267.

Dovido, J./ Hewstone, M./Glick, P./Esses, V. The SAGE Handbook of Prejudice, Stereotyping and Discrimination, 2010.

Dudek, S. Diversity in Uniform? Geschlecht und Migrationshintergrund in der Berliner Schutzpolizei, 2009.

Dye, E./Roth, S. Psychotherapists´Konowledge about and Attitudes toward Sexual Assault Victim Clients, Psychology of Women Quarterly 1990, S. 191–212.

Eher, R./Rettenberger, M./Schilling, F. Psychiatrische Diagnose von Sexualstraftätern. Eine empirische Untersuchung von 807 inhaftierten Kindesmissbrauchstätern und Vergewaltigern, Zeitschrift für Sexualforschung 2010, S. 23–35.

Ellis, A./O'Sullivan, C./Soward, B. The Impact of Contemplated to a Survivor of Rape on Attitudes toward Rape, Journal of Applied Social Psychology 1992, S. 889–895.

Elsner, E./ Steffen, W. Vergewaltigung und sexuelle Nötigung in Bayern, 2005.

Eyssel, F. Rape Stereotypes and Myths and their Psycho-legal Consequences, Sex Roles 2009, S. 589–591.

Eyssel, F./Bohner, G. Modern Rape Myths. The Acceptance of Modern Myth about Sexual Aggression (AMMSA) Scale, in: Morriso, M./Morrison, T. (Hrsg.), The Psychology of Modern Prejudice 2008, S. 261–276.

Feest, J./Blankenburg, E. Die Definitionsmacht der Polizei. Strategien der Strafverfolgung und soziale Selektion, 1972.

Fehrmann, H. Die vergewaltigte Frau im Kontakt mit der Schutz- und Kriminalpolizei, in: Fehrmann, H./Jakobs, K./Junker, R./Warnke, C. (Hrsg.), Das Mißtrauen gegen vergewaltigte Frauen, 1986, S. 59–102.

Feild, H. Attitudes towards rape: A comperative Analysis of Police, Rapists, Crisis Counselors, and Citizens, Journal of Personality and Social Psychology 1978, S. 156–179.

Feltes, T./Punch, M. Good People, Dirty Work? Wie die Polizei die Wissenschaft und Wissenschaftler die Polizei erleben und wie sich Polizeiwissenschaft entwickelt, Monatsschrift für Kriminologie 2005, S. 26–44.

Ferro, C./Cermele, J./Saltzman, A. Current Perceptions of Marital Rape. Some Good and Not-So-Good News, Journal of Interpersonal Violence 2008, S. 746–779.

Frauen, J. Vorgetäuschte Sexualdelikte, 2008.

Frederking, G. Vergewaltigungsprozesse, in: Gräning (Hrsg.), Sexuelle Gewalt gegen Frauen, 1993, S. 53–62.

Frevel, B. Gilt Humboldts Ideal der Einheit von Forschung und Lehre? Ein essayistisches Plädoyer für die Forschung an Polizeihochschulen, in: Enke, T./Kirchhof, S. (Hrsg.), Theorie und Praxis polizeilichen Handelns, wie viel Wissenschaft braucht die Polizei? 2012, S. 29–39.

Frommel, M. Begünstigen Opferkampagnan Falschaussagen in Verfahren wegen sexueller Nötigung/Vergewaltigung?, in: Boers, K./Feltes, T./Kinzig, J./Sherman, L.W./Streng, F./Trüg, G. (Hrsg.), Kriminologie. Kriminalpolitik. Strafrecht, 2013, S. 697–710.

Foley, L./Pigott, M. Belief in a Just World and Jury Decision in a Civil Rape Trial, Journal of Applied Social Psychology 2000, S. 935–951.

Gasch, U. CopShock. Vom psychischen Erleben und Überleben deutscher Polizisten, Kriminalistik 2006, S. 254–260.

Gerger, H./Kley, H./Bohner, G./Siebler, F. The Acceptance of Modern Myth About Sexual Aggression Sclae. Development and Validation in German and English, Aggressive Behavior 2007, S. 422–440.

Gerstendörfer, M. In dubio pro reo oder in dubio contra victimam? Zur Problematik der Entscheidungsfindung vor Gericht im Falle von Sexualstrafdelikten. Einige Anmerkungen aus der Sicht der statistischen Entscheidungstheorie, Praxis der Rechtspsychologie 1994, S. 51–62.

Glick, P./Fiske, S. The Ambivalent Sexism Inventory. Differentiating Hostile and Benevolent Sexism, Journal of Personality and Social Psychology 1996, S. 491–512.

Godenzi, A. Die eheliche Intimität wird antastbar. Vergewaltigung in der Ehe im europäischen Vergleich, Monatsschrift für Kriminologie 1988, S. 255–262.

Goedelt, Vergewaltigung und sexuelle Nötigung. Untersuchung der Strafverfahrenswirklichkeit, 2010.

Greuel, L. Police Officer's Beliefs About Cues Associated With Deception in Rape Cases, in: Lösel, F./Bender, D./Bliesener, T. (Hrsg.), Psychology and the Law, 1992, S. 234–239.

Groß, H./Frevel, B./Dams, C. Die Polizei(en) in Deutschland, in: Groß/Frevel/Dams, Handbuch der Polizeien Deutschlands, 2008, S. 11–44.

Hattwig, M./Ritsert, R. Führung und Controlling. Eine empirische Untersuchung am Beispiel einer nordrhein-westfälischen Kreispolizeibehörde, in: Ritsert, R./Vera, A. (Hrsg.), Polizei und Management, Band 1, 2011, S. 67–101.

Henry, C./Beyer, I. Blaming the Victim. Die Schuldumkehr in Vergewaltigungsprozessen, Monatsschrift für Kriminologie und Strafrechtsreform 1985, S. 340–347.

Hermanutz, M./Adler, F./Schröder, J. Forschungs- und Anwendungsbereiche von Vernehmungsstrategien und Aussageanalyse in der polizeilichen Ermittlung, Kriminalistik 2011, S. 43–47.

Hockett, J./Saucier, D./Hoffman, B./Smith, S./Craig, A. Oppression Through Acceptance? Predicting Rape Myth Acceptance and Attutudes Toward Rape Victims, Violence Against Women 2009, S. 877–897.

Hunold, D./Klimke, D./Behr, R./Lautmann, R. Fremde als Ordnungshüter? Die Polizei in der Zuwanderungsgesellschaft Deutschland, 2010.

Jäger, H. Strafrechtspolitik und Wissenschaft, in: Bauer, F./Bürger-Prinz, H./Giese, H./Jäger, H. (Hrsg.), Sexualität und Verbrechen. Beiträge zur Strafrechtsreform, 1963, S. 273–298.

Jehle, J.-M. Selektion in europäischen Kriminaljustizsystemen am Beispiel der Sexualdelikte, in: Boers, K./Feltes, T./Kinzig, J./Sherman, L.W./Streng, F./Trüg, G. (Hrsg.), Kriminologie. Kriminalpolitik. Strafrecht, 2013, S. 711–726.

Jenkins, M./Dambrot, F. The Attribution of Date Rape. Observer's Attitudes and Sexual Experiences and The Dating Situation, Journal of Applied Social Psychology 1987, S. 875–895.

Junker, R. Die Betreuung der vergewaltigten Frau durch Institutionen der formellen Sozialkontrolle, in: Fehrmann, H./Jakobs, K./Junker, R./Warnke, C. (Hrsg.), Das Mißtrauen gegen vergewaltigte Frauen, 1986, S. 133–154.

Kahlor/Morrison Television Viewing and Rape Myth Acceptance among College Women, Sex Roles 2007, S. 729–739.

Kalra, M./Wood, E./Desmarais, S./Verberg, N./Senn, C. Exploring Negative Dating Experience and Beliefs About Rape Among Younger and Older Women, Achieves of Sexual Behavior 1998, S. 145–153.

Kleinke, C./Meyer, C. Evaluation of Rape Victim by Men and Women with high and low Belief in a Just World, Psychology of Women Quarterly 1990, S. 343–353.

Kley, E. Straftaten gegen die sexuelle Selbstbestimmung. Sexuelle Gewalt gegen Kinder, ein ubiquitäres, gesellschaftliches Phänomen?, Kriminalistik 2007, S. 455–463.

Kirchhof, S. Zur Akademisierung des Polizeiberufes in der Bildungswelt von Bologna. Ansichten, Bedingungen und Problemperspektiven zu den Möglichkeiten und Grenzen, in: Enke/Kirchhof (Hrsg.), Theorie und Praxis polizeilichen Handelns, wie viel Wissenschaft braucht die Polizei? 2012, S. 53–69.

König, L./Sprober, N./Seitz, A./Fegert, J. Erfahrungen von Betroffenen sexuellen Missbrauchs mit Strafverfahren und der Glaubhaftigkeitsbegutachtung, Das Jugendamt 2010, S. 531–536.

Körner, H.-J. Verbrechenswirklichkeit und Strafverfolgung. Erwägungen zum Aussagewert der Kriminalstatistik, 1973.

Kolshorn, M./Brockhaus, U. Mythen über sexuelle Gewalt, in: Bange, D./Körner, W. (Hrsg.), Handwörterbuch sexueller Missbrauch, 2002, S. 373–379.

Koss, M./Gidycz, C. Sexual Experience Survey. Reliability and Validity, Journal of Consulting and Clinical Psychology 1985, S. 422–423.

Koss, M./Gidycz, C./Wisniewski, N. The Scope of Rape. Incidence and Prevalence of Sexual Aggression and Victimization in a National Sample of Higher Education Students, Journal of Consulting and Clinical Psychology 1987, S. 162–170.

Koss, M./ Leonard, K./ Beezley, D./ Oros, C. Nonstranger sexual aggression. A discriminant Analysis of the Psychological characteristics of undetected Offenders, Sex Roles 1985, S. 981–992.

Koss, M./Oros, C. Sexual Experience Survey. A Research Instrument Investigating Sexual Aggression and Victimization, Journal of Consulting and Clinical Psychology 1982, S. 455–457.

Krahé, B. Sexual Aggression among Adolescents. Prevalence and Predictors in a German Sample, Psychology of Women Quarterly 1998, S. 537–554.

Krahé, B./Kundrotas, S. Glaubwürdigkeitsbeurteilung bei Vergewaltigungsanzeigen. Ein aussageanalytisches Feldexperiment, Zeitschrift für experimentelle und angewandte Psychologie 1992, S. 598–620.

Krahé, B./Temkin, J./Bieneck, S. Schema-Driven Information Processing in Judgements about Rape, Applied Cognitive Psychology 2007, S. 601–619.

Krahé, B. Soziale Reaktionen auf primäre Viktimisierung. Zum Einfluss stereotyper Urteilsmuster, in: Barton/Kölbel (Hrsg.), Ambivalenzen der Opferzuwendung des Strafrechts, 2012, S. 159–175.

Krasmann, S. Strukturen als Handlungs- und Legitimiationsgenerator. Polizisten erzählen aus ihrem Berufsalltag, in: Reichertz, J./Schröer, N. (Hrsg.), Qualitäten polizeilichen Handelns. Beiträge zu einer verstehenden Polizeiforschung, 1996, S. 78–106.

Kroll, C. Vergewaltigungsprozesse. Die gegenwärtige Situation der Opfer von sexueller Gewalt im Gerichtsverfahren und Möglichkeiten zur Verbesserung, 1992.

Künkel, J. Cop Culture Reloaded? Wandel und Persistenzen schutzpolizeilicher Macht, Kriminologisches Journal 2014, S. 264–283.

Kury, H./Chouaf, S./Obergfell-Fuchs, J. Sexuelle Viktimisierung an Frauen. Ergebnisse einer Opferstudie. Kriminalistik 2002, S. 241–247.

Kury, H./Pagon, M./Lobnikar, B. Wie werden Opfer von (Sexual-)Straftaten gesehen? Zum Problem der Stigmatisierung, Kriminalistik 2002, S. 735–744.

Lange, H.-J. Polizeiforschung, Polizeiwissenschaft oder Forschung zur Inneren Sicherheit? Über die Etablierung eines schwierigen Gegenstandes als Wissenschaftsdisziplin, in: Möller, M./van Ooyen, R. (Hrsg.), Jahrbuch Öffentliche Sicherheit, 2002/2003, S. 57–82.

Larsen, K./Long, E. Attitudes toward rape, The Journal of Sex Research 1988, S. 299–304.

Laubach, B. Frauen nach einer Vergewaltigung. Oder wie das Opfer zum Täter wird. In: Arbeitskreis „Sexuelle Gewalt“ (Hrsg.), Sexuelle Gewalt. Erfahrungen, Analysen, Forderungen, 1985, S. 105–117.

Lee, J./ Kim, J./ Lim, H. Rape myth acceptance among korean college students. The role of gender, attitudes toward women, and sexual double standard, Journal of Interpersonal Violence 2010, S. 1200–1223.

Lerner, M. The belief in a just world, 1980.

Liebl, K. Aus- und Fortbildung der Polizei und die Problematik der Gewaltlizenz, in: Scheerer, S./Herrnkind, M. (Hrsg.), Die Polizei als Organisation mit Gewaltlizenz, 2003, S. 207–219.

Liebl, K. Reflexionen über die Polizei, Band I, 2007.

Liebl, K. Die neue Polizeiforschung im letzten Jahrzehnt in der Bundesrepublik Deutschland, Kriminalistik 2008, S. 147–155.

Litzcke, S./Klossek, A. Glaubhaftigkeitsattribution. Wahrheit- und Lügenstereotype, in: Hermanutz, M./Litzcke, S. (Hrsg.), Vernehmung in Theorie und Praxis. Wahrheit, Irrtum, Lüge, 2009, S. 198–212.

Lonsway, K./Cortina, L./Magley, V. Sexual Harassment Mythology. Definition, Conceptualization, and measurement, Sex Roles 2008, S. 599–615.

Lonsway, K./Fitzgerald, L. Rape Myths. In Review, Psychology of Women Quarterly 1994, S. 133–164.

Malamuth, N. The attraction to sexual aggression scale. Part one, The Journal of Sex Research 1989, S. 26–49.

Manstead, A. The Blachwell encyclopedia of social psychology, 1995.

Manzoni Gewalt zwischen Polizei und Bevölkerung, 2003.

Menzel, B. Vergewaltigung in Urteilen der Strafjustiz von 1979 bis 1996, in: Künzel, C. (Hrsg.), Unzucht. Notzucht. Vergewaltigung. Definitionen und Deutungen sexueller Gewalt von der Aufklärung bis heute, 2003, S. 205–219.

Mraovic, I./Cerjak, A./Ivanusec, D. Policing sexual assault. The women's point of view, in: Pagon, M, Policing in Central and Eastern Europe, 2002, S. 239–251.

Müller, F. Halt. Stopp. Kultur, Polizei und Wissenschaft 2014, S. 37–45.

Murck, M. Gutes Arbeitsklima, aber schlechte Aufstiegschancen, Kriminalistik 1986, S. 341–345.

Myhill, A./Bradford, B. Overcoming Cop Culture? Organizational justice and the police officer's attittudes toward the public, Policing. An International Journal of Police Strategies & Management 2013, S. 338–356.

Neubacher, F. Kriminologie, 2011.

Neidhardt, K./Birkenstock, W./Hauff, M. Die Entwicklung der Polizei-Führungsakademie zur Deutschen Hochschule der Polizei, in: Schriftenreihe der Deutschen Hochschule der Polizei (Hrsg.), Die Gründungsphase der Deutschen Hochschule der Polizei, 2007, S. 42–62.

Neuhoff, U. Akademische Freiheiten im Korsett eines verschulten Studienbetriebs. Das Studium für Polizeivollzugsbeamte an der Fachhochschule für öffentliche Verwaltung Nordrhein-Westfalen, in: Leßmann-Faust, P. (Hrsg.), Polizei und Politische Bildung, 2008, S. 179–205.

Nisse, R. Neue Anforderungen an den Lehrenden und den Lernenden bei der Einführung von Master- und Bachelorstudiengängen in der Ausbildung der Polizei (Teil 1), Krimkinalistik,11, 2005, S. 689–693.

Obergfell-Fuchs, J. Möglichkeiten der Privatisierung von Aufgabenfeld der Polizei. Mit Auswirkungen auf das Sicherheitsgefühl der Bevölkerung, 2000.

Oberlies, D. Erledigungspraxis in Fällen häuslicher und sexueller Gewalt. Eine Aktenstudie bei den Staatsanwaltschaften des Landes Sachsen-Anhalt, 2002.

Ohlemacher, T. Empirische Polizeiforschung in der Bundesrepublik Deutschland. Versuch einer Bestandsaufnahme, 1999.

Page, A. Judging Women and Defining Crime. Police Officers Attitudes toward Women and Rape, Sociological Spectrum 2008, S. 389–411.

Paulus, M. Vergewaltigt oder vorgetäuscht. Über Kachelmann, Strauss-Kahn und die Missbrauchsproblematik bei Vergewaltigungsdelikten, Die Kriminalpolizei, September 2012, http://www.kriminalpolizei.de/ausgaben/2012/detailansicht-2012/artikel/vergewaltigt-oder-vorgetaeuscht.html (Aufruf 28.06.2016).

Payne, D./ Lonsway, K./Fitzgerald, L. Rape Myth Acceptance. Exploration of Its Structure and Its Measurement Using the Illinois Rape Myth Acceptance Scale, Journal of Research in Personality 1999, S. 27–68.

Petersen, L.-E./Six, B. Vowort, in: Petersen, L.-E./Six, B (Hrsg.), Stereotype, Vorurteile und soziale Diskriminierung. Theorien, Befunde und Interventionen, 2008, S. 17–22 Pick, A. Polizeiforschung zwischen Wissenschaft und Scharlatanerie, Kriminalistik 1995, S. 697–703.

Pratto, F./Sidanius, J./Stallworth, L./Malle, B. Social Dominance Orientation. A Personality Variable Predicting Social and Political Attitudes, Journal of Personality and Social Psychology 1994, S. 741–763.

Reichertz, J. Meine Schweine erkenne ich am Gang. Zur Typisierung typisierender Kriminalpolizisten, Kriminologisches Journal 1990, S. 29–39.

Rich, K./Seffrin, P. Police Interviews of Sexual Assault Reporters. Do Attitudes Matter? Violence and Victims 2012, S. 263–279.

Roters, J. Opferbehandlung bei der Polizei, in: Bundeskriminalamt (Hg.), Das Opfer und die Kriminalitätsbekämpfung. Vorträge und Diskussionen der Arbeitstagung vom 14. Bis 17. November 1995, 1996, S. 201–224.

Rubin, Z./Peplau, A. Who believes in a just world? Journal of Social Issues 1975, S. 73–93.

Sakalli-Ugurlu, N./Yalcin, Z./Glick, P. Ambivalent Sexism, belief in a just world, and empathy as predictors of Turkish Students' attitudes toward rape victims, Sex Roles 2007, S. 889–895.

Schliermann, B./Endres, M. /Dörsch, M. Der Vergewaltigungsprozess. Eine kommentierte Dokumentation, 1989.

Schliermann, B. Vergewaltigung vor Gericht, 1993.

Schlötterer, R. Vergewaltigung. Weibliche Schuld, männliches Vorrecht?, 1982.

Schöneberger, M. Das Lernen polizeilichen Handelns, 1990.

Sczesny, S./Krauel, K. Ergebnisse psychologischer Forschung zu Vergewaltigung und ihre Implikationen für Gerichtsverfahren, Monatsschrift für Kriminologie 1996, S. 338–355.

Seith, C./Lovett, J./Kelly, L. Unterschiedliche Systeme, ähnliche Resultate? Strafverfolgung von Vergewaltigung in elf europäischen Ländern. Länderbericht Deutschland, 2009.

Senuysal, L. Individuelle und strukturelle Belastungen im Polizeidienst und ihre Auswirkungen auf die Erfüllung polizeilicher Aufgaben, 2011.

Spence, J./Helmreich, R. Masculinity and Feminity. Their Psycholocal Demensions, Correlates, and Antecedents, 1978.

Steffen, W. Gewalt von Männern gegenüber Frauen. Befunde und Vorschläge zum polizeilichen Umgang mit weiblichen Opfern von Gewalttaten, 1987.

Steffen, W./Gründler, K. Vergewaltigt. Zum Umgang mit Opfern sexueller Gewalttaten, in: Trum (Hrsg.), Psychologie für Polizeibeamte, Band 7, 1990.

Steinhilper, U. Definitions- und Entscheidungsprozesse bei sexuell motivierten Gewaltdelikten, 1998.

Sterbling, A. Überlegungen zu einer Polizei-Universität. Institutionelle Leitideen und wünschenswerte Organisationsstrukturen, Kriminalistik 2002, S. 282–289.

Süssenbach, P./Bohner, G. Acceptance of Sexual Aggression Myths in a Representative Sample of German Residents, Aggressive Behavior 2011, S. 374–385.

Süssenbach, P. Vergewaltigungsmythen und Entscheidungen in Vergewaltigungsfällen. Eine Übersicht mit Metaanalyse, Recht und Psychiatrie 2016, S. 35–42.

Swim, J./Aikin, K./Hall, W./Hunter, B. Sexism and Racism. Old-Fashioned and Modern Prejudices, Journal of Personality and Social Psychology 1995, S. 199–214.

Syke, M./ Matza, D. Techniques of Neutralization. A Theory of Delinquency, American Sociological Review 1957, S. 664–670.

Temkin, J./Krahé, B. Sexual Assault and the Justice Gap. A Question of Attitude, 2008.

Testa, M./Van Zile-Tamsen, C./Livingston, J. Assessing Women's Experiences of Sexual Aggression using the Sexual Experience Survey. Evidence for Validity and Implications for Research, Psychology of Women Quarterly 2004, S. 256–265.

Tversky, A./Kahnemann, D. Causal schemas in judegements under uncertainty, in: Kahnemann, D./Tversky, A./Slovic, P. (Hrsg.), Judgement under uncertainty. Heuristics and biases, 1982, S. 117–128.

Walker, W./Rowe, R./Quinsey, V. Authoritarianism and Sexual Aggession, Journal of Personality and Socila Psychology 1993, S. 1036–1045 Ward, C. The Attitudes toward rape victims scale, Psychology of Women Quarterly 1988, S. 127–146.

Warnke, C. Die vergewaltigte Frau im Gestrüpp einer opferfeindlichen Strafverfolgung, in: Fehrmann, H./Jakobs, K./Junker, R./Warnke, C. (Hrsg.), Das Mißtrauen gegen vergewaltigte Frauen, 1986, S. 17–58.

Watolla, D./Hermanutz,M. Cop Culture. Eine messbare Eigenschaft von Polizeibeamtinnen und Polizeibeamten?, Polizei und Wissenschaft 2014, S. 10–15.

Weber, B. Die soziale Wirklichkeitskonstruktion von Vergewaltigungsmythen und der Realitätsbezug, 2010.

Yeater, E./Treat, T./Viken, R./McFall, R. Cognitive Processing Underlying Women's Risk Judgements. Associations with Sexual Victimization History and Rape Myth Acceptance, Journal of Consulting and Clinical Psychology 2010, S. 375–386.

BIELEFELDER RECHTSSTUDIEN

Schriftenreihe für Gesetzgebungswissenschaft,
Rechtstatsachenforschung und Rechtspolitik
Herausgegeben von Prof. Dr. Otto Backes, Prof. Dr. Stephan Barton,
Prof. Dr. Gerhard Otte, Prof. Dr. Martin Stock

Band 1 Ingrid Künzler: Macht der Technik – Ohnmacht des Rechts? Regelungsbedarf und Regelungsmöglichkeiten im Bereich Gentechnologie. 1989.

Band 2 Andreas Kondziela: Opferrechte im Jugendstrafverfahren. Legitimation und Grenzen aus theoretischer und empirischer Sicht. 1991.

Band 3 Dorothea Rzepka: Polizei und Diversion. Das Bielefelder Modell der Informationsver-mittlung. 1993.

Band 4 Silvia Voß: Staatsanwaltschaftliche Entscheidung – Beeinflussung durch systematische Informationserweiterung? Die Umsetzung des Bielefelder Modellversuchs durch die Staatsanwaltschaft. 1993.

Band 5 Helmut Janssen: Die Praxis der Geldstrafenvollstreckung. Eine empirische Studie zur Implementation kriminalpolitischer Programme. 1994.

Band 6 Peter A. Peters: Das deutsche Insiderstrafrecht unter Berücksichtigung strafrechtlicher Konsequenzen für Kreditinstitute und prozessualer Durchsetzung. 1997.

Band 7 Olivia Lührmann: Tötungsrecht zur Eigentumsverteidigung? Eine Untersuchung des Notwehrrechts unter verfassungsrechtlichen, menschenrechtlichen und rechtsvergleichenden Gesichtspunkten. 1999.

Band 8 Marion Rosenke: Die rechtlichen Probleme im Zusammenhang mit der weiblichen Ge- nitalverstümmelung. 2000.

Band 9 Dagmar Spona: Laienbeteiligung im Strafverfahren. Eine rechtssoziologische Untersuchung zur Funktion der Laienbeteiligung im Strafprozess. 2000.

Band 10 Stefan Vogelsang: Die Bedeutung erfolgreicher Verfahrensrügen für das nachfolgende tatrichterliche Urteil. Eine rechtstatsächliche Untersuchung der Aufhebungsentscheidungen des Bundesgerichtshofs in Strafsachen der Jahre 1992 und 1993 sowie der entsprechenden tatrichterlichen Urteile. 2001.

Band 11 Georg Zimmermann: Staatliches Abhören. 2001.

Band 12 Thomas Schwarz: Die eigene Sachentscheidung des BGH in Strafsachen (§ 354 Abs. 1 StPO). Eine normativ-empirische Studie. 2002.

Band 13 Pamela Siebrasse: Strafregistrierung und Grundgesetz. Zur Verfassungsmäßigkeit der Straf(verfahrens)registrierung in BZRG, StPO, BKAG und BGSG. 2002.

Band 14 Silke Maria Fiedeler: Das verfassungsrechtliche Hoffnungsprinzip im Strafvollzug – ein hoffnungsloser Fall? Grundlagen, Grenzen und Ausblicke für die Achtung der Men- schenwürde bei begrenzter Lebenserwartung eines Gefangenen. 2003.

Band 15 Julia Nolting: Die Befreiung des Vorerben über die Grenzen des § 2136 BGB hinaus. Das bedingte oder befristete Vorausvermächtnis als Rechtsinstitut zur umfassenden Befreiung des Vorerben. 2003.

Band 16 Kristina Groth: Unbewusste Äußerungen und das Verbot des Selbstbelastungszwangs. 2003.

Band 17 Otto Backes / Christoph Gusy: Wer kontrolliert die Telefonüberwachung? Eine empirische Untersuchung zum Richtervorbehalt bei der Telefonüberwachung. Unter Mitarbeit von Maik Begemann, Siiri Doka und Anja Finke. 2003.

Band 18 Lars Lohkamp: Reformbedürftigkeit von Fahrverbot und Fahrerlaubnisentzug? 2004.

Band 19 Irmela Vogel: Fernsehübertragungen von Strafverfahren in der Bundesrepublik Deutschland und in den USA. 2005.

Band 20 Stephan Niermann: „e-Geldwäsche“. Rechtliche und faktische Grenzen der Gewinnabschöpfung bei Straftaten im modernen Zahlungsverkehr. 2004.

Band 21 Thorsten Berenbrink: Der übereilte Rechtsmittelverzicht des Angeklagten. Eine Unter-suchung unter normativen und erfahrungswissenschaftlichen Gesichtspunkten. 2005.

Band 22 Silvia Bauszus: Der Topos von der *Großfamilie* in der familien- und erbrechtlichen Diskussion. 2006.

Band 23 Lucian Krawczyk: Die Relativierung der absoluten Beweiskraft des Hauptverhandlungsprotokolls (§ 274 StPO) in der neueren Rechtsprechung des Bundesgerichtshofs. 2008.

Band 24 Birte Meister: Die Versagung der Akteneinsicht des Verletzten, § 406e Abs. 2 StPO. 2011.

Band 25 Philipp Hahn: Die Rückwirkung von Gesetzesänderungen im Erbrecht. 2014.

Band 26 Imke Möller: Fallschwund bei Vergewaltigungsvorwürfen und polizeiliche Ermittlungstätigkeit. 2018.

www.peterlang.com

www.ingramcontent.com/pod-product-compliance
Ingram Content Group UK Ltd.
Pitfield, Milton Keynes, MK11 3LW, UK
UKHW021855290926
8980IPUK00005B/845

9 783631 767665